AMOUR ET CRIMES D'AMOUR

PSYCHOLOGIE ET SCIENCES HUMAINES

Etienne De Greeff

amour et crimes d'amour

CHARLES DESSART, ÉDITEUR
2, GALERIE DES PRINCES, BRUXELLES

Entre le drame de la vie et le drame de théâtre, composés l'un et l'autre de menus faits, il y a une différence profonde : contrairement à l'optique des tréteaux, le metteur en scène de nos destinées s'applique à soustraire à l'attention non seulement des acteurs, mais de l'observateur, si d'aventure il s'en trouve un, le fait minuscule dont le sens et l'importance, peut-être décisifs, n'apparaissent que plus tard.

Maurice BARING.
(Daphné Adeane)

© by Charles Dessart, Bruxelles 1973
D /1973 /0024 /5

AVERTISSEMENT

Ce livre d'Étienne de Greeff a fait l'objet d'une première publication en 1942 aux éditions Vandenplas. Les circonstances difficiles de la guerre avaient limité considérablement la diffusion de cet ouvrage qui fut rapidement introuvable. Pour un grand nombre de lecteurs pourtant familiers de l'œuvre du Docteur De Greeff, *Amour et crimes d'amour* est donc resté un titre que l'on cite pour la forme à coté des autres œuvres du criminologue belge, sans jamais pouvoir se référer au texte.

Il s'agissait pourtant d'un ouvrage qui, dans les milieux restreints où il put être diffusé, avait produit une impression profonde et apparut comme une des premières démonstrations de ce que pouvait être une criminologie clinique. On y trouvait non seulement une précision et une subtilité dans l'analyse, mais aussi une préoccupation constante de dégager, au-delà des nuances particulières à chaque cas, des processus psychologiques faisant figures de *constantes* susceptibles d'expliquer, ou pour le moins d'éclairer, les réactions criminelles ou les ébauches de pareilles réactions dans le cadre des inter-relations humaines. En cela, cet ouvrage nous paraît rester exemplaire.

Il nous a paru dès lors justifié d'envisager une nouvelle édition d'*Amour et crimes d'amour*. Elle sera certainement bien accueillie par ceux qui, anciens lecteurs du Docteur De Greeff, n'ont cependant jamais eu l'occasion d'aborder ce texte. Elle constituera une excellente introduction pour les autres, de plus en plus nombreux, qui ne connaissent d'Étienne De Greeff que le nom — et encore, puisque cet auteur est mort il y a plus de dix ans et que ce livre est le premier de ses ouvrages scientifiques à être réédité. Ce sera, pour ces nouveaux lecteurs, l'occasion de découvrir une œuvre qui comporte quelques unes des pages les plus importantes de la psychologie appliquée à l'étude du comportement criminel.

*

Quelques rappels biographiques seraient sans doute nécessaires pour mieux situer cet ouvrage dans son cadre. Le Docteur É. De Greeff fut nommé médecin anthropologue de la prison centrale de Louvain en 1926 (il avait à l'époque 28 ans), et devenait, deux ans plus tard, professeur d'Anthropologie criminelle au moment de la création de l'École de Criminologie de l'Université de Louvain. Cela veut dire qu'il avait, à l'époque de la publication d'*Amour et crimes d'amour*, une expérience déjà longue acquise à la prison centrale où sont détenus les délinquants condamnés à des peines criminelles, c'est-à-dire, pratiquement, tous ceux qui se sont rendus coupables d'homicide. Sa connaissance du crime passionnel repose donc sur les observations nombreuses et prolongées qu'il avait pu mener dans ce cadre particulier.

Dans la suite, l'œuvre criminologique du Dr É. De Greeff s'est prolongée dans une nouvelle édition de son *Introduction à la criminologie*, considérablement remaniée et parue aux P. U. F. en 1947, ainsi que dans un grand nombre d'articles publiés tant dans des revues spécialisées que dans des publications périodiques telles que *Les études carmélitaines* ou *Esprit*. Ce qui caractérise en effet cette œuvre criminologique, c'est qu'elle s'insère dans une interrogation plus vaste qui touche à l'homme et à ce qui définit son destin. C'est là, sans doute, que réside sa plus profonde originalité. Les descriptions que l'on trouve dans *Amour et crimes d'amour* trouvent une résonnance permanente dans cet arrière-fond psychologique qui constitue l'âme humaine et fait en sorte que l'homme criminel, comme d'ailleurs l'homme, ne nous est jamais totalement étranger.

Pour parvenir à traduire cette réalité au-delà d'une réflexion scientifique de type traditionnel, De Greeff a même utilisé la forme romanesque et il faut croire que cet aspect de son œuvre est resté particulièrement vivant puisque son roman, *La nuit est ma lumière*, paru initialement aux éditions du Seuil, vient d'être republié en livre de poche.

*

Un doute pourrait cependant naître : ne faut-il pas craindre qu'un ouvrage sur le crime passionnel, qui date de plus de trente ans, ait vieilli. Il faut évidemment s'attendre à ce que le cadre des préoccupations scientifiques auquel l'auteur se réfère demeure celui de la période d'avant-guerre. C'est ainsi qu'en lisant le premier chapitre, on reste étonné des reproches que fait De Greeff à la psychologie officielle du peu de place qu'elle réserve à la sexualité et à l'analyse des sentiments amoureux. C'était évidemment vrai à l'époque et ce ne l'est certainement plus maintenant. D'autre part, il faut également reconnaître que certains concepts utilisés nous reportent à un vocabulaire singulièrement vieilli qui suscitera peut-être chez un lecteur informé une réaction de défiance. Il en est ainsi du concept d'instinct, utilisé à différentes reprises dans un sens large et à première vue peu différencié, ou encore de celui de dégénérescence. De la même manière, nous retrouvons dans les analyses cliniques de nombreuses allusions à la typologie kretschmérienne, plus particulièrement aux descriptions du type schizoïde faites par le psychiatre allemand.

En réalité, ces diverses références ne nous paraissent pas gênantes. Elles n'occupent dans la pensée de De Greeff qu'une place très accessoire; en plus, il ne faut pas oublier que certaines de ces notions ont été reprises dans la suite et ont donné lieu — telle la notion d'intinct dans son ouvrage *Les instincts de défense et de sympathie*, (P.U.F. 1947) — à des développements qui situent les conceptions de l'auteur au niveau le plus actuel de la problématique soulevée. Un fait, de toute manière, s'impose, c'est que les analyses psychologiques de De Greeff atteignent une qualité clinique qui rend sans importance ces références occasionnelles à des notions qui peuvent paraître dépassées. Au contraire même, le lecteur pourra prendre conscience de l'extraordinaire liberté d'esprit de l'auteur qui s'est constitué un outil de diagnostic à travers et au-delà de ces notions, classiques à l'époque, de telle sorte qu'après trente ans, il verra combien cet ouvrage conserve sa jeunesse et révèle, à de nombreux moments, des accents qui lui paraîtront nouveaux.

Une autre question est celle de savoir si le crime passionnel constitue encore une réalité susceptible d'intéresser le lecteur contemporain. Il faut reconnaître que, parmi les homicides, il a perdu de son importance et de son lustre, et que dans l'évolution des mœurs, cette « solution » violente devient presque anachronique. Que valent alors les quelques statistiques que contient l'ouvrage sur les caractéristiques sociales de meurtriers qui vécurent aux alentours des années 1940 ? En fait, il est impossible de répondre à cette question pour la bonne raison que nous serions incapables de trouver des statistiques plus récentes qui porteraient sur un échantillon aussi nombreux. La seule solution est d'accepter ces chiffres avec une certaine réserve, mais sans nécessairement devoir mettre en cause l'interprétation d'ensemble, car celle-ci déjà reposait sur le caractère de plus en plus exceptionnel de cet acte qui apparaît beaucoup plus comme le terme extrême d'une attitude qui, elle, peut fort bien rester présente.

Il importe en effet de savoir que dans cet ouvrage comme dans toute son œuvre criminologique, De Greeff n'a pas cédé à cette tentation d'étudier l'acte criminel comme s'il s'agissait d'un comportement pris en lui-même sans relation avec la psychologie normale. C'est au contraire, selon lui, à partir de cette psychologie normale qu'il est possible de comprendre les déformations et les conflits qui peuvent affecter les relations interpersonnelles, et éventuellement, en arriver jusqu'à l'homicide. A ce point de vue, l'homme de 1940 est encore très proche de celui de 1970, et c'est la raison pour laquelle nous avons préféré n'apporter aucune modification, ni aucun complément à ce texte.

Christian DEBUYST

INTRODUCTION

Le crime passionnel, pour des motifs que l'on devine confusément, n'est pas placé, dans l'opinion publique, sur le même plan que l'homicide banal. Sans doute, les facteurs essentiels mis en jeu en cette occasion, amour, jalousie, fidélité, passion, mort, possèdent-ils devant la mentalité collective un prestige spécial. Avec quelque raison, l'homme du jury se représente que dans un tel domaine, agissent d'obscures et implacables puissances et que l'homme, plus que dans tout autre cas, y apparaît comme le jouet de forces qui le dépassent. L'amour et la mort sont depuis toujours associés dans les régions mystérieuses du subconscient humain.

Cependant l'intérêt porté à la criminalité passionnelle n'apparaît pas comme relevant principalement du problème posé en cette occasion; il relève plutôt d'une secrète bienveillance envers le criminel, sans qu'on puisse dire si cette bienveillance s'adresse au coupable ou si elle n'est que la traduction d'une sourde malveillance pour la victime. Et ceci nous laisse croire qu'un crime passionnel est toujours susceptible de servir de sujet à un drame collectif. Qu'un bandit, l'arme au poing, pénètre dans une banque et se fasse remettre un million, il est unanimement qualifié de bandit. La minorité qui l'admire et l'envie n'a pas voix au chapitre. Qu'un homme abatte, fut-ce dans un paroxysme d'épouvante, la victime qu'il était uniquement venu voler et qui eut le tort de s'éveiller au plus mauvais moment, nous avons le criminel odieux dont on exige le châtiment, sans restriction mentale. Il n'y a pas ici de place pour une vraie tragédie collective. L'assassin est sans excuse, la victime est sans tort; ce fait divers n'a qu'un seul sens. Mais qu'un homme tue la femme qui ne s'est pas montrée digne de son amour, le tableau change. Des milliers et des milliers d'hommes ont entrevu leurs propres traits à travers l'image du meurtrier tandis que des milliers de femmes se sont identifiées, un instant du moins, à la victime. Pour les uns et les autres, le drame a pris un sens spécial, admissible ou inadmissible, odieux ou nécessaire, selon leur situation du moment; et leur attitude envers le criminel en découle. Ces milliers d'attitudes, semblables ou contradictoires, finissent par donner une tendance collective variable selon les cas. Le plus souvent, il faut l'avouer, cette tendance est favorable à l'assassin. Cette faveur se traduit, soit par l'acquittement, dont quelques-uns atteignent à l'ignominie, soit par la modicité de la peine, soit par une sorte de sollicitude tendre pour le condamné. Et l'on entend couramment des fonctionnaires des prisons, des membres du comité de patronage, parfois des magistrats et jusqu'à des aumôniers en service s'exclamer, chacun selon le ton professionnel :

— « Cet homme a eu raison; tout le monde à sa place eut fait la même chose... »

Cette sorte de complicité est d'autant plus suspecte que

la personnalité des criminels passionnels ne peut l'expliquer ; ces criminels ne sont généralement que des êtres vils et durs, souvent dégénérés ou névrosés et la sollicitude dont ils sont l'objet s'adresse certainement moins à eux-mêmes qu'au symbole qu'ils représentent.

On aurait cependant tort de croire que l'homme seul est responsable de cet état de choses. Certes en se souvenant de germes d'actions qu'il n'a lui-même jamais admis dans sa conscience, mais qu'il a cependant perçus, il tend à se justifier à travers l'autre, comme il tend à se condamner en condamnant l'autre. Mais ce processus n'est pas exclusif, car il y a Ève. Ou plus exactement une certaine classe d'Èves. Celles-ci loin d'éprouver de la sympathie pour le coupable, n'ont pas beaucoup d'estime pour l'homme en général. Mais elles haïssent la victime : cette femme qui avait pris deux hommes, peut-être trois ; cette femme qui faisait beaucoup trop de toilette jusqu'à humilier le quartier ; cette femme qui connaissait la « passion folle », dont elles ne rêvent pas certes et qu'elles rejettent bien loin, non sans en éprouver pourtant une intolérable jalousie ; cette femme qui insultait par sa conduite la vertu des honnêtes femmes. Et c'est alors le flot des lettres anonymes, les dénonciations au mari, par sympathie pour ce « brave et honnête homme » (lire dans les dossiers les dépositions des tenancières de café) ce brave et honnête homme chez lequel elles surveillent perfidement l'effet des souffrances qu'elles lui suggèrent, comme un homme de laboratoire regarde un cancer se développer sur la peau d'un cobaye. Tout le voisinage s'ingénie à soulager ce malheureux en lui dépeignant sous les traits les plus vifs toute l'étendue de son malheur et se ligue pour atteindre coûte que coûte la coupable à travers l'exaspération, la rage et le respect humain du pauvre type. C'est pourquoi ceux qui tuent dans de telles conditions sont si souvent des faibles et des suggestibles.

Tout cœur bien né approuve avec élan cette maxime de La Rochefoucauld : On pardonne tant qu'on aime.

Chose curieuse, celui qui tue un être aimé est également de cet avis. Non pas certes, pour ce qui est de l'acte précis qu'il a lui-même commis, mais d'une façon générale. Il estimait notamment que la victime aurait dû lui pardonner certaines choses qu'elle lui reprochait et d'une manière très consciente, il considère qu'elle aurait dû lui en pardonner au moins autant que lui-même ne le faisait. Mais c'était toujours lui qui était bon, c'était toujours lui qui oubliait, et finalement il a été victime de sa bonté. La première résolution qu'il a prise en entrant en prison c'est de ne plus être si bon. Car c'est à cause de cela que l'amour l'a mené aussi loin.

En réalité, cette phrase du célèbre moraliste a deux sens, à l'instar de tous les préceptes moraux. Elle a un sens clair, un caractère d'évidence et de nécessité pour autant que nous l'envisagions comme devant régir la conduite des autres. Elle a un sens complexe et ambigu pour ce qui concerne notre propre comportement. Et comme nous changeons de point de vue sans nous en rendre compte et que nous passons constamment du prochain à nous-mêmes, nous avons aussi deux manières de réagir, contradictoires et cependant perçues comme parfaitement légitimes. C'est la raison pour laquelle bien que les hommes soient, en général, peu honnêtes et résistent de toutes leurs forces à le devenir, les idées politiques les plus susceptibles de les convaincre sont les systèmes qui supprimeront le mal. Tout le monde sait qu'il s'agit d'autrui. En effet, nous jugeons les autres d'une manière intuitive, unilatérale, définitive, nous en rapportant à la conduite qu'ils devraient avoir pour que tout aille au mieux dans le monde et par conséquent pour nous, conduite dont la ligne se confondrait, approximativement, avec les lois morales les plus simples. Notre jugement se confond de la sorte avec ces lois morales et notre intérêt se sublimise dans la notion d'intérêt général. Nous perdons de vue que notre prochain n'est ramenable à ce schéma de perfection automatique que pour autant que nous le dépouillions au préalable des mille contradictions internes qui constituent son moi, et que lorsque nous le jugeons trop sommairement nous le ramenons à une pure notion abstraite, dépourvue de toute vérité objective. Mais qu'il s'agisse de nous, nous exigeons qu'il soit tenu compte des difficultés, de la complication du cas, des distinctions à faire et nous nous dérobons aux conclusions qui s'imposeraient s'il s'agissait d'un autre, en disant :

— « Oui, mais dans mon cas, ce n'est pas la même chose ». On peut penser que la plupart des gens qui ont à parler des crimes passionnels ou à les juger en sont à ce stade de leur vie morale, ce qui explique le niveau extrêmement bas où en reste indéfiniment la question.

Lorsque, dans la vie de tous les jours, un conflit survient entre deux personnes, on est communément d'accord que l'un des deux doit pardonner. La difficulté est de savoir lequel des deux doit le faire. Les uns trouvent que c'est évidemment à Paul de passer l'éponge, mais d'autres sont d'avis que ce geste revient à Pierre. Quant à Paul il affirme qu'il pardonnerait volontiers s'il n'estimait que, sans le moindre doute c'est à Pierre de le faire. Pierre, de son côté, ne présente pas de moins bonnes dispositions et comme, ainsi qu'il le dit, il n'est ni méchant ni rancunier, il accorderait ce pardon de grand cœur, comme il le fait d'habitude, si, dans ce cas particulier, il ne se mêlait à la chose une question de justice élémentaire tellement criante que pardonner serait de l'enfantillage. (En langage abstrait : il ne pourrait pardonner sans que les fondements de la société en fussent ébranlés). Si bien que là où le pardon n'intervient pas d'une manière immédiate et sans conditions, ce que l'amour permet, il survient aussitôt un processus d'évaluation des motifs, et le besoin de justice entre en jeu. Et ceci devient grave.

Sans doute, est-il clair que, objectivement parlant, le fait qu'on refuse le pardon reste le même si on le justifie par le ressentiment ou si on le légitime par la nécessité de ne pas céder à l'injustice. Mais, subjectivement, ce n'est pas du tout la même chose.

Aussi longtemps qu'on refuse ce pardon parce que l'irritation est encore trop vive et qu'on emploie la formule « non c'est trop fort, je ne saurais pas pardonner », ce n'est pas inquiétant. On fera sans doute demain le geste généreux qu'on ne veut pas envisager aujourd'hui. On est en dessous de soi, on va certainement se ressaisir. Mais si l'on ne pardonne pas parce que l'injure qu'on a subie est considérée comme telle, que ne pas exiger réparation serait de la faiblesse, les chances de voir les choses s'arranger diminuent. A partir de ce moment l'offensé sent vaguement que son cas individuel et mesquin engage nettement l'histoire de tous. Il peut faire entrer dans son système de justification, les justifications qu'utilisent une bonne partie des autres hommes; son attitude a un caractère général et par là même sérieux. Il ne peut plus pardonner, sans offenser une part du genre humain.

Sans qu'il se rende exactement compte de ce qui se passe, l'homme qui ne va pas pardonner, avec une habileté et une bonne foi toutes instinctives, raccroche son cas à l'ensemble des principes et des préjugés et consolide ainsi ses positions. C'est pourquoi les questions de justice, de droit, les questions de principe même se trouvent souvent et inextricablement mêlées à une certaine mauvaise foi, à une sourde volonté de s'endurcir. Dans un conflit de ce genre c'est celui qui aime le moins et pardonnera le moins facilement qui en arrive le premier à considérer la cause de la discorde sous l'angle de la justice. C'est lui qui occupera le premier la position la plus forte et jouera le rôle d'arbitre ou de justicier. Éventuellement c'est lui qui tuera. Et l'opinion arrivera difficilement à retrouver, dans la confusion des mots, les phénomènes sous-jacents réels. Ainsi, le processus de justification du criminel tend à rejoindre, par l'intermédiaire des grandes idées (qui ne vivent chez l'homme moyen que sous forme de grandes nébuleuses affectives) le processus d'envie, de ressentiment, les obscurs complexes de l'entourage. Lorsque les circonstances du crime ne sont pas trop odieuses ou quand la victime s'est trouvée vraiment par trop inférieure, les jurés viennent confirmer que les vues de l'assassin correspondent à celles qu'ils portent en eux et qu'ils appellent l'ordre social; l'acquittement est inévitable.

L'étude du crime passionnel est difficile; nous nous en rendrons compte au cours de ces pages. Rien, en effet, ne s'y passe selon le schéma des plaidoyers de cours d'assises ou suivant les formules de l'acte d'accusation.

Trente-cinq pour cent environ des criminels passionnels commencent par avoir, devant leurs déboires en amour, l'idée du suicide. Quinze pour cent environ mettent leur projet à exécution après avoir massacré leur victime. Ils se ratent d'ailleurs presque toujours. Ces idées de suicide, pourtant, sont infiniment rares chez les hommes qui perdent une femme aimée, par accident ou maladie. Lorsqu'on étudie le passé de ces criminels on voit que devant une maladie grave de cette femme ils restaient parfaitement calmes, sinon indifférents. Il s'est donc produit, chez ce criminel, concomitamment au processus criminogène et faisant corps avec lui, une revalorisation particulière de l'être aimé. C'est cette revalorisation que le criminel et le grand public, y compris quelques magistrats, prennent pour de l'amour.

Ce processus de revalorisation est un phénomène psychologique courant et fréquemment utilisé, bien que dépourvu
de nom, dans le langage social. Une femme qui sent diminuer
l'amour de l'homme aimé et qui veut le revivifier — croit-
elle — se comporte comme si elle s'éprenait d'un autre.
Elle suscite un mouvement de « jalousie ». Elle reprend dès
lors son importance, redevient désirée, maîtresse au sens
psychologique du mot et rétablit, quand tout va bien, sa
royauté défaillante. La femme mesure la profondeur du
revirement ainsi produit à la mauvaise humeur de l'homme,
à ses manifestations plus tyranniques, à l'augmentation de
son intérêt sexuel. Ce processus, quand il est cultivé, savam-
ment dosé, peut n'être pas dangereux : il n'en constitue pas
moins la mise en branle d'un mouvement affectif inférieur
où l'amour comme tel n'a pas grand-chose à voir. L'amour-
propre de l'homme est mis en jeu en même temps que sa
vanité est excitée; son orgueil, ses instincts de domination,
de rivalité et de lutte entrent en action. Tout cela peut se
traduire par une brusque revalorisation de la femme et être
sincèrement perçu comme tel par l'homme. Mais en fait,
ce n'est pas la valeur de la femme qui a changé, c'est la
tonalité et l'intensité moyennes des états d'âme complexes
par lesquels l'homme prend conscience de ce que cette
femme est pour lui; et dans l'ensemble de ces états d'âme,
l'amour peut tout aussi bien faire place à la haine, sans que
l'importance de ce que cette femme est pour lui soit le moins
du monde diminuée. Cette revalorisation n'est donc nullement basée sur une appréciation plus juste des charmes ni
des qualités de cette femme, mais bien sur la soudaine
aggravation de tendances qui doivent être normalement
refrénées.

Aussi ce processus de revalorisation n'est pas spécifique
du crime d'amour. On le retrouve partout où surviennent
des conflits passionnels dont le plus caractéristique est celui

qui surgit à l'occasion d'une terre, d'une maison, d'une borne, d'une gouttière ou d'un puits, conflits qui aboutissent aux coups, à l'incendie, aux crimes même; et c'est pourquoi on ne saurait réserver exclusivement le nom de crimes passionnels aux crimes d'amour. C'est plutôt par convention qu'on le fait et sans doute est-ce bien ainsi.

Il n'en faut pas moins retenir qu'à la base du crime passionnel gît toujours un processus aigu de revalorisation soit d'un être vivant, soit d'une chose quelconque. Et cette revalorisation existe uniquement dans la tension affective du sujet, tension à laquelle collaborent de nombreux sentiments, généralement assez bas, souvent contradictoires, mais dont la résultante est perçue comme un tout et qualifiée selon les circonstances : amour, droit, justice, mots qui dans de tels cas n'ont qu'une valeur purement subjective.

Quand une femme se revalorise artificiellement en déclenchant un mouvement de jalousie chez l'homme, il lui suffit de se rejeter dans ses bras au moment propice. Les méfaits esquissés par la prévalence momentanée des instincts égoïstes se dissolvent dans la liquidation du malentendu.

Mais il n'en est pas de même si la femme est réellement infidèle. Dans ce cas, les processus de revalorisation vont continuer et continuer jusqu'à l'exaspération basse des instincts. C'est ici qu'un homme donne la mesure de son organisation morale, car il doit trouver en ses propres ressources de quoi vaincre cette marée affective qui tend à l'emporter dans le domaine de la violence aveugle et des actions démesurées. C'est ici aussi que l'on voit parfaitement que cette revalorisation brusque est indépendante de la personnalité même de la femme. Le futur criminel l'injurie, la menace, ternit sa réputation, la frappe, la fait saisir par la gendarmerie. Elle n'est plus que le point abstrait autour duquel prend forme son tumulte intérieur. Bientôt l'âme du futur assassin se trouve troublée jusque dans ses assises mêmes et cet ébranlement — accompagné de processus justificateurs — de ses instincts de lutte et de violence lui font perdre la possibilité d'échapper à l'aveuglement du présent. Ses propres valeurs, sa propre personnalité passent à l'arrière-plan au profit de complexes devenus impérieux et tyranniques et sa folie de destruction se retourne contre sa propre personne. S'il ne fait pas de tentative de suicide, il échappe rarement à une période d'avilissement moral volontaire, véritable équivalent de suicide et lorsqu'il passe au meurtre, il essaie rarement d'échapper au châtiment. La peine qu'il encourra lui est indifférente, à ce moment-là.

Aussi longtemps qu'on reste dans l'abstrait, l'on peut discuter à perte de vue si, dans un paroxysme émotif ou au cours d'une longue souffrance injustement subie, un homme honnête, de formation morale suffisante, peut en arriver au crime passionnel. Cette question reste indéfiniment à l'ordre du jour. On ne s'en occupe vraiment qu'au prétoire, non pour la résoudre, mais pour l'exploiter au moyen de mensonges plus ou moins pieux et de lieux communs qui ont résisté à l'épreuve du temps et auxquels l'éloquence rétribuée donne un nouvel accent de vérité.

Mais dans la pratique, il est possible de donner une réponse précise à ce problème : il suffit d'étudier la personnalité de ceux qui commettent de tels actes. La réponse est claire et précise; elle met fin aux échanges d'arguments. Le criminel passionnel n'a jamais rien d'un héros. C'est généralement un pauvre diable, chargé d'une hérédité morbide, en proie à un tempérament mal équilibré, souvent illettré, très rarement instruit, quelquefois infantile et dans l'ensemble inférieur. Nous le rencontrerons au cours de ces pages.

Il est cependant une variété de crimes passionnels dont nous n'avons pas tenu compte dans les réflexions précédentes et qui relève plus directement du calcul froid et cynique. C'est le crime passionnel utilitaire : l'acte de celui qui supprime un être devenu gênant pour se rendre libre.

En fait le processus qui mène au crime dans de tels cas est fort différent de ceux auxquels nous avons fait allusion. Et ici l'opinion publique ne pardonne pas : le caractère odieux de ces actes n'est mis en doute par personne. La potentialité criminelle du coupable se montre à l'état pur. Pour lui, il n'est pas de rémission. Cependant on ne saurait généraliser. Le seul cas où nous ayons jamais trouvé le regret et le remords profonds concerne un homme de cette catégorie.

Voilà donc délimité le cadre général de notre étude. Le lecteur y trouvera cependant quelque chose de plus qu'un développement concernant le crime passionnel. Car si nous avons renoncé à présenter ce problème de criminologie sous l'angle de la biologie et de l'anthropométrie pures, sciences qui ne sont présentement pas à même de résoudre ces questions, nous nous sommes efforcé, par contre, de faire entrer dans l'interprétation du comportement humain les acquisitions importantes de la psychopathologie. Nous avons réalisé cet essai dans l'esprit qui caractérise nos tendances : ne comprendre un processus psychologique qu'en fonction de l'ensemble du psychisme; envisager toujours le signe humain à travers le signe immédiat; réaliser l'unité dans la conception de la personne humaine au-delà des poussées aveugles des tendances, au-delà de l'horizon étroit du raisonnement verbal.

CHAPITRE PREMIER

AMOUR ET VIE AFFECTIVE

I

S'il faut en croire la sagesse populaire, c'est l'amour qui chassa Adam et Ève du paradis terrestre. Bien qu'on ne nous ait jamais donné d'explication nous avons imaginé que l'histoire du fruit défendu représente symboliquement le péché de la chair; et, sans nous demander sur quoi pareille interprétation peut se baser, nous la léguons à nos enfants, on ne sait comment, par une suite minutieuse de réticences.

Dans cette représentation sommaire l'amour et le péché se confondent; la détresse du monde reste indéfiniment associée, dans notre vie subconsciente, au mystérieux regret de cette chute.

Il n'est pas surprenant que, chassé du paradis terrestre, l'amour soit également banni des terres accueillantes des lourds volumes de psychologie. C'est dans les traités de pathologie, ou dans les ouvrages traitant de criminologie que l'on trouvera quelques aperçus sur l'amour, généralement sous la forme de notions supposées connues, de manière infuse, du lecteur. Si bien que dans une œuvre aussi considérable que celle de Krafft-Ebing on ne trouvera aucun exposé sur l'Amour proprement dit et celui qui, après avoir lu Freud, voudrait reprendre les idées du grand psychiatre au sujet de l'amour au sens où l'homme s'attend à voir traiter la question, serait bien embarrassé.

Dans le maquis de la criminologie, l'amour est générale-ment représenté comme une puissance déséquilibrante et criminogène. La confusion entre l'amour et le besoin sexuel y est la règle. La plupart des auteurs ont leur subconscient accordé à l'ambiance et passent à travers leur étude sans y voir autre chose que le public. Nous apprenons ainsi que le fondateur de la médecine légale, Zacchias (1584-1659) ne signale l'amour, comme intéressant à son point de vue, que sous la forme de « mélancolie ». Pour cette raison les délits et crimes d'amour entraîneraient l'irresponsabilité. Mais si ses contemporains sont d'accord pour voir dans l'amour une folie, la plupart estiment néanmoins que ce n'est pas une folie excusable et protestent contre l'irresponsabilité. Plus tard Esquirol nous parlera longuement des érotomanies. Après lui, Morel décrira la folie par amour.

Dans la suite, Krafft-Ebing avec la *Psychopathologie sexuelle* ne s'intéressera à l'amour que pour autant qu'il se manifeste sous forme de jalousie et de jalousie alcoolique. Et, pendant ce temps, Mairet, de Montpellier, qui étudie particulièrement la jalousie, insiste beaucoup plus sur ses causes organiques [il décrit même une jalousie d'origine dyssentérique] que sur les données humaines du conflit.

Avec la psychiatrie moderne, en France, la notion de psy-chose passionnelle se dessine et la criminalité passionnelle étudiée par Capgras, Heuyer et Levy-Valensi aborde la question sous un angle humain. Cependant, ces derniers auteurs interprètent un peu trop l'ensemble des phénomènes dans le cadre de la psychologie courante : jalousie, vanité, haine, vengeance.

Pierre Janet dont l'œuvre est si riche et si nuancée et qui a écrit *L'Amour et la Haine*, parlant incidemment de l'amour, avec un sarcasme qui ferait sourire plus d'un psychanalyste, assimile son apparition à une éruption de rougeole.

Quant à Constance Pascal elle-même, tout en s'efforçant de montrer à l'endroit de ce problème une objectivité calme et désintéressée, elle ne peut s'empêcher de traduire ses observations en langage physio-pathologique et nous la voyons mêler le bandeau de Cupidon à des phénomènes d' « autorégulation » et de « désintégration », tandis qu'un peu plus loin elle mélange l'allergie et le Bovarysme. Son livre en devient, à certains endroits, et malgré l'originalité de la pensée, à peu près illisible.

Nous n'insisterons pas davantage sur les conceptions qu'on pourrait trouver chez les pionniers de l'école italienne. La représentation d'une « personnalité » humaine échappait complètement à Lombroso et les notions sur lesquelles Ferri s'appuie dans son livre sur l'homicide pour parler de l'amour et des crimes d'amour ne sortent pas du romantisme banal et de la philosophie biologique de l'époque.

Dans son livre sur le crime passionnel, Rabinowicz passe en revue un certain nombre de théories sur l'amour et, se conformant, lui aussi à l'inconscient collectif, s'efforce de déprécier autant qu'il le peut cette puissance néfaste au nom de laquelle certains prétendent avoir le droit de tuer. Il reprend à son compte les conceptions de Féré pour qui l'amour se ramène à une forme de besoin d'évacuation et sans avoir étudié de près un seul criminel passionnel conclut dans un sens bien pensant.

L'ouvrage de Wulffen *Das Sexualverbrechen* présente un ensemble résumant les conceptions médicales, psychiatriques et même freudiennes réunies en un tout cohérent et utilisable. Mais plus d'un lecteur s'inquiéterait de cette atmosphère de psychopathologie.

Pourtant c'est uniquement sous cette forme qu'il est donné à l'étudiant et à celui qui veut s'instruire à ce sujet, de prendre contact avec le problème de l'amour. Pour le médecin c'est néanmoins un grand progrès par rapport à ce qu'il peut apprendre au cours des leçons de gynécologie lesquelles restent, pour le plus grand nombre des praticiens, la source fondamentale de leur connaissance en ce domaine. En réaction à cette manière de voir les publications de Moll, mais surtout celles d'Havelock Ellis ont attiré l'attention. Havelock Ellis s'est efforcé de réhabiliter la vie sexuelle, en la faisant rentrer parmi les sujets dont le médecin, l'ethnologue, le sociologue, le moraliste doivent s'occuper naturellement. En France, un tel mouvement s'est également esquissé, mais presque exclusivement à l'ombre de la psychanalyse.

Dans un esprit tout différent, Daniel Lagache a écrit, dans le sixième volume du nouveau traité de psychologie de Dumas, des pages vraiment remarquables se rapportant à la vie amoureuse de l'homme, à l'expérience vécue de l'amour et de la haine, aux théories de l'amour et de la haine. On y trouvera un exposé personnel et complet du problème de l'amour tel qu'il se pose aujourd'hui au psychologue, en marge des programmes officiels. A l'occasion de cette étude cet auteur s'efforce de concilier les faits d'observation révélés à la fois par l'examen objectif et l'expérience phénoménologique avec les vues des philosophes et des moralistes. Car, en fait, pour ce qui concerne l'amour même, ce sont surtout les philosophes et les moralistes qui s'en sont occupés, qui ont fixé sa physionomie, posé les problèmes qu'il soulève. Lagache reconnaît très bien que lorsqu'on parle d'amour il devient impossible d'en faire une somme des sentiments de deux individus. Passant en revue les divers sens de l'amour, il écrit : il n'est pas possible d'un point de vue « concret et positif, de réduire une telle relation amoureuse à la somme de sentiments individuels. Il y a peut-être dans l'unité du couple, dans le sentiment qui le cimente, une réalité que la psychologie doit s'efforcer de reconnaître, de décrire, d'expliquer ». Les descriptions les plus connues de l'amour sont celles de S. Augustin, de Stendhal, de Spencer. Il faut y ajouter Max Scheler et Louis Lavelle.

II

On sait que Freud fait de l'instinct sexuel le *primum movens* de l'être humain et ramène toute l'activité de l'homme à des manifestations conscientes ou inconscientes, la plupart du temps refoulées, quelquefois « sublimées », de sa vie sexuelle. Les conflits de l'enfant avec son milieu, les différences d'attitude envers le père ou la mère, seraient en partie dirigés par des complexes non conscients mais de nature sexuelle. Si bien que le noyau moral de la personnalité infantile et plus tard la vie morale de l'adulte seraient placés sous le signe de la sexualité. Nous rencontrerons donc, dans l'œuvre freudienne, à tout instant, le problème sexuel. Mais comme nous le disions plus haut, nous ne rencontrons pas le problème de l'amour. Chez Freud on ne rencontre que l'individu, individu en tant qu'aux prises avec la mission dont l'espèce, selon Schopenhauer, l'aurait aveuglément chargé et en proie aux mirages suscités par la nature pour l'amener à ses fins. Cependant, pour Schopenhauer, autrui existe et c'est même en autrui que le philosophe trouve le fondement de sa morale. Chez Freud, c'est à peine si le problème d'autrui est soulevé. Nous restons étroitement emprisonnés en l'individu. Le prochain n'existe que comme objet de désir ou comme représentant de la société, c'est-à-dire comme présence hostile. Nous ne rencontrons pas la sympathie dans l'œuvre de Freud, ni le fait que, biologiquement parlant, l'amour est un problème qui ne peut s'étudier et se comprendre qu'entre deux êtres. Les drames liés à l'amour sont des choses vécues à deux et qui n'ont de sens et de réalité que dans le cadre d'une communion. Cette communion peut être, parfois, de qualité vraiment inférieure; ce n'en est pas moins là que réside toute la question. Quoi qu'en disent les biologistes, dans l'amour, intervient l'être moral des amants, et le drame éventuel se passera entre les personnalités morales. Freud rend compte du désir; il invoque l'ambivalence des états affectifs pour expliquer l'amour et la haine; mais rien dans son œuvre ne peut rendre compte de ce qui fait l'essence même de l'amour : la bienveillance, le désir de faire du bien à l'être aimé, la faculté de l'accueillir en soi-même, la dépendance consentie et heureuse où l'on est de lui et dans laquelle on veut le sentir par rapport à soi. Tout cela dépasse le besoin de l'espèce; et si c'est de la sublimation, par quelles forces est-elle orientée dans ce sens ?

Néanmoins le grand mérite de Freud a été de montrer que le problème sexuel est d'une importance capitale et unique pour l'homme. Dans le même effort, il a recréé, en la simplifiant démesurément, l'unité psychique de l'homme; et, tout compte fait, a revivifié la psychologie, assassinée par la psychologie expérimentale et la psychiatrie d'inspiration purement biologique. Il a donné une forme à l'instinct. Il a intégré la vie affective dans la psychologie de la vie quotidienne.

Mais dans le mouvement scientifique contemporain, le freudisme est pratiquement ignoré ou considéré comme n'ayant d'autre valeur qu'une vue philosophique. L'amour, pour le biologiste contemporain, est une expression d'équilibre hormonal. L'importance psychique que l'amour présente est considérée comme un épiphénomène, à coup sûr important, à cause de l'illusion collective que les hommes éprouvent, mais sans valeur en soi.

Max Scheler, adoptant, au point de vue philosophique, l'attitude de l'école phénoménologique allemande, replace le problème au centre des valeurs humaines. En tant qu'expérience vécue, en tant qu'intéressant réellement la vie morale de l'homme, l'amour, dit-il, a une importance primordiale. Dans la vie vécue, l'hormone est inaccessible à la conscience, c'est elle qui est l'épiphénomène sans importance. Aussi convient-il de savoir ce qui se passe, à l'occasion de l'amour, dans l'être spirituel de l'homme. Dans son ouvrage très étendu *Nature et forme de la sympathie*[1], Max Scheler nous fait voir l'importance de l'amour sexuel dans le développement de l'être moral et affectif. Les phénomènes de sympathie [sentiments éprouvés en commun, la contagion affective et l'identification affective] comportent d'après lui une certaine connaissance intuitive, par fusion avec l'âme d'autrui : ils permettent une participation directe à la vie universelle, (ce que l'intelligence ne permet pas) par « fusion cosmique », participation à la vie non seulement des autres hommes, mais aussi des animaux et même des plantes et des choses. Cette fusion se réalise au maximum dans la fusion de l'acte sexuel amoureux au cours duquel « les deux partenaires, enivrés jusqu'à l'oubli de leur personnalité spirituelle, croient se replonger dans le même courant vital… »[2] Elle se réalise d'ailleurs dans d'autres conditions, notamment dans certains phénomènes de foules (fusion des participants de cette foule entre eux et identification à un chef) et dans les rapports existant entre mère et enfant. Scheler démontre

---

[1] Trad. française. Payot, Paris, 1928.
[2] MAX SCHELER, *loc. cit.*, 44.

le rôle que joue l'ensemble de ces phénomènes de sympathie dans l'évolution et l'enrichissement de l'être et met en évidence qu'on ne saurait concevoir une psychologie humaine qui ne tînt pas compte des puissances affectives par lesquelles nous sommes réunis à autrui et dépendons de lui; il signale jusqu'à quel point notre évolution occidentale a compromis la vie affective de l'humanité.

Scheler fait remarquer, avec raison, que tout ce qui a trait à la sympathie et à la fusion affective, met en branle les valeurs vitales et est créateur de vie et de joie.

En tant qu'êtres vivants, la fusion amoureuse est perçue par les amants comme l'expression de leur amour et non comme une activité finaliste. Au point de vue phénoménologique ce qui est essentiel, ce n'est pas que l'instinct sexuel assure la propagation de l'espèce par les relations sexuelles, c'est que la plus grande partie des hommes recherchent la fusion sexuelle comme une expression maximale. Or cet amour sexuel, quand il est amour et non calcul, fait bénéficier son objet de tous les dons de l'amour : élévation vers soi, réalisation et épanouissement de soi. L'amour en soi, « est un mouvement à la faveur duquel tout objet individuel et concret, porteur de valeurs, réalise les valeurs les plus hautes compatibles avec sa destination idéale », selon ce que nous dit encore Scheler. Dans l'amour sexuel qui soit de l'amour véritable, tout un mouvement[3] spirituel d'ascension est donc inclus et ce mouvement s'ébauche presque toujours. S'il échoue c'est à cause des difficultés et des insuffisances humaines; mais la signification et la valeur de cet amour n'en sont pas moins réelles. C'est ce qui permet au philosophe de la sympathie et de l'amour d'affirmer que dans l'acte sexuel, inspiré par l'amour, s'ouvre pour l'homme

---

[3] SCHELER, *loc. cit.*, p. 241, et FRANZ BRENTANO, *Origine de la connaissance morale*, cité par Scheler.

civilisé non pas une connaissance, mais *une source* de « connaissance métaphysique qu'il ne peut puiser ailleurs ou que d'autres sources ne lui fournissent que d'une façon insuffisante et défectueuse (fusion dans une foule) » [4].

Mais Scheler parle en philosophe et en moraliste. Ses préoccupations biologiques ou même psychologiques sont secondaires. Nous trouvons chez lui la lumineuse démonstration que la conception purement *égotiste* de l'homme et de l'amour n'est pas viable; mais nous ne savons comment concevoir, exactement, la sympathie et l'amour tels qu'il nous les propose.

En ce qui nous concerne nous ne pouvons présenter une conception de l'amour qu'en rapport avec le problème qui nous préoccupe pour le moment. Nous croyons toutefois qu'il est bon de synthétiser en quelques mots notre façon de voir.

III

Ce n'est qu'à la puberté, sous l'influence de l'excitation hormonale, que l'intérêt hétéro-sexuel se présente en l'individu et qu'il peut être vraiment parlé d'amour sexuel. On sait que cette éclosion est conditionnée par l'organisme et bien que la perversion nommée homo-sexualité [5] soit encore fort obscure, nous connaissons des cas où, manifestement, elle était en rapport avec une anomalie organique (tumeur), et a pu guérir avec la disparition du mal. Par contre on peut hâter ou parachever l'évolution d'un individu donné par une médication appropriée, hormonale. Notons-le dès maintenant : ce que nous obtenons de la sorte, c'est une sensibi-

[4] MAX SCHELER, *loc. cit.*, p. 167.
[5] Lire par ex. : Homo-sexualité et Hormones sexuelles, par A. SCHOCKAERT et J. FERIN. — *Revue Criminologique*, mai 1940.

lisation plus vive de l'individu aux intérêts sexuels, abstraction faite de la qualité des réactions ainsi provoquées : celles-ci restent tributaires de la valeur de la personnalité antérieure.

Mais si la vie sexuelle ne commence qu'à la puberté, le problème reste posé de savoir quand commencent à se montrer les premières velléités qu'on pourrait qualifier de sexuelles [6]. Freud prétend qu'elles commencent très tôt, dès les premières années ; mais il semble bien que cette thèse ne soit soutenable qu'à la faveur des mots employés. En substituant *libido* à instinct sexuel on tourna la difficulté ; mais, évidemment, elle persiste. Voici cependant comme les choses se présentent. On sait, et c'est un fait d'expérience universelle, que l'attitude du père est différente vis-à-vis de ses filles ou de ses fils ; il en est de même pour la mère. Cependant personne ne songerait à affirmer sérieusement que cette différence d'attitude qui se montre dès les premiers jours de la vie de l'enfant puisse être une attitude sexuelle. Mais quelque chose est tel dans la psychologie de l'homme que sans s'en rendre compte il réagit différemment à des garçons et à des filles, même quand ceux-ci, de quelque manière qu'on envisage le problème, ne peuvent présenter le moindre intérêt sexuel. Cette différence de comportement répond à une différence de structure interne, différence située bien au-delà des processus rationnels et échappant à l'analyse

[6] Havelock Ellis dans son *Précis de Psychologie sexuelle* cite quelques auteurs (notamment Robic et Hamilton) qui ont fait, en dehors de toute préoccupation freudienne des recherches dans ce domaine.

Selon Robic on trouve les premiers sentiments sexuels chez les garçons entre 5 et 14 ans et chez les filles entre 8 et 19 ans. Hamilton, dans une enquête détaillée, trouve que 20 % des garçons et 14 % des filles trouvent un plaisir dans leurs organes sexuels avant 6 ans.

D'autre part, en dehors de toute question directement sexuelle, il est connu qu'on rencontre même avant l'âge de 10 ans des attachements d'enfants soit entre eux, soit vis-à-vis de grandes personnes, et qui présentent les caractéristiques générales de l'amour.

et au contrôle directs. L'expérience prouve aussi que les enfants commencent très tôt à réagir différemment au père et à la mère, aux frères et aux sœurs et cela avant toute possibilité de mobiles sexuels conscients. Car l'enfant, de par sa structure interne, de par l'orientation de sa vie instinctive et affective, connaît différemment l'homme et la femme et subit, longtemps avant de posséder la moindre aptitude à la réflexion, une certaine différenciation, due à son sexe.

D'autre part, sa recherche innée de l'agréable et ses efforts pour se soustraire au désagréable n'attendent pas la puberté pour entrer en jeu; la plupart des phénomènes affectifs, la plupart des émotions, que l'amour viendra plus tard violemment ébranler ou vivifier existent dès le plus jeune âge. Lorsque l'amour surviendra, il sera fonction, dans la forme qu'il prendra, dans les expressions qu'il utilisera, de la qualité de la personnalité ébauchée dans la première et la seconde enfance. Mais si l'amour est acte et mouvement, s'il dépasse le besoin sexuel simple, cet acte et ce mouvement auront une direction, une qualité, influenceront en un sens précis la personnalité totale. Cette direction et cette qualité ne sauront être données que par les habitudes et les aspirations de la personnalité antérieure, que l'amour ne peut vivifier que s'il a pu y prendre forme.

Il peut paraître un peu surprenant qu'un instinct soit tributaire d'une personnalité antérieure, d'habitudes antérieures à lui. Il importe de remarquer que nous connaissons surtout le sens du mot instinct selon la forme qu'il prend chez les insectes et quelques animaux inférieurs, chez lesquels l'instinct signifie à la fois tendance à une activité déterminée, inconsciente de son but, et réalisation de cette tendance par le moyen d'un schéma moteur imposé, schéma dont l'animal ne peut s'écarter que de très peu. L'instinct se manifeste dans ces cas à la fois par la tendance et par le

schéma moteur unique; au point même que bien des observateurs prennent ce schéma moteur pour toute l'activité
instinctive : le nid d'abeilles, par exemple. Mais à mesure
que nous montons dans l'échelle des êtres, les tendances
instinctives sont de moins en moins liées à un schéma moteur; les manières de réaliser la tendance se multiplient.
Chez l'homme ces manières restent sous le contrôle de
l'intelligence; et pratiquement, la multiplicité des procédés
aptes à réaliser les tendances instinctives sous-entendent
la possibilité de ne pas les réaliser, la réalisation d'une
tendance étant momentanément ou indéfiniment différée.
Et c'est ce qui permet à l'homme, devenu conscient, une
certaine liberté devant la tendance instinctive. L'activité
sexuelle apparaissant à la puberté devra donc nécessairement
s'intégrer dans l'ensemble de la personnalité et ce ne sera
que dans les cas où celle-ci sera très faible, ou défaillante
que cette activité se manifestera sous une forme quasi
animale.

Mais nous savons aussi qu'un être humain n'est en possession d'un instinct que lorsque celui-ci s'est informé dans
des habitudes. Si la tendance instinctive, au moment prévu
pour son apparition, rencontre des habitudes préformées
contraires à sa propre activité, elle se développera difficilement et toujours partiellement. Si l'amour est mouvement
vers l'élévation et la générosité, des habitudes d'égoïsme
préexistantes empêcheront tout naturellement l'amour de
se réaliser selon ses tendances normales et l'on comprend
que toute l'éducation préalable de la bonté, de la sympathie,
de la générosité viendra se transcrire dans les formes de
l'amour. Imaginer qu'un enfant égoïste, gâté, non habitué
à tenir compte d'autrui, n'aimera pas comme un égoïste,
comme un aveugle à la personnalité d'autrui, c'est attendre
un miracle et l'amour ne fait pas de miracles. Si depuis des
années le jeune homme a entendu mépriser la femme ou

entendu ravaler l'amour, ces faits se marqueront, le moment venu. C'est à l'occasion de l'amour sexuel que l'être humain entrera le plus complètement en contact avec la vie morale d'un autre. Mais, de cette vie morale, il ne percevra que ce qui existe déjà plus ou moins en lui. Par exemple, il ne percevra le don moral de la femme que s'il existe en lui une certaine aptitude à la générosité. Dans ce cas, cet abandon de soi pourra l'influencer à son tour et l'élever. Mais s'il ne perçoit rien de cela, quelle que soit la générosité avec laquelle il sera aimé, cet amour est voué à l'échec. De même, si la jeune femme n'est pas capable de comprendre la protection dont elle est l'objet, elle ne pourra pas se donner et cette protection finira par s'évanouir; les deux y perdant. Il en est ainsi pour des milliers de détails qui rendent difficiles l'évolution de l'amour vers l'épanouissement harmonieux et syntonique du couple. Ces difficultés expliquent comment, au terme de l'échec ou du demi-échec on ne retrouve finalement de l'amour que l'activité sexuelle, celle-ci n'étant plus considérée qu'en soi, renonciation ayant été faite, plus ou moins consciemment, à l'amour même.

Nous parlions du don de soi. Il est clair que des actes comparables au don de soi, au don plus ou moins partiel de soi, existent chez l'homme et chez la femme; presque à titre de jeu dans l'enfance; à titre d'attitude d'attente et d'essai dans la jeunesse. Ce n'est qu'au cours de l'amour sexuel que la femme apprendra qu'elle est capable de ce don et désormais, pour elle, don de soi et générosité auront cessé d'être des demi-attitudes, des attitudes de prélude, pour devenir des réalités vitales. Les femmes qui ne se sont pas données, à moins d'être exceptionnellement riches, ne comprennent jamais ce don et n'y croient pas. Même si elles s'occupent d'œuvres, elles jouent toujours un peu un rôle. Par contre, un amour sans don réel représente pour une femme un échec plus grave encore : elle est engagée pour sa vie dans une effrayante comédie. L'aptitude à protéger la femme, sa mère, ses sœurs est inscrite dans la personnalité du garçon longtemps avant la puberté. Ce n'est qu'à l'occasion de l'amour qu'il éprouvera de science sûre que sa prétention à protéger le représente bien réellement et que cette protection, cette force, on l'attend de lui, dans l'abandon. C'est à partir de ce moment que cette attitude prend chez lui un sens moral, complet et sincère. Si la femme refuse cette protection ou est incapable de l'apprécier, elle détruit chez l'homme un des piliers de l'amour. De même, l'homme qui n'a jamais aimé, qui n'a pas expérimenté jusqu'où peut aller la protection qu'on attend de lui et jusqu'où il s'est senti capable de la donner, ne peut connaître ce que signifie réellement l'abus de la force, le cynisme de la séduction, ne peut comprendre le pardon. Il peut jouer plus ou moins sincèrement le pardon ; il ne saurait « savoir » de source vitale directe ce que c'est que pardonner.

Ces quelques aperçus suffisent à montrer dans quel esprit nous comprenons que l'amour sexuel peut être une source unique d'enrichissement et d'évolution morale. Nous aurions, sans aucun doute, pu insister davantage sur le fait que, au-delà des différences somatiques, les différences psychiques et morales se perçoivent dans la vie à deux et dans la fusion affective réelle et que la perception de ces différences, en rapport avec la structure psychique complémentaire de l'amant et de l'aimé, soulève, dans le cosmos réduit du nous, les problèmes essentiels de la vie morale, Mais, de l'avoir signalé, nous permettra de souligner plus tard l'indigence de tant d'unions misérables.

IV

Revenons maintenant aux processus élémentaires. Comme nous l'avons vu, dans la représentation courante de l'instinct on insiste bien plus sur l'exécution parfaite de choses non apprises et se réalisant au moment précis où elles peuvent atteindre leur but, et cela sans connaître ce but, que sur l'obscure poussée inconsciente qui viendrait éveiller certains désirs et déclencher certains automatismes.

Mais « une obscure poussée » inconsciente ne peut expliquer le fait que dans l'activité instinctive il y a reconnaissance (consciente ou non) d'un objet, choisi entre tous.

Aussi trouvons-nous assez adéquate cette définition de l'instinct : disposition innée à faire attention à tout objet d'un certain genre et à éprouver en sa présence une certaine excitation émotionnelle et une impulsion à une activité qui trouve son expression dans un mode spécifique de comportement en relation avec cet objet.

A propos de cette définition qui est la sienne, Mac Dougall [7] donne l'exemple de ce qui se passe avec le rossignol. Lorsque les jeunes rossignols rentrent au printemps dans le sud de l'Angleterre, ils n'ont aucun passé en rapport avec des manifestations sexuelles instinctives et n'ont pas entendu leur propre chant. A peine arrivé le jeune mâle s'installe dans un buisson et se met à chanter. Les jeunes femelles qui pourtant ne voient pas le mâle sont affectées par ce chant comme elles ne peuvent l'être par rien d'autre et se rapprochent du buisson. A la fin, la rencontre sexuelle a lieu. Ici donc, entre autres choses, un élément essentiel consiste en la disposition innée du rossignol a être ému par un certain chant et ce chant est reconnu, à la fois, parce

---

[7] MAC DOUGALL, *Introduction to Social Psychology*, 8me Édition 1914.

qu'une certaine inclination existe en l'oiseau vers une activité particulière et parce que quelque chose existe en lui, préformé dans son organisme, inné, qui le rend sensible à certains éléments déterminés : ici le chant et la mélodie, mais exclusivement celle du rossignol.

Remarquons que le rossignol ne peut naturellement avoir aucune connaissance anatomique et physiologique, ne peut avoir le souci conscient de sa progéniture, mais que par un ensemble de connaissances et d'émotions, supposant une disposition innée à ces connaissances et ces émotions, il est amené d'une façon apparemment simple et naturelle à jouer son rôle prévu par l'espèce. Des faits exactement comparables existent chez l'homme. La sensibilité de l'homme à la personne physique et psychique de la femme, à la voix, aux yeux, au visage, aux expressions, aux gestes, au cou, aux épaules, aux seins, aux jambes, aux hanches etc., sensibilité si marquée et qui paraît si naturelle que beaucoup s'en accusent et se le reprochent, n'est évidemment que l'aspect émotionnel d'un phénomène où se traduit à la fois l'appel inconscient, « l'inclination hormique » et d'autre part la disposition innée et élective à être sensible à ces éléments, en même temps que l'impulsion vers eux.

Le processus instinctif, tel que le décrit Mac Dougall suppose donc :

1. *des phénomènes de connaissance préalables.* Grâce à sa disposition innée l'homme est sensible à certains aspects des êtres humains et si les stimulations organiques internes sont normales, il est porté à s'en tenir à la personne de la femme.

2. *une ou des émotions*, directement en rapport avec cette disposition innée, déclenchée par l'acte de connaissance et signalant d'une manière qui ne peut pas ne pas être remarquée la présence de l'objet de la connaissance. Cette connaissance et cette émotion sont d'ailleurs accompagnées :

3. *d'une impulsion affective et motrice adéquate*, laquelle

se présente à la conscience sous forme d'ébauche d'acte ou de désir.

Nous avons vu que le phénomène de connaissance, en rapport avec l'activité instinctive, comporte un élément de choix : un être est distingué parmi les autres. Il est clair que chez l'homme ce processus de connaissance n'est pas défini exclusivement par les aspects *généraux* [8] de la personne morale ou physique de la femme. L'expérience antérieure de l'homme, ses besoins affectifs particuliers, sa vie intellectuelle et morale, le milieu auquel il appartient, son âge, son niveau éthique font qu'il ne peut être, en fait, sensible qu'à un certain type de femme. Si on ajoute à cela, le snobisme, la mode, les préoccupations raciales ou autres, le choix sera à nouveau limité. L'attente dans laquelle se trouve le sujet joue nécessairement un rôle dans le choix. Une femme sera d'autant plus remarquée qu'elle répond davantage à l'ensemble des souhaits conscients et inconscients du sujet. Il peut évidemment se faire que les souhaits inconscients ne soient pas d'accord avec la personnalité morale du sujet et dans ces conditions, l'émotion-choc peut être donnée par une femme dont l'entourage se dira : comment a-t-il pu la choisir ? mais qui répond parfaitement

---

[8] Havelock Ellis a étudié systématiquement la sélection sexuelle, par la vue, le toucher, l'odorat, l'ouïe. Il analyse également la notion de beauté. Il nous semble qu'il atteint par là le mécanisme général par lequel l'homme et la femme sont voués à se rencontrer. Mais comment s'explique le choix individuel ? Krafft-Ebing et Binet répondent que c'est par l'ensemble du symbolisme fétichiste de chaque sujet. « L'amour normal, dit Binet, apparaît comme le résultat d'un fétichisme compliqué ». On le voit, les valeurs morales n'entrent pas ici en ligne de compte. Havelock Ellis s'est parfaitement rendu compte de l'insuffisance d'une telle conception et a été amené à rechercher l'*humain* dans le choix. Nous le citerons plus loin. Voir à ce propos : HAVELOCK ELLIS, *Précis de Psychologie sexuelle* et les volumes IV et V de ses *Études de Psychologie sexuelle*, notamment dans ce dernier volume le chapitre intitulé le Symbolisme Érotique. On y trouvera la citation de Binet. Édition du Mercure de France, 1925, page 165.

à la personnalité refoulée et choisissante. Cette personnalité instinctive est évidemment très puissante; elle n'est, chez personne, totalement d'accord avec la raison; elle joue très heureusement toujours plus ou moins son rôle dans le choix, qu'elle maintient dans les sphères vitales, comme aimerait de dire Scheler.

L'émotion liée à la connaissance est déjà le signe d'un certain consentement. L'homme épris et comblé est souvent peu émouvable et s'il remarque les femmes qu'il rencontre, elles lui restent toujours un peu lointaines, un peu étrangères. Dès que ses regards et observations s'accompagnent d'émotion, c'est qu'ils correspondent à une certaine attente, à une certaine sensibilisation, à un vague projet de donner suite à une de ces impulsions. Il va de soi que lorsque nous parlons d'impulsion nous songeons surtout à l'impulsion interne, la libération du désir dans la pensée, désir qui ne s'achèvera peut-être jamais en impulsion réelle ou seulement beaucoup plus tard. Il ne saurait être question d'amour là où un acte de connaissance est automatiquement lié à une impulsion motrice quasi aveugle.

Mais du moment où l'être humain aime, c'est-à-dire, a accepté en sa pensée consciente l'impulsion vers l'aimée, la tendance aveugle à la fusion va se réaliser. Elle va entraîner une intimité morale plus ou moins profonde, un besoin de présence très marqué, une aptitude à la communication interpsychique qu'on ne retrouve nulle part ailleurs; et une joie intense. L'amour est un dynamisme hédonique, un hymne à la joie, dit Constance Pascal [9]. Le premier jaillissement est une joie pure, libératrice et affranchie de l'espèce, joie de vivre, de tenir le présent, de posséder la durée fugitive... ajoute-t-elle. Et si l'on réfléchit quelque peu l'on

[9] CONSTANCE PASCAL, *Chagrins d'Amour et Psychoses*, Doin, Paris (1935).

remarque que toutes les valeurs vitales, toutes les tendances sont en même temps exacerbées. L'amour est une possibilité de déclenchement d'émotions sthéniques [10] et sensibilisatrices, mais il est aussi une force qui interpelle et qui totalise les réactions des autres éléments psychiques. Replongé au courant même de la vie, l'être subit une exaltation de tous les instincts sthéniques et notamment de la tendance à la domination, à l'agression, à la puissance. Cela contribue à sa joie, mais contient en germe des éléments de haine, lesquels surviendront d'autant plus vite chez un sujet peu évolué dans la vie morale qu'il aimera avec plus de violence. L'amour ne peut se développer sans haine que chez des êtres qui ont appris de longue date à suspendre ou à dominer leurs réactions agressives. Cette exaltation des instincts vitaux nous explique aussi pourquoi certains hommes se montrent les plus odieux et les plus cruels envers les personnes qu'ils aiment : vie instinctive sans contrôle conscient et sans inhibition.

D'autre part le besoin de contact psychique des amants, l'extrême facilité de l'intimité morale, avant la consommation sexuelle, prête à des illusions. Cette communion ou cette intimité ne se réalisait que par sa nature d'*équivalent* sexuel [11]. Une fois le contact sexuel établi il est fréquent que

---

[10] Voir ce qu'en dit SPENCER, *Principes de Psychologie*, Tome I.

[11] Cet ensemble psychique et moral est considéré par des spécialistes comme MOLL et HAVELOCK ELLIS comme facteurs propres à amener le stade de « tumescence » celui-ci ayant pour fin la « détumescence ». A mesure que la familiarité et l'habitude s'établissent, ce contact moral et psychique devient de moins en moins nécessaire et finalement peut disparaître. La fonction sexuelle, un instant déviée dans la vie morale et psychique, redevient de la sorte une pure fonction sexuelle. Il est évident que ce schéma est le plus courant et c'est d'ailleurs une des raisons pour laquelle l'amour échoue le plus souvent. Cette conception des choses est encore empreinte de Darwinisme. Si l'on se place au point de vue des *tendances*, on peut très bien envisager le contact moral et psychique, l'établissement de l'intimité morale comme une traduction de la tendance à l'union dont l'expression finale est l'union sexuelle, mais qui a amené,

toute cette préstructure s'écroule et avec elle les illusions de bonheur. Et c'est là, très vraisemblablement la raison pour laquelle l'inconscient collectif a fait du péché d'Adam un péché de la chair. C'est, qu'en effet, le bonheur dans l'amour est fragile; il est difficile à réaliser et à maintenir. Et pourtant, il est manifeste que la valeur humaine de l'amour réside avant tout dans l'expérience de l'intimité morale, dans la communication et l'union interpsychique; c'est par là seulement qu'il peut réaliser l'ascension morale, traduire l'hymne à la joie par une création.

Le processus de valorisation dont nous parlerons plus loin est donc avant tout un phénomène affectif et émotif, qui puise son énergie dans les forces instinctives. Mais il n'en est pas moins en rapport avec la personnalité consciente, qui pose jusqu'à un certain point les conditions de sa réalisation et conserve à l'individu une certaine liberté.

Nous en avons dit suffisamment pour montrer qu'il ne faut pas confondre le désir sexuel avec l'amour sexuel et pour éclairer d'une façon précise les processus généraux qui président à l'amour. Dans les chapitres qui suivent nous développerons occasionnellement certains points et notam-

en même temps, la communion psychique. Celle-ci n'est donc pas nécessairement un stade préliminaire de « tumescence », mais le phénomène grâce auquel l'individu pourra dépasser le processus psycho-physiologique et l'intégrer dans sa vie morale. Lorsque nous parlons d'amour nous supposons toujours l'effort d'intégration du processus sexuel dans la vie morale, celle-ci profitant alors d'une expérience unique.

Il est fort important de distinguer ces divers aspects des choses. Si la communion morale et l'estime morale ne résistent pas à la « détumescence », il est clair qu'il y a eu illusion et que l'amour n'est pas viable. C'est ici qu'il apparaît clairement que la personnalité entière doit intervenir et que l'amour ne peut réussir que là où existent une certaine attitude morale, un moi moral apte à maintenir l'unité de l'esprit selon l'expression de C. Morgan. Du reste, dans les cas heureux, l'union spirituelle et morale se développe en même temps que s'épanouit la vie sexuelle.

ment nous verrons que beaucoup d'opinions, fut-ce de moralistes, peuvent être en rapport avec une réaction personnelle, vague équivalent d'homicide devant la désillusion amoureuse.

Nous avons peut-être insisté un peu trop sur l'aspect moral de l'amour, sur sa signification éthique. On nous redira que l'amour est une affaire sexuelle et que tout le reste est littérature. Mais nous croyons qu'un amour basé uniquement sur l'aspect sexuel des choses n'est pas viable et ne connaît qu'une période de cristallisation [12], d'exaltation et de régression se terminant par l'indifférence ou la haine [13]. Il n'y a pas d'exceptions. C'est là le processus fondamental et instinctif tel qu'il se passe à l'état brut chez l'animal. Mais nous croyons aussi que l'amour sexuel porte en soi les germes d'une communication morale et d'une évolution morale enrichissante, susceptible de donner un sens nouveau à la vie et d'assurer, dans une évolution créatrice, la durée de cet amour.

Nous devions, du reste, insister sur l'aspect affectif et moral de l'amour. Car les crimes d'amour sont incompréhensibles si on ne les situe pas dans le cadre de la vie morale et affective tout autant que dans la sphère sexuelle. Cette vie morale et affective nous allons la rencontrer plus loin, consolidée à des niveaux très bas, parfois anormaux. Mais il nous semble que jamais ces homicides passionnels ne peuvent retomber sur l'amour même; ce sont là des échecs et non des formes normales d'amour. Certes l'échec ne se traduit pas nécessairement par le crime; celui-ci est tellement rare; mais il se traduit par la mort de l'amour et parfois par la perte de l'aptitude à aimer; tandis que seule

---

[12] Processus décrit par STENDHAL in : *De l'Amour*.

[13] Cette évolution est particulièrement bien décrite par CONSTANCE PASCAL, *loc. cit.* et par le Dr Allendy dans son livre : *l'Amour*.

la fonction sexuelle persiste. Finalement, par cette collaboration générale des déçus s'établissent et se renforcent
la confusion de l'amour et de l'activité sexuelle et la dévalorisation progressive de la seule activité humaine qui comporte
une connaissance valable du « toi » et l'amorce d'une conception des choses basées sur l'amour.

V

Nous avons vu comment l'instinct, compris dans le sens
d'inclination hormique (*de ormao* — je tends vers) se réalise
par l'intermédiaire et avec l'aide des fonctions cognitives et
intellectuelles. Nous avons vu également que, grâce à la
nécessaire intervention de ces fonctions en partie conscientes, l'être humain est à même d'exercer un certain
contrôle sur sa vie instinctive, de jouir d'une certaine
liberté à son égard.

Il est frappant que, dans ce domaine comme dans d'autres,
l'influence de la volonté se montre sous la forme d'inhibitions. La volonté peut inhiber l'impulsion dont l'émotion et
le désir expriment qu'elle a déjà reçu un commencement
d'exécution. L'individu qui inhibe une de ces impulsions se
rend bien compte que déjà à ce moment il a commencé
d'aimer et, qu'en somme, cette inhibition est difficile. Aussi,
s'il considère l'amour comme interdit ou néfaste pour lui,
comme il ne lui est pas possible d'empêcher sa propre
nature d'être ce qu'elle est, il ne lui reste qu'une méthode :
soit de se soustraire à toute occasion; soit de s'efforcer de
créer un monde d'où l'amour soit exclu ou réduit à sa plus
simple expression. Même quand l'instinct sexuel est inhibé,
il continue donc à agir sur la personnalité au point de vue
personnel et au point de vue social. Et cette action est
redoutable.

Nous voudrions dire encore quelques mots à propos de la projection affective dans l'amour. On sait que l'humanité primitive est essentiellement animiste, comme l'enfance. Tout est perçu comme doué de vie, d'intentions, d'émotions : le primitif et l'enfant vivent au milieu d'un monde vivant de la même vie intérieure qu'eux. Bergson [14] a bien montré que cette attitude n'est pas exclusivement celle du primitif ou de l'enfant, mais reste celle de l'humanité dite civilisée, celle de tout homme. Cet animisme répond à une disposition innée.

Or, on sait qu'au moment de la puberté « l'image que l'homme se fait de la nature subit un changement brusque et profond : tous les phénomènes apparaissent comme doués de vie et acquièrent un caractère d'expression nouveau et intense. La nature elle-même semble fournir des réponses aux aspirations informes et chaotiques qui, sous des modalités diverses, commencent à agiter l'enfant. Elle devient la source d'innombrables forces dynamiques qui provoquent tantôt des sentiments d'angoisse, tantôt de ravissement, sentiments jamais éprouvés auparavant... C'est alors que pour la première fois l'homme a la sensation nette de tout le côté dynamique de la nature, de tout ce qui en elle est devenir, croissance, formation, par opposition avec l'existence pure et simple dans le temps et dans l'espace [15]... »

C'est au cours de cette vague d'animisme que l'amour transfigure brusquement un être que le jeune homme n'avait connu jusqu'alors que comme créature éloignée, ayant son destin intérieur, indifférent au sien. Il projette sa propre vie, ses propres états affectifs, ses conceptions des choses chez cet être, et il lui prête tout cela, pour autant que rien ne vienne trop le contredire; il nourrit envers cet être aimé,

---

[14] *Les deux sources de la morale et de la religion.* Alcan, Paris.
[15] M. SCHELER, *loc. cit.*, p. 167.

comme envers tout, un préjugé bienveillant. Et cette bienveillance crée les conditions du rapprochement affectif et moral, qui rend possible la communion.

Ce réveil de l'animisme tout homme le connaît au cours de l'amour et y trouve une source de joie. Sous son influence il se rapproche des êtres, devient en quelque sorte plus fraternel et meilleur; l'être aimé profitant avant tout de cette bienveillance. Il y a dans ce phénomène plus qu'une observation : une indication de vie. Il est peut-être bon de remarquer que le christianisme s'est efforcé, pour la première fois dans l'histoire du monde, de transformer cet instant fugace de fraternisation, dont tout homme pouvait avoir fait l'expérience, en une attitude constante. Peut-être ce christianisme s'est-il, à notre époque, trop intellectualisé; il n'en a pas moins voulu donner comme programme de vie la transformation en attitude constante de ces moments rares et sublimes, mais largement expérimentables, de l'âme humaine.

Il faut faire encore l'observation suivante : la femme ou l'homme qui ont été l'objet d'un amour, conservent dans l'esprit de celui ou de celle qui a aimé et conserve indéfiniment une valeur particulière; restent, même après la séparation, des êtres d'exception. Celui qui a aimé ne redevient jamais objectif devant l'être aimé ou devant son souvenir.

Cette « exceptionnalité » si féconde pour autrui, le christianisme encore, pour légitimer et entretenir l'amour du prochain, s'est efforcé de l'ériger en mode constant : chaque être humain a une *valeur infinie*. Il s'est efforcé de doter chacun des hommes, par le truchement de la religion, du prestige et de la valeur infinie que tout homme, dans sa vie, a accordés à un être humain.

D'autre part, le sentiment et le besoin d'adoration, si fréquents dans l'amour, traduisent que la vie diffuse dont la puberté ou l'amour naissant ont doté l'univers s'est informée en un être qui, brusquement, se met à exprimer la voix du monde et des choses. C'est à cet être seul désormais que l'aimé peut exprimer sa joie, sa reconnaissance, son abandon. Et finalement c'est l'être aimé qui peut tenir lieu d'univers ou de divinité. Cette adoration comporte évidemment un danger : l'affranchissement de toute influence sociale ; dans les cas inférieurs elle peut entraîner l'indifférence totale à tout ce qui n'est pas cet amour, l'anarchie et le laisser-aller.

Par contre, si la valeur de l'être aimé, de la femme en l'occurrence, est réelle, le prestige et le pouvoir qui sont les siens lui permettent d'exercer une influence décisive sur l'homme qui l'aime et par lui sur toute une époque. La Renaissance retourna à la nature en vue d'éterniser l'état d'âme heureux de l'amour [16]. Mais entre l'hellénisme et la renaissance, les siècles de christianisme avaient donné à la femme un prestige nouveau : la femme s'était accoutumée à entendre le langage de la chevalerie et les formules mystiques, avait pris conscience de son pouvoir moral.

Cette projection affective, dont nous avons parlé, ne joue pas seulement dans un sens général, douant d'une vie splendide un être entre tous. Elle va jusqu'à créer en cet être des sentiments et des désirs particuliers, à douer cet être d'une psychologie particulière. A tel point qu'à un moment donné l'amant n'est plus à même de distinguer en l'aimé ce qui relève de sa psychologie propre et ce qui est purement imaginé et projeté en lui. Il projette en l'aimé un amour de réciprocité qui ne s'y trouve pas toujours ou qui ne se trouve encore qu'ébauché et, projetant cet amour, rend possible son développement et son épanouissement. Mais ceci rend aussi possible l'illusion et fait qu'au fond, l'être qui aime

---

[16] BERGSON, *loc. cit.*

fortement ne peut pas facilement savoir s'il est réellement aimé. Ceci n'offre aucun inconvénient grave aussi longtemps que dure l'illusion, mais prépare de cruels réveils.

D'autre part, quand l'amour cesse ou diminue chez l'amant cette projection diminue parallèlement et l'aimé quoique restant identique à lui-même, non seulement perd de sa valeur, mais semble même se modifier au point de vue affectif. Le « bandeau de Cupidon » est une expression très riche.

Cette projection affective n'est pas séparée d'une certaine projection érotique. Lorsque le désir érotique est allumé en quelqu'un, celui-ci ne fait pas spontanément de différence entre son désir et celui qu'il « projette » en l'autre. Il se comporte alors « comme si ». Nous voyons ainsi très facilement l'homme raconter qu'il a été tenté. C'est-à-dire qu'il a supposé chez un être qui attirait son attention érotique une disposition d'âme semblable à celle qui surgissait en lui. Il se peut naturellement qu'il ait été l'objet d'une certaine parade, mais encore une fois, sous l'influence de cette parade et de cette excitation il lui est très difficile de savoir si un tel désir existe réellement ou si tout ne vient pas de son propre état d'âme. La femme qui lutte pour se rendre désirable et parvient à se rendre telle à force d'artifices amène pour ainsi dire celui à qui elle veut plaire à lui « projeter » une mentalité particulière, à l'imaginer brûlante de désirs et d'érotisme. Et cela peut réussir très longtemps.

Au fond, ces moyens artificiels n'étaient pas nécessaires à la période croissante de l'amour, alors que l'amant, sans se rendre compte de son illusion, lui supposait cette soif qu'elle n'avait pas. Mais à la période décroissante, lorsque le rayonnement faiblissant de l'amant ne lui permet plus cette « projection » qui compense l'amour et le désir absents, ces artifices, par un processus mésencéphalique et médullaire,

suppléent un certain temps à la défaillance des personnalités [17].

Cette projection érotique et affective n'a pas peu contribué à faire de la femme une « tentatrice », à lui reprocher
une bonne partie des méfaits dus à l'amour. Il ne s'agit que
de la traduction en termes sociaux d'un cas particulier de
l'animisme, inné en la psychologie de l'homme. Tout un
aspect de la psychologie de la femme n'existe qu'en l'homme.
Il est probable que l'inverse est également vrai.

Ces phénomènes de projection affective se retrouvent dans
la pathologie où ils peuvent s'étudier à un fort grossisse-
ment : les délires érotiques et les délires de persécution à base
affective constituent en quelque sorte des expériences de
choix [18].

Ce sont tous ces petits événements affectifs, que la volonté
est impuissante à créer et à orienter, qui permettent de dire
que l'amour ne se commande pas. Sans ces processus, un
amour sexuel normal est évidemment impossible et c'est
une des raisons pour lesquelles un mariage même parfait
au point de vue logique est une absurdité. Mais c'est aussi
le motif pour lequel lorsque les phénomènes affectifs et
amoureux régressent et qu'une union ne se soutient plus
que par la raison, elle devient nécessairement pénible. Il

---

[17] Le drame se passe dans les palais comme dans les chaumières. On
ira avec une légère mélancolie, dans la 2ᵉ série des *Indiscrétions de
l'histoire de* CABANÈS (Albin Michel, Paris) : *Une consultation pour la
Pompadour...* : La favorite réduite au « chocolat à triple vanille ambré »
aux truffes et aux bons offices de Boucher chargé de décorer un boudoir
érotique, aux fins de conserver l'intérêt du grand Roi.

[18] Ce processus de projection affective s'étend aux êtres inanimés et
fait l'intérêt des gravures érotiques. Poussé à un degré extrême il engendre
une déviation sexuelle connue sous le nom de Pygmalionisme ; les sujets
atteints de ce trouble trouvent uniquement dans les statues une réponse
à leur intérêt sexuel, les êtres vivants étant exclus.

Par ailleurs ce processus semble un phénomène psychologique général.
Sous le terme allemand de *Einfuehlung* il est envisagé comme condition
de la vie esthétique.

n'existe pas de meilleure preuve que l'amour n'est pas une pure question sexuelle et que toute la personnalité y est engagée, non pas seulement en principe, mais dans l'existence vécue.

Quant à savoir si le bonheur des amants est une question de technique sexuelle comme le voudrait le Dr Van de Velde c'est une autre question; la technique peut évidemment jouer ici un grand rôle; elle ne saurait remplacer le rôle de la personnalité affective et morale et chez des gens normaux et sains, elle ne l'a jamais réussi encore. Comme nous disions plus haut, la volonté peut inhiber jusqu'un certain point les phénomènes de la vie affective; mais elle ne peut rien y créer. La vie vient des profondeurs de l'être, elle est un jaillissement continu, une suite ininterrompue d'impulsions, lesquelles peuvent se manifester sous des formes de plus en plus hautes ou de plus en plus grossières. Les représentations intellectuelles et les complexes moraux viennent « informer » ces impulsions qu'elles font ainsi participer à l'édification de la personnalité. Celle-ci n'est donc possible que par la collaboration de l'impulsivité instinctive et des acquisitions morales. Si cette impulsivité fait défaut, la personnalité ne s'achèvera jamais. L'amour est une source inouïe d'impulsivité très riche; ceux qui estiment qu'il constitue, en soi, une activité de pis aller manquent de vues claires sur la psychologie humaine.

CHAPITRE II

ACTES HUMAINS ET VALORISATIONS NORMALES OU PATHOLOGIQUES

I

Les nécessités du langage courant et de la vie sociale font en sorte que, légalement, il existe deux catégories d'actes humains : les actes volontaires et libres dans l'élaboration desquels sont censés n'exister que des facteurs intellectuels, entraînant une responsabilité indiscutable de leurs auteurs et les actes commis sous l'influence prédominante d'éléments affectifs ou passionnels n'entraînant qu'une responsabilité restreinte ou même nulle.

Les médecins et tous ceux qui veulent nuancer le comportement de la société à l'égard des individus et des délinquants ont tendance à introduire, entre ces extrêmes, des responsabilités atténuées, des demi-responsabilités, des responsabilités fortement atténuées, pour ne parler que des formules le plus souvent utilisées. Ces nuances sont envisagées pour traduire en termes pratiques l'influence de la débilité mentale, du déséquilibre, de l'aliénation. Trop souvent, l'on confond cette casuistique avec l'aspect scientifique de la question. En fin de compte, ces variations sur la demi-responsabilité n'ont de sens qu'au prétoire, parce que la mentalité collective s'en tient et s'en tiendra vraisemblablement toujours à sa représentation sommaire : actes libres et actes non libres. Mais dans la réalité psychologique, celle dans laquelle nous devons nous placer pour étudier avec quelque fruit le crime passionnel il n'existe qu'un seul type d'actes humains et il est important d'en parler.

En effet, les actes les moins solennels et en apparence les plus neutres, ceux sur lesquels la volonté semble régner en maîtresse ne sont jamais des produits simplement rationnels. Le choix dont ils découlent est toujours accompagné d'une certaine tonalité émotive d'origine souvent obscure et généralement mal connue du sujet.

Certes, choisir la couleur et la coupe d'un vêtement peut n'avoir qu'une charge affective minime. On peut, socialement parlant, ne pas en tenir compte. La vie en commun exige que lorsque l'acheteur a donné ses ordres, les impulsions, hésitations et tergiversations intérieures qu'il pouvait ressentir soient considérées comme non existantes. On dira : ce jeune homme a *voulu* un costume vert foncé. On ne retient, de tout ce qui s'est passé en son être que l'acte social par lequel il a choisi un tel tissu, choix volontaire, le reste ne présentant aucun intérêt pour la collectivité et par conséquent n'*existant* pas.

Mais cependant, psychologiquement, le reste existe et possède une très grande importance. A l'analyse, choisir la couleur d'un tissu et la coupe d'un veston est un acte qui se révèle extrêmement compliqué et qui met en relief l'ampleur et la multitude des éléments irrationnels et affectifs que recèle notre activité la plus banale.

Par contre les actes en apparence les plus éloignés de la responsabilité apparente, actes exécutés au cours d'une colère aveugle, d'un raptus passionnel quelconque sont loin d'être, en fait, dépourvus de tout contrôle intellectuel; bien que, dans certains cas, ce contrôle puisse se réduire à infiniment peu de chose. Dans la vie pratique on tend à minimiser outre mesure l'importance de ce contrôle subsistant à travers l'orage affectif, car chacun a intérêt à ce que les actes posés ou les paroles prononcées au cours d'une crise de colère et qui sont, en réalité des expressions bien réelles de sa personnalité, mais des expressions ordinairement refoulées, ne lui soient pas imputés. Et par une sorte d'accord tacite, on ne tient pas compte, dans les relations sociales, des manifestations qui peuvent être considérées comme relevant de l'aveuglement d'un moment.

De là les deux grandes catégories sociales d'actes humains. Mais en fait, à travers toute la série des actes normaux, du plus neutre au plus passionné, du plus « libre » au plus « aveugle », on retrouve à la fois l'acte de choisir entre différentes attitudes et le remous affectif qui lui est sous-jacent et tend à déterminer le choix. Ces actes humains pourraient se ranger en une série *continue* depuis ceux où la charge affective est pratiquement nulle et le pouvoir de choisir rationnellement, maximum, jusqu'à ceux où la charge affective est véritablement toute-puissante et la faculté de choisir réduite à des proportions infimes. Bien qu'une telle classification n'ait jamais été faite elle n'en existe pas moins, sous une forme sommaire, dans la hiérarchie des valeurs qui servent à la vie collective.

Notre vie apparaît, envisagée dans ses menus faits, comme une suite de décisions dont la motivation réelle échappe à l'analyse immédiate et dont seul le caractère rationnel est retenu, comme le seul traduisible en mots d'usage courant, le seul socialement utilisable. Ce caractère rationnel, en grande partie illusoire, nous satisfait et nous ignorons ou méconnaissons les processus affectifs qu'il recouvre.

En général, nous attribuons d'autant plus de poids à notre choix qu'il a été accompagné d'une poussée affective plus forte, d'une répulsion ou d'un désir plus violents. Il n'y a nullement parallélisme entre le degré de liberté réelle d'un tel choix et l'intensité avec laquelle nous nous y tenons, si bien qu'une bonne partie de nos actes dont nous nous souvenons que nous les avons particulièrement voulus sont en réalité des actes pour lesquels, nous le savons vaguement, nous avons été grandement influencé par une polarisation affective de notre psychisme. La série ininterrompue de décisions dont se compose notre vie intellectuelle et morale n'est donc nullement assimilable à une suite de décisions logiques et raisonnables, avec çà et là, un accroc, mais peut être considérée comme traduisant, en ordre principal, les variations de notre intérêt affectif. Moins la chose a d'importance en soi, moins nous pesons avec soin le pour et le contre, plus notre décision a l'air d'aller de soi, d'être spontanément raisonnable, de n'être entachée d'aucune cause possible d'erreurs. En fait, plus nous subissons alors le jeu de notre vie inconsciente, tout en ayant l'impression d'agir avec une grande liberté. Nous confondons la liberté réelle avec le fait que nous agissons sans entraves, que nous nous réalisons sans rencontrer d'obstacles. Grâce à cette illusion c'est dans le domaine des choses banales que nous prenons le plus d'habitudes tyranniques, que nous nous exprimons le plus complètement.

Lorsque par suite d'une modification de notre intérêt affectif à son égard nous attribuons soudain plus d'importance à un acte jusque là indifférent — revenons à la couleur de notre vêtement — notre degré de liberté ne va cependant pas croître avec cet intérêt, loin de là, et cela bien que nous éprouvions le sentiment d'agir plus délibérément puisque voulant avec plus d'intensité. L'expérience immédiate, chez un homme moyen et non psychologiquement cultivé, lui confère, dans un tel cas, un vif sentiment de responsabilité mais lui laisse également sentir qu'il a été influencé, victorieusement, par une valorisation affective momentanée, processus psychique *déterminé*.

La prise de conscience de ce déterminisme interne qui le pousse dans un sens prévu ne peut se faire que grâce à certaines expériences et notamment lorsque l'homme se heurte à des obstacles sérieux venant lui démontrer que sa décision ou son désir, pour si naturels ou spontanés qu'ils soient, ne reçoivent pas l'approbation d'autrui.

C'est alors que le conflit apparaît, conflit qui, avec l'âge et le développement de l'être humain, peut se transformer en problème, lui révélant ainsi l'existence de tendances secrètes qui le poussent toujours dans le même sens et lui apprennent que le véritable problème de la liberté ne se pose pas seulement par rapport aux obstacles du dehors, mais aussi par rapport aux impulsions aveugles qui surgissent du profond de son être et qu'il imagine volontiers naturelles, vitales, inviolables. L'homme apprend ainsi qu'il ne peut se libérer de l'aveuglement dont il est victime qu'en s'en remettant consciemment à un ensemble de règles fixes et de lois morales existant en dehors de lui et auxquelles il reconnaît, d'une façon générale, une certaine valeur. Alerté par son instinct de liberté, il peut échapper par ce subterfuge à son déterminisme intérieur et rejoindre, ce faisant, le domaine de la raison et de la liberté véritable. Mais il est clair qu'il est vraiment difficile de s'en remettre totalement à la loi de la morale et de la raison, pour le motif qu'il est difficile d'échapper à soi-même et que par conséquent un acte vraiment raisonnable et vraiment libre, doit être infiniment rare. La plupart du temps le sujet s'en remet à ce qui « se fait »; agit « raisonnablement » par rapport aux us et coutumes. L'instinct grégaire l'aide à se conformer à la « raison moyenne ».

II

S'il est parvenu au problème moral, il se substitue peu à peu chez l'individu, à l'ensemble de ses orientations et choix spontanés, un code intérieur rendant présent en l'âme l'ensemble de ces prescriptions et règles morales et cela d'une manière personnalisée, particulière à lui, comprise et connue par lui. Ce code n'est pas une abstraction, mais une réalité vivante tributaire des expériences vécues du sujet, de ses tendances, de ses hypertrophies ou de ses lacunes. Ces lois morales devenues vivantes perdent du fait qu'elles vivent leur caractère absolu, automatique, tendent constamment à être transcendées par la vie instinctive sous-jacente qu'elles inhibent et contrarient. Aussi cette vie morale ne saurait être durable et effective si elle n'était soutenue, elle aussi, par des puissances obscures, tirant leur efficacité des dispositions les plus intimes de l'être [1]. Le sentiment de culpabilité est une des faibles lueurs intérieures qui puissent aider l'homme à se maintenir dans une direction donnée et même qui puissent le maintenir dans le besoin d'amélioration morale.

Nous apprécions le comportement moral de quelqu'un selon les proportions dans lesquelles il s'efforce de se conformer aux règles de la raison et de la morale et lorsque nous punissons un criminel, par exemple, c'est parce que nous lui reprochons de n'avoir pas fait l'effort nécessaire, sous-entendant par là qu'il est toujours possible de faire cet effort. Comme il existe un ensemble d'actes auxquels répond

---

[1] DE BRUYNE in *Ethica*, vol. I, base la vie morale sur l'existence du sentiment de culpabilité. — On sait le rôle que Freud fait jouer à ce sentiment de culpabilité dans sa psychologie. — Le problème est étudié par Jankelevitch : *La mauvaise conscience*, Alcan, Paris, 1939 — et Stoker : *Das Gewissen*, Bonn, 1925.

une sanction, soit morale soit sociale, actes codifiés par la morale naturelle et par le Décalogue, on a tendance à confondre le domaine de la responsabilité morale avec le domaine couvert par les préceptes moraux explicites et l'on n'acquiert pas l'habitude de juger moralement des actes pour lesquels il n'existe aucun précepte défini. Toute une partie de notre activité courante se trouve donc abandonnée à nos choix et décisions spontanés, c'est-à-dire que toute une zone de notre vie est pour ainsi dire abandonnée sans contrôle à notre vie affective. Cette zone « libre » ne s'étend qu'à nos choix d'importance secondaire, et, tout en éprouvant nettement l'impression d'agir librement, nous y sommes dirigés par notre personnalité totale, comprenant aussi bien nos qualités que nos défauts, nos perfections et nos insuffisances et nous nous trouvons engagés, sans nous en rendre compte, par des décisions d'apparence anodine, dans des directions qui peuvent nous mener très loin, et qui nous paraissent d'autant plus naturelles au moment où nous les prenons qu'elles nous expriment davantage. Nous ne reprochons pas au criminel toute son activité, mais une partie de son activité seulement, celle qui tombe sous l'application des règlements moraux. Le problème y apparaît toujours assez simple. — En réalité nous perdons de vue que la personnalité totale du coupable se traduit bien autrement et bien plus complètement dans tout son comportement banal, la multitude des petits faits anodins qui amorcent peu à peu le drame. C'est là qu'il faut juger de la valeur d'un être et c'est par les petits faits, les petites orientations, les petites oscillations du moi que l'insuffisant se distingue du normal. Pour le moins doué les lois morales devraient s'étendre aux menus faits et c'est pourquoi une tutelle les sauvegarde le plus souvent.

La cour d'Assises pose généralement le problème à côté de la réalité, — dans une région où il est insoluble.

III

Vus par notre expérience interne directe, observés avec une certaine sincérité, nos actes ne portent jamais de caractère d'irresponsabilité, même au sein du plus grand emportement, mais nous remarquons qu'à partir d'un certain degré de gravité nous sommes avertis qu'il y a lieu pour nous de cesser de nous en remettre à nos décisions spontanées et qu'il nous faut confronter nos décisions avec celles que nous imposerait le code moral ou social que nous pratiquons habituellement. Si, à partir de ce moment-là, nous continuons de suivre nos simples désirs, nous éprouvons nettement que nous nous insurgeons et notre sentiment de responsabilité est intensifié du fait que, dans nos décisions, nous refusons de nous soumettre, et que nous revendiquons le droit d'agir à notre guise. A mesure que nos décisions deviennent plus graves et s'écartent davantage de celles que la raison et la morale nous dicteraient, notre sentiment de responsabilité devient plus aigu, et même si, en ce moment-là, nous sommes emportés par notre vie affective et émotive, nous n'éprouvons nullement que nous sommes aveuglés, mais nous sentons que nous devons faire un effort de plus en plus considérable pour nous maintenir en insurrection contre l'ordre, et, de ce chef, notre sentiment de responsabilité et éventuellement de culpabilité est porté à un paroxysme. Ce paroxysme est accompagné d'une certaine émotion, d'une sensation de risque, d'une certaine inquiétude et même d'angoisse.

C'est précisément l'inquiétude ou l'émotion qui nous avertissent du moment où notre décision devient grave et doit, pour le bien, être contrôlée ou guidée. C'est à ce moment précis qu'on peut parler de la voix de la conscience. Il va de soi que cette inquiétude n'apparaît pas au même moment chez tous les hommes et que, chez le même homme elle n'apparaîtra pas toujours au même moment. Il va de soi également que la mesure dans laquelle un homme se laissera guider ou se contrôlera variera d'après les individus ou d'après les moments chez le même homme. C'est néanmoins à l'instant où l'émotion ou l'inquiétude apparaissent que la décision se colore d'un aspect moral et que l'attention du sujet est attirée. Mais, puisque nous parlons du crime passionnel, nous devons faire remarquer qu'au moment où le problème se pose à un individu donné, cet individu se trouve engagé déjà depuis un certain temps dans cette direction et il s'est trouvé engagé par toute une série de décisions spontanées [de cette zone libre dont nous parlions] décisions en rapport avec sa personnalité, mais dont rien ne pouvait laisser prévoir, où et comment, au moment où il les a suivies, il serait amené au problème grave.

Si bien qu'au moment où le criminel passionnel se trouve engagé dans le problème moral et en prend conscience, le problème devant lequel il se trouve n'est pas un problème ordinaire et abstrait, c'est le sien; c'est-à-dire qu'il est marqué par la valeur intellectuelle et morale de sa personnalité. De plus, la femme à propos de laquelle se pose le problème du meurtre ne sera jamais une femme quelconque, mais une femme en rapport avec cette personnalité. Le fait qu'une femme ait été remarquée de préférence à une autre, est le résultat d'opérations psychiques « spontanées » traduisant au mieux ce psychisme.

IV

Nous venons de voir que les décisions vraiment réfléchies ne commencent qu'après que l'homme s'est déjà engagé depuis un certain temps dans une voie et ne peuvent s'opérer que sur des éléments déjà strictement choisis par la personnalité.

La femme mêlée au drame ne sera pas une femme quelconque, mais un être en rapport avec la personnalité de l'homme. La valeur même de la femme n'est pas seule à compter; *la nature des liens* qui les attachent l'un à l'autre sera elle-même une expression de cette personnalité. Dans l'ensemble des processus qui aboutissent à la valorisation d'une femme vis-à-vis d'un homme donné, non seulement il y aura à tenir compte de la valeur intrinsèque de cette femme, mais aussi des attitudes psychiques de l'homme qui ont pu valoriser cette femme, attitudes psychiques qui peuvent déjà contenir, en soi, bien des éléments du drame. Enfin nous ne devons pas perdre de vue que l'homme seul n'est pas en cause et que s'il y a valorisation d'une femme, il y a également valorisation d'un homme, par cette même femme, toutes choses qui peuvent venir aggraver ou simplifier la situation [2].

La qualité des processus qui peuvent à un moment donné valoriser un être vivant par rapport à un autre joue un rôle non seulement au moment du choix, mais pendant toute la période que durera l'élection et donnera le ton, le sens, le niveau des relations qui uniront ces deux êtres. C'est pourquoi le

---

[2] Nous avons préféré utiliser le terme « valorisation » plutôt que celui de « cristallisation » parce que cette terminologie, que nous empruntons à M. SCHELER est beaucoup plus dans l'esprit actuel et nous permet mieux d'exprimer notre manière de voir. — Le choix amoureux n'est pas un acte rationnel, dit Daniel Lagache, mais il est compréhensible et explicable pour peu qu'on explore la personnalité de l'amant avec une technique appropriée. Bien que le caractère irrationnel du choix amoureux soit reconnu par tous, il nous est donc loisible d'étudier ce choix. Le choix amoureux, dit Dumas, paraît mystérieux comme tout ce qui est individuel parce qu'il procède de la personnalité tout entière, qu'il est dirigé sur une personne et que nous en ignorons les causes profondes. (Cité par LAGACHE, *loc. cit.*).

Le choix amoureux est caractérisable, dit toujours cet auteur :

1) par la transformation de l'objet d'amour par la perception amoureuse,

2) la transformation de celui qui en est l'auteur,

3) la transformation de la conscience que l'amoureux a du monde.

drame commence bien avant le problème moral proprement dit, et se trouve inscrit dans les premiers échanges entre les personnages.

Qu'il nous soit permis, pour faire comprendre plus nettement l'importance de la nature de ces liens, de développer brièvement l'exemple donné plus haut du choix d'un tissu ou d'une coupe de costume.

Supposons qu'un jeune homme choisisse un tissu vert foncé, sans se rendre compte exactement des raisons pour lesquelles il choisit, et se disant donc simplement que cette teinte lui plaît. Il en a déjà choisi d'autres, mais ce jour-là vraisemblablement le vert exprime au mieux son affectivité générale. Il se peut du reste que le vert — un certain vert — ait pour lui une certaine valeur affective qui fait que très souvent il donnera la préférence à cette teinte. C'est une situation normale et tout homme réagit mieux à l'une ou l'autre couleur. Toutefois, le lien qui rattache ce ton à sa personnalité est assez vague, n'est que peu déterminant, de sorte que la couleur est vraiment choisie pour elle-même, pour sa beauté indifférenciée et indéfinissable, multipolaire.

Si, dans un autre cas, le vert foncé est choisi parce que, consciemment ou inconsciemment cette couleur est rattachée à l'émotion sexuelle, la liberté du sujet à son endroit sera déjà beaucoup moins grande et cette teinte sera très souvent choisie. Mais la nature du lien qui rattache ici le vert foncé à celui qui choisit est telle que la couleur en elle-même ne joue qu'un rôle secondaire, c'est sa qualité d'excitant qui la valorise. Ce n'est pas la couleur qui, perçue en elle-même et pour elle-même, a décidé du choix : c'est en tant que porteuse d'émotion sexuelle qu'elle fut remarquée. En fait la nature du lien qui s'établit entre l'acheteur et l'étoffe est telle que la valorisation s'opère sans que la couleur choisie y participe en tant que couleur autant qu'on aurait pu le croire.

Si, dans un autre cas encore, le jeune homme a choisi son

tissu vert foncé, uniquement parce que son rival possède un costume vert foncé, la valorisation s'est ici opérée sans que la couleur y soit pour rien. Et la nature du lien est telle que la valeur intrinsèque de l'objet choisi n'entre nullement en ligne de compte. Le vert a été choisi parce que *l'autre* avait un costume vert. Il se peut que ce jeune homme ait l'habitude de n'agir qu'en fonction de ce qu'il envie ou jalouse chez les autres et dans ce cas la nature du lien qui l'attache à l'étoffe choisie est encore inférieure à la précédente. Le sujet ayant ici l'habitude d'agir en fonction d'autrui, le choix de ce costume participe de ses habitudes générales, de ses constantes psychiques. Son degré de liberté devant l'objet était peu élevé et cependant l'objet ne l'intéresse pas en soi. Et dans un tel cas le fait de ne pouvoir posséder ce costume vert serait plus cruellement ressenti que chez le premier : celui-ci en effet tenant à la couleur pour elle-même peut trouver d'autres teintes intéressantes et les apprécier.

Enfin nous aurons le cas du jeune homme malingre, aux épaules chétives, et d'une personnalité peu riche. A celui-là il faut le vert foncé parce que « l'autre » est vêtu de cette manière. Mais il lui faut en plus des épaules carrées et conquérantes. Non pas parce qu'il apprécie le vert ; non pas parce que de belles épaules lui apparaissent vraiment belles en soi, mais parce qu'il ne veut pas être moins que les autres et qu'il ne peut pas être vu tel qu'il est. Dans un tel cas, on peut dire que le complexe d'infériorité relié à la vie instinctive agit directement sur le choix et que les objets envisagés ne sont valorisés qu'en dehors d'eux-mêmes et uniquement en fonction de la signification qu'ils peuvent avoir. Ils ne sont pas appréciés en soi, mais en fonction de.

On comprend que l'attitude du sujet sera différente dans ces quelques cas et il suffit de remplacer brusquement l'idée tissu vert foncé par un être vivant pour se rendre compte des situations que cela peut amener.

Une femme débile mentale peut être valorisée en tant que débile; ou bien pour qu'un « autre » ne l'aie pas; ou bien pour tel détail intéressant le fétichisme sexuel du sujet. Dans de tels cas la personnalité totale de la femme est de moins en moins envisagée, et les probabilités de drame apparaissent de plus en plus grandes.

Nous devons donc rattacher le drame non seulement à la valeur absolue du criminel : intelligent, déséquilibré, débile, affectivement pauvre ou riche; mais aussi aux formes par lesquelles sa personnalité appréhende le monde du prochain, à ses complexes, à ses compensations, à son état d'équilibre avec la société.

V

Une chose importante à constater c'est que la victime d'un crime d'amour, en dehors des cas fortement teintés de pathologie et en dehors des drames, rares d'ailleurs, de l'adolescence, n'est presque jamais la première femme aimée. Cela s'explique sans doute par l'influence parentale. Les mariages, étudiés en grand nombre, nous montrent un extraordinaire conformisme dans le choix des époux. Nicolaieff [3] dans ses études statistiques sur les corrélations constatées entre conjoints nous a montré que, dans l'ensemble, l'écart entre la taille des époux est régulièrement respecté. Il existe évidemment un écart entre la taille de l'homme et de la femme et par conséquent les moyennes doivent révéler cet écart; mais ce qui est caractéristique c'est que cet écart proportionnellement toujours le même, est affecté d'un coefficient de corrélation positif. Il existe aussi une différence d'âge, très régulière, la femme étant

[3] Léon Nicolaieff, *Les corrélations entre les caractères morphologiques des époux.* — *Anthropologie*, T. XLI, 1931, p. 75-93.

généralement d'un peu plus de deux ans plus jeune que l'homme. Il existe également, une corrélation pour le rang social, comme il existe un âge moyen auquel on se marie, dans une région donnée. On ne constate pas de corrélation positive entre la couleur des yeux ou des cheveux. On peut donc considérer comme très marquée l'influence des conceptions de l'ambiance, des habitudes, de la mode. A priori cela peut paraître aller à l'inverse du libre choix et devoir entraîner plus tard des difficultés. Nous constatons, cependant, qu'il n'en est rien et que ce n'est généralement pas cette union basée sur un certain conformisme qui se révèle la plus mauvaise.

Si l'on y réfléchit quelque peu, on constate que ce conformisme, produit d'une certaine expérience humaine et collective, n'est pas dépourvu de toute valeur et condense une certaine sagesse, apte à soustraire le plus grand nombre des individus à leur propre aveuglement, à leur propre ignorance, à leur inexpérience. Ces mariages accomplis sous la vague orientation de la famille et des usages sont moins imparfaits que ceux auxquels auraient abouti un certain nombre d'individus abandonnés à eux-mêmes. Cet asservissement, quelquefois, peut nuire à l'individu et en tout cas peut être ressenti comme pénible, mais très souvent il le hausse au-dessus de sa propre condition et de ses propres moyens. La femme proposée ou accueillie par la famille joue assez bien le rôle de dépositaire des traditions. Même bornée, même fruste, elle a des opinions arrêtées au sujet de l'argent et continue à représenter financièrement sa famille au sein de l'union; elle sait comment se comporter en tout; impose ses habitudes et ses pratiques religieuses et réalisant au mieux les leçons dont elle est depuis toujours imprégnée, apporte sous formes d'impératifs une certaine sagesse, un certain équilibre, un certain contrôle sexuel, la fidélité aux règles admises, la stabilité des sentiments, la subordination de l'ordre familial à l'avenir ou du moins à la protection des enfants. L'homme est maintenu par elle dans une certaine ligne. Vu de haut c'est ce qu'il faut; malheureusement par son expérience directe et vécue l'homme est peut-être d'un avis différent.

A un moment donné, malgré l'emprise de la famille et des habitudes, une certaine émancipation de l'homme se produit. Celle-ci se révèle à l'occasion d'un relâchement fortuit de la vie familiale, voyage, isolement temporaire, veuvage; l'homme est alors, — il le considère du moins — instruit par sa première expérience. Il ne se rend pas compte que c'était l'ordre social lui-même qui pesait sur lui. Il n'était pas très heureux. Il attribue sa souffrance au fait qu'il n'a pas choisi assez librement la femme qui lui convenait et s'est fait quelques idées. A l'avenir quelques types de femmes seulement seront susceptibles de l'intéresser.

Pour ceux qui vont verser dans la criminalité et la déchéance sociale rapide nous voyons que généralement la femme qui retient alors l'attention est sexuellement plus émancipée ou sexuellement plus attrayante que la précédente. Le problème de l'amour est simplifié, ramené à un problème sexuel, ne tenant délibérément plus compte des questions collatérales. Quand on interroge le criminel à ce sujet on constate que la conquête de la victime fut généralement facile (on remarque d'ailleurs le plus souvent que le problème s'était posé exactement de la même manière pour la femme et que le conquérant était en même temps conquis sans s'en rendre compte) et l'on constate combien il appréciait cette absence de complications. Aucun des deux ne se choisit « parce que » dépourvu de sens moral, mais « bien que » dépourvu de préoccupations morales.

Il est clair que l'écart n'a pas commencé d'emblée sous sa forme grave et qu'un certain nombre de faits bénins orientés toujours dans le même sens ont prélude à cette situation.

Sans doute, vu du dehors, le choix de la « femme — future victime » apparaît comme un acte libre de la part du futur criminel et ainsi les germes criminels inclus dans ce choix lui incombent en quelque sorte; mais cependant, vu à la lumière des processus de valorisations, il est manifeste que ce choix a été avant tout conditionné par les *lacunes ou les tendances* mal disciplinées du sujet et que mis dans l'occasion d'exercer un choix qu'il appelle libre, il a réalisé celui qui correspondait le plus à sa personnalité. Liberté d'autant plus illusoire que l'individu est plus pauvre ou plus abandonné à des tendances non maîtrisées; liberté d'autant plus redoutable qu'à l'occasion de ce choix il s'est exposé, vraiment inerme, aux influences toutes-puissantes de son aveuglement, de sa pauvreté affective, de son appétit sexuel, de ses complexes obscurs et s'est livré de la sorte, croyant choisir un être de bonheur, à un autre appétit sexuel, à d'autres complexes inconnus, peut-être à un fétichisme pauvre.

Face au conflit inévitable, ces deux êtres dépourvus de toute aptitude morale, de toute possibilité de compensation vont s'affronter avec la violence ou le cynisme qui caractérise les instincts déchaînés et en arriveront soit à perpétrer un crime à deux, soit à se massacrer l'un l'autre.

VI

Cependant l'observation nous apprend que le plus dangereux n'est pas que deux êtres inférieurs se soient à un moment donné choisis. De telles unions ou de telles liaisons sont marquées au coin de la brutalité et de la violence, mais conservent malgré tout une allure humaine et compréhensible. Les choses deviennent criminogènes lorsque, tout en s'étant appréciés à peu près adéquatement d'un point de vue général, les deux êtres liés par ce qu'ils appellent l'amour ont été valorisés l'un vis-à-vis de l'autre par des processus psychiques qu'ils ignorent et qu'ils sont condamnés à ignorer toujours, réalisant ainsi une erreur grave sur la nature réelle de la personne de l'autre. Ce ne sont pas les simples débiles qui tuent; ce ne sont pas les simples insuffisants. Mais ce sont ces êtres à constitution spéciale et que nous rencontrerons plus loin, pour lesquels les processus de valorisation sont tels que l'objet aimé n'y joue qu'un rôle minime, un rôle de déclenchement, sa personnalité réelle n'étant que très partiellement prise en considération. La situation la plus extraordinaire dans cet ordre d'idées se réalise lorsque la femme est assassinée sans même savoir qu'elle était aimée. Un célibataire silencieux et tranquille, incapable de déclarer son amour, mais très amoureux d'une voisine, en fait jalousement une amante. Personne ne s'en doute, et comme il apprend qu'elle s'est mise à courtiser un jeune homme et a avec lui des rendez-vous clandestins, il décide de mettre fin à ce scandale. Il croyait que si elle avait voulu ils auraient pu être heureux, explique-t-il par la suite.

Il est clair que dans un tel cas, la personnalité de la victime n'a vraiment joué qu'un rôle de cristallisateur des processus morbides chez l'assassin et n'a pas été directement appréciée. Dans des cas moins graves la victime, bien que mieux appréciée, n'était cependant connue que par quelque aspect fragmentaire de son moi, valorisés par quelques complexes cachés ou fétichisme chez l'homme, et finit par être exécutée parce qu'elle est autre que ce par quoi, sans le savoir, elle avait été remarquée.

Un certain Robert F., étrange jeune homme sans ami, et qui n'a jamais pu entrer en communication avec une jeune fille, souffrait de cette impuissance. Il s'était créé un mode de vision d'autant plus érotique que moins corrigé par le contact réel, mais se demandait comment les autres jeunes

gens s'y prenaient pour lier connaissance. Il était d'une impotence affective grave. Le seul endroit où il parvenait à
entrer en communication avec une femme était la salle de
danse; cela lui plaisait parce qu'il ne devait pas parler. Et
pour inviter sa partenaire, après un coup d'œil circulaire,
il faisait un signe de tête accompagné d'un clin d'œil à celle
qu'il avait choisie, sans prononcer un seul mot. De temps
à autre, une jeune fille répondait à son invitation. Voici
donc un jeune homme, incapable de rencontrer une jeune
fille ailleurs qu'en une salle de danse, et dans celle-ci réduit
à ne connaître que celles qui répondaient à son geste
d'apache. Une amourette née dans de telles conditions porte
en soi tous les germes de drame : résultat d'un triage opéré
par le niveau le plus bas dans une salle de danse. En admet-
tant qu'une jeune fille l'eût aimé, qu'aurait-elle connu de
lui ? Un jeune homme timide, plutôt enfantin, maniéré et
qu'on disait paresseux. Mais lui pendant ce temps aimait en
silence la sœur d'un camarade. Il espérait qu'avec celle-là,
jeune et avenante, il pourrait avoir des relations sexuelles.
Quelques jours plus tard, pour avoir de l'argent en vue de
séduire cette jeune fille il assassina une vieille personne,
amie de la famille.

Un certain B. enfant unique, timide, impotent affectif, à
tendances homosexuelles, sans contact avec l'extérieur,
paresseux et mou, fait une sortie, à la remorque des camarades le dernier jour de son service militaire. C'est sa première frasque. On visite des cafés à serveuses. Les conditions
sont réalisées pour que son impotence soit compensée par
la femme, puisque la serveuse est payée pour être gentille.
Du coup, il s'amourache d'elle. Lui qui appartenait à une
famille convenable, qui avait pu rencontrer de nombreuses
jeunes filles normales, va choisir une prostituée à soldats.
Simplement parce *qu'il n'a pas pu entrer* en contact avec
d'autres. Cette valorisation brusque est ici conditionnée par

son impotence affective. Mais la jeune fille ne le sait pas; elle croit qu'il agit pour elle-même, qu'il veut la sauver; qu'elle a rencontré, sous la timidité du jeune homme un cœur tendre et compatissant. Vis-à-vis d'elle il est soudainement valorisé. Elle le suivra dans la vie.

En fixant leur premier rendez-vous, quelques semaines plus tard, il s'aperçoit qu'il ne la connaît pas et il est obligé de lui écrire pour lui demander de tenir un mouchoir à la main. On ne saurait mieux se rendre compte du peu d'importance que revêt dans un tel cas la personnalité de la femme aimée. Tout s'est passé à peu près comme si cette femme n'existait pas. Elle ne pouvait évidemment s'en rendre compte. Cet homme qu'elle imaginait l'avoir sauvée, assassinait quelques semaines plus tard une voisine de ses connaissances pour se procurer un peu d'argent afin de ne pas devoir avouer qu'il était sans ressources.

Ces deux crimes ne sont évidemment pas des crimes passionnels mais ils mettent en évidence cette chose tout à fait importante que la *nature* des processus de valorisation joue un rôle de premier plan lors du choix et que dans le plus grand nombre des cas, il doit être impossible aux êtres reliés de la sorte l'un à l'autre de se rendre compte de ce qui se passe réellement. Le simple énoncé de ces trois cas nous montre que la prise de contact entre deux êtres peut difficilement être conçue comme un événement fortuit. Mais à la lumière de ce que nous avons vu, il apparaît que l'événement est de moins en moins fortuit, de plus en plus déterminé, à mesure que les êtres en question sont eux-mêmes porteurs de déformations internes et de complexes d'allure plus ou moins pathologiques qui les isolent, diminuent leur aire de sensibilité ou leur possibilité d'extériorisations, réduisent à des types de plus en plus particuliers et de plus en plus pauvres la sphère de leurs relations interhumaines.

A travers l'existence affectivement misérable de B., ses

longs jours sans amitié, son impotence émotive qui l'isole et le prive de toute communication directe avec les siens, avec les enfants de son âge, avec les adolescents qu'il côtoie pendant des années, nous le suivons, tâtonnant dans le silence et le drame intérieur, pour aboutir un soir de débauche ratée, à élire une prostituée qu'il a d'ailleurs respectée [4]... Cet acte dont chacun le tint pour responsable et qu'il considère lui-même comme libre, nous apparaît en réalité comme singulièrement préexistant en lui, comme s'étant déjà réalisé, de façon plus anodine et sous des milliers de formes différentes, chaque jour de son existence. Seul le désir sexuel a joué ici un rôle et un rôle presque physiologique, la personnalité de la femme n'entrant pas vraiment en ligne de compte et ne pouvant pas, strictement parlant, entrer en ligne de compte puisque, de par son impotence affective, *jamais* il n'était entré vraiment en communication avec un autre être humain. Certes il souffrait de cette impotence, certes il se rendait compte, comme il nous l'a dit, de cette lacune grave de sa personnalité, mais le fait qu'il était conscient de cette insuffisance ne pouvait empêcher qu'elle n'existât, ne pouvait lui conférer une aptitude qui lui manquait, ne pouvait le faire échapper à son destin d'aveugle affectif. Il aurait pu rencontrer, dans son entourage, une jeune fille délurée, suffisamment érotique, pour passer outre au manque d'échanges, pour l'aimer sans remarquer son impotence. Mais la situation n'eut guère été différente, en soi, et le lien qui les eut unis n'eut jamais rien été d'autre que ce qu'il pouvait être : un frêle et chétif mouvement de tendresse, quasi imperceptible, caché sous la timidité et le silence et coloré, selon les périodes physiologiques, de désirs et de gestes sexuels.

C'est pourquoi, très souvent, la première union des futurs

---

[4] A rapprocher du roman : *Léviathan* de JULIEN GREEN.

criminels passionnels, réalisée sous la pression familiale ou sociale, est généralement supérieure à ce qu'ils réalisent, selon leur propre moi, par la suite. Le drame est plus directement lié à leurs choix subséquents, parce que leur indigence, leurs déviations ou insuffisances morales s'y trouvent plus intégralement exprimées.

Lorsqu'on étudie leur vie et leur cas on se rend compte que ces insuffisances ne sont pas remarquées dés le début. En effet, le fait de la liaison compense, par le dynamisme qu'elle apporte, la pauvreté ou la monstruosité qu'elle recouvre. Aussi longtemps que la femme *reste docilement l'objet convoité*, et persévère dans la ligne de l'abandon. de la soumission, dans son rôle de partenaire sans personnalité réelle, la nature des processus qui ont amené la rencontre n'apparaît pas sous son vrai jour.

C'est au moment où la femme lassée ou simplement infidèle va laisser reparaître son moi réel, va esquisser l'éloignement ou même s'éloigner vraiment, au moment où, brusquement, elle va reparaître en tant qu'être humain indépendant, que les processus par lesquels l'homme l'avait valorisée vont se dévoiler. Cette femme à qui jamais — *nous disons jamais* — son futur assassin par amour n'a demandé si elle était heureuse sera brusquement revalorisée; mais pas pour elle-même. Elle le sera uniquement par les processus psychiques qu'utilisent les instincts les plus égoïstes du moi, et dont la forme sera en rapport avec la structure mentale de l'assassin. C'est également pendant cette période de revalorisation que la pauvreté psychique ou les aptitudes intuitives de la femme décideront si elle sera ou non assassinée. En effet, comme nous le verrons, le rôle de la victime apparaît comme étant, dans un certain nombre de cas, à peu près aussi important que celui du meurtrier.

CHAPITRE III

QUELQUES ÉLUES

Nous venons de voir qu'il existe des rapports précis entre les personnalités de l'homme et de la femme qui se choisissent à un moment donné. Nous disons des rapports précis. Il est clair que d'une manière générale les êtres se recherchent et se comprennent parmi ceux de même niveau, de culture et d'éducation correspondantes. Ce que nous voulons dire c'est que la correspondance secrète qui se trouve à la base du choix est quelque chose de bien plus particulier, quelque chose qu'on pourrait appeler complémentaire. Dans le cadre général du milieu où le choix s'opère ce sont des tendances particulières, des défauts ou des compensations, des impuissances ou des hypertrophies qui viennent créer, à un moment donné, la sensibilité à la personnalité de l'autre.

C'est dire que toutes les formes de débilité ou de déséquilibre se marquent à ce moment et engagent l'homme, sans qu'il puisse s'en douter, dans la voie dangereuse.

Nous ne pouvons mieux faire que de décrire sommairement quelques choix. Rien ne pourra davantage mettre en évidence le rôle de l'insuffisance ou de l'anomalie mentale dans l'orientation générale de certaines vies.

Nous donnerons dix histoires sommaires, non pas choisies, mais prises dans leur ordre de présentation à notre examen. Ce sont dix cas considérés comme normaux par les tribunaux.

I. NEIT H. E.

Est né en 1905 et est devenu assassin en 1938.

Le père est un illettré total, de caractère doux, bon travailleur; ouvrier agricole toute sa vie. La mère est nerveuse et violente, illettrée aussi, gaspilleuse, ne jouissant d'aucune considération dans le village.

Le grand-père maternel mourut étranglé, la nuit, par du tabac à mâcher. Un oncle fut assassiné par le mari de sa maîtresse. Il y a de la tuberculose dans la famille.

Le meurtrier compte 7 frères et sœurs tous illettrés, sauf Madeleine. Tous sont violents, mais courageux au travail. L'un fut condamné pour coups portés à sa mère; un autre a été condamné du chef de cruauté aux animaux, vols, bris de mobilier, injures verbales. Un autre fut déserteur et vit en bordure de la délinquance tandis que Madeleine, qui sait lire, est notoirement connue comme de mœurs faciles.

N. I. est le 3ᵉ de huit enfants. Les parents habitent une petite maison pauvre, isolée en bordure du bois. Les enfants répondent en wallon aux parents qui ne parlent que le flamand. La famille eut l'existence dure et H. E. fut mis au travail très tôt. Sa fréquentation scolaire fut irrégulière. A 10 ans il devient vacher. Plus tard il fut tour à tour terrassier, manœuvre, etc. Connu comme violent et brutal; même vagabond. A 17 ans, il était réputé comme batailleur et son unique ami fut un vaurien surnommé « Pan-Pan », qui après une suite d'aventures, se suicida. Mauvais service militaire et chassé de l'armée. Avant le crime son casier judiciaire comptait 13 condamnations dont la plupart pour violence, ivresses et parfois vols. La mère le considère comme le meilleur de ses enfants. Il semble en effet avoir été le seul à lui avoir parfois remis un peu d'argent. Il lui arriva même de dévaliser son père et de remettre le produit du vol à sa mère.

H. E. eut un certain nombre de liaisons, mais affirme n'avoir vraiment aimé que celle qu'il a tuée. Il avait 33 ans lorsqu'il fit sa connaissance en travaillant aux betteraves. Elle avait 20 ans, était soumise à la juridiction du Juge des enfants depuis l'âge de 13 ans et provenait d'un milieu familial très mauvais. Elle était connue comme recherchant les hommes et se donnant facilement. Au moment où H. E. se lia avec elle, elle était enceinte des œuvres d'un soldat français et H. E. le savait. Ils se mirent en concubinage, l'enfant naquit et Neit le reconnut comme sien. Peu à peu il se mit à battre sa concubine d'une manière inquiétante et celle-ci décida de s'en aller. Il la tua à l'aide d'un couteau de cuisine, parce qu'elle ne voulait pas rester avec lui. « J'ai mis mes amitiés sur cette femme », disait-il, « et personne d'autre ne l'aura ». Le crime fut accompli avec préméditation et sauvagerie.

En réalité, H. E. prétend qu'il a tué parce que cette femme a bien montré qu'elle ne s'était mise avec lui que pour avoir un père pour l'enfant et quelqu'un pour payer les frais du baptême et de la layette... Il donna son argent, puis elle voulut le quitter. C'est cela qu'il n'a pas admis.

II. JACES E. I. K. 231

Jaces est né en 1911. Il a commis en 1939 le crime d'empoisonnement sur la personne du mari de sa maîtresse. Ce mari était son compagnon de travail et depuis quelques mois l'avait pris en logement chez lui.

Jaces est le troisième des trois enfants. Le père était un buveur notoire, et qui fit une tentative publique de suicide. Le grand-père paternel était aussi un grand buveur.

La mère est assez normale. Parmi les trois tantes du côté paternel deux furent atteintes de troubles mentaux prononcés d'allure mélancolique. L'une souffrait d'atrophie congénitale d'un bras. Parmi les oncles et tantes du côté maternel nous retiendrons Alphonse qui mourut de méningite à 40 ans et qui eut un enfant atteint de la maladie de Basedow (goître avec exophtalmie et nervosisme morbide) et Élise qui eut également un fils déséquilibré et débile mental. Trois autres sont morts à la naissance, un autre à 17 mois, un autre à 8 ans.

Le criminel a un frère et une sœur. Le frère est maladif et souffre de cauchemars graves depuis son enfance. La sœur a deux enfants dont un atteint de méningite.

Enfin, le meurtrier eut deux enfants : Louis à 6 ans 1/2 souffre toujours d'incontinence d'urine et Freddy est mort à quatre mois de convulsions.

Jaces lui-même naquit à 8 mois après décollement prématuré du placenta. A l'âge de 7 ans il ne pouvait encore communiquer par la parole qu'avec l'entourage immédiat. Convulsions. Rêve à haute voix et est agité dans le sommeil, d'une manière anormalement marquée.

Cette famille porte donc nettement les stigmates de l'hérédité alcoolique.

Il fréquenta l'école de 6 à 14 ans et apprit à lire; mais il ne comprend pas ce qu'il lit. Il peut écrire une lettre et ce qu'il a lui-même écrit il le comprend. Il travailla dans diverses usines, et régulièrement, jusqu'à son arrestation.

En famille c'était un garçon calme et docile. Il était un fils soumis et ne répliquait jamais. Chez lui on le traitait comme un enfant. Son service militaire fut parfait. Il était bien vu et considéré très sympathiquement dans le village. Il épousa une jeune fille de son milieu, agréée par sa famille. Elle était d'ailleurs enceinte de quatre mois, de ses œuvres. Le ménage était très bon. La mère d'abord, sa femme ensuite le dirigeaient dans l'existence. Malheureusement sa femme mourut en couches. La famille reprit les enfants dont l'un décéda bientôt.

Un jour, après 16 mois de veuvage, il s'en fut porter un message dans une maison où la femme, coiffeuse, avait la réputation d'attirer les hommes et vendait de l'alcool clandestin. Jaces savait cela. Il avait d'ailleurs plus ou moins peur de cette femme. Dès cette première entrevue, cette personne (qui avait besoin d'argent pour payer des réparations à la maison et ses instruments de coiffeuse) fit ce qu'elle voulut du veuf imprudent. Il se rendit désormais chaque soir dans cette maison et ne tarda pas à remettre à son aimée, tout son salaire, aussi fidèlement qu'il le remettait jadis à sa mère, puis à sa femme. Finalement, il s'installa comme logeur dans la maison de sa maîtresse. Il en ressentait une certaine honte, n'osait plus sortir et notamment n'osait plus aller dans les concours « faire chanter son coq ». Sous l'influence de cette femme et d'un voisin dont nous allons lire l'histoire après celle-ci, il finit par empoisonner le mari. Il ne fut d'ailleurs qu'un simple instrument en leurs mains. Au point de vue intellectuel c'est un débile mental.

III. CEZEP. 232.

Cezep est né en 1895. C'est lui qui fut l'instigateur principal de l'empoisonnement perpétré par 231, décrit ci-dessus. Le père de Cezep était marchand de porcs et buveur. La mère ne présente rien de spécial. On ne signale rien parmi les oncles et tantes.

Il fut le 8e de 13 enfants. Des 9 frères et sœurs vivants, on compte : une exploiteuse de maison louche; un condamné pour vols; un autre vit de délinquance variée. La famille est considérée comme particulièrement dépourvue de valeur morale et même après sa condamnation on dit encore de 232 qu'il était le meilleur de la bande, quoique le plus roublard. Il est doué d'une intelligence médiocre. A l'école il fut cependant regardé comme bon enfant; il peut écrire et un peu calculer. Il fut d'abord garçon de ferme, puis ouvrier dans un charbonnage. Il fit un service militaire convenable en 1919. C'était un gai compère, fréquentant régulièrement cafés et bals. Sa conduite n'était pas « mauvaise ». A 28 ans il se maria. Le ménage paraissait bon. La femme est venue témoigner en sa faveur à la cour d'assises.

Un accident du travail en 1935 l'immobilisa pour trois mois. Il conçut alors une vie plus facile et reprit une petite ferme. En 1938 il prit un pré en location. Non loin de ce pré habitait une certaine épouse G, femme légère, connue comme telle dans plusieurs villages où elle avait passé. 232 la connaissait aussi. Elle devint bientôt sa maîtresse et dès lors il forma le projet de se débarrasser de sa femme et du mari de sa maîtresse. Mais comme c'était à peine plus qu'un débile et que, de plus, il se savait roublard, il voulut agir à coup sûr. Ayant appris la liaison de 231 avec sa voisine, il décida de faire son apprentissage d'assassin aux dépens du mari de la maîtresse de 231 et d'essayer sans risque les diverses méthodes. C'est ainsi qu'il décida et dirigea l'empoisonnement. Nous reverrons ce cas plus loin.

L'examen mental de ce détenu révèle une intelligence faible, un sens moral particulièrement inexistant, une allure optimiste et bon enfant. Il parlait de la mort des trois personnages qu'il avait décidé de supprimer d'une manière particulièrement plaisante et fut assez rusé pour obtenir de sa femme un papier stipulant qu'elle avait des idées de suicide; obtint de la victime qu'elle allât chercher elle-même la strychnine au pharmacien et obtint de son curé un certificat particulièrement élogieux. Sa femme elle-même vint proclamer ses bonnes qualités de mari et de père.

IV. FYNUP. 229.

Fynup est un monsieur chic. Il parle bien. Il est bien habillé. Il a fait des études commerciales et dirige une société dramatique. Il est né en 1899.

Son père était un homme nerveux et sobre, socialement stable, et qui mourut accidentellement par noyade. Lorsque sa mère était enceinte de lui, de deux mois, elle perdit son fils ainé. Aussi, fut-il particulièrement attendu et choyé.

Pourtant, dès son plus jeune âge, le détenu fut très nerveux; au point que pour le garantir contre ses crises de nervosité (colères particulièrement) la mère fut obligée de lui placer un bourrelet autour du front pour lui amortir les chocs.

A cinq ans il fit une diphtérie grave avec paralysie oculaire et troubles persistants de la marche. A 7 ans il fit une méningite qui entraîna des troubles du caractère et une nervosité croissante. Jusque 12 ans, il urina régulièrement au lit. Puis il devint alcoolique.

Son intelligence dépasse la moyenne. Il fréquenta l'école moyenne, l'athénée, fit son service militaire et après cela, sans avertir les siens, suivit une École supérieure de commerce. Il exploitait ses parents, n'était jamais content de rien et à partir de 24 ans est condamné pour : ivresse, coups, port illégal de décorations, bris mobiliers.

Il se mêlait à la vie politique, ses compagnons le traitaient de gueulard. Ses idées étaient extrémistes. On devait l'empêcher de jouer aux cartes tellement il s'énervait et criait. Pourtant, cet énervement et ces criailleries firent un jour dans le train l'admiration d'une femme. Comme il ne s'occupait jamais de « femmes » ce fut elle qui fit les avances. A 28 ans il se maria. Après quatre mois les époux se séparèrent, la femme n'ayant pas voulu quitter le toit paternel et craignant d'aller habiter seule avec lui. Il voulut l'abattre au revolver. L'arme s'enraya et il acheva au couteau. La femme échappa à la mort et porteuse d'une longue balafre au cou a perdu sa voix normale. Il fut condamné à 4 ans de prison mais en sortit après 1 an et huit mois. Ceci montre à suffisance que son geste fut, en fait, approuvé par le personnel des bureaux et par l'un ou l'autre membre de la magistrature. Sorti, il n'éprouve pas la moindre honte et se lance dans la politique de plus belle. Même après ce premier crime il fait tourner la tête à une tenancière de café, dont le mari, par dépit, s'en va. La femme est seule, mais ne veut néanmoins pas aller habiter avec lui. Elle quitte la région et se cache en ville. Il la retrouve par hasard. Par peur, elle n'ose lui refuser le week-end qu'il exige. Bientôt le week-end ne suffit plus. Il faut qu'elle le suive. Elle refuse. Il la tue au couteau.

C'est un homme intelligent. Au point de vue psychiatrique, c'est un être affectivement pauvre, dépourvu de toute aptitude à la sympathie, dur, égoïste, orgueilleux, à tendances paranoïaques et cruel. Il n'a jamais eu d'amis. En fait n'a jamais eu de liaisons affectives réelles avec qui que ce soit, homme ou femme. Et par malheur, cet être dur, dominateur et exigeant est atteint de phymosis et son pénis est ridiculement peu développé. Avec le genre de femmes qu'il a rencontrées, c'était tout ce qu'il fallait pour amener les choses à un paroxysme insoluble. Mais il ne parle pas de cela. Il n'est pas, dit-il, un homme sensuel. Mais il estime que lorsqu'on a donné sa parole, c'est une chose sacrée et a tué parce qu'il ne voulait pas que ces femmes pussent manquer à leur engagement.

V. NIOSMEIP F. L. 223.

Il est né en 1913. C'est un grand garçon anguleux, au regard fuyant, qui ne regarde jamais l'interlocuteur, parle à voix presque basse, ne répond quasi que par monosyllabes.

La famille habite un endroit reculé dans le village. Le père est une brute illettrée et vagabonde, ancien élève des maisons de correction. Il est notoirement alcoolique. La mère est calme et sympathique, assez émotive. Le grand-père paternel est celui qui a, par son alcoolisme, sa négligence et sa paresse, ruiné sa famille et l'a fait descendre au niveau le plus bas.

Du côté maternel : tuberculose. Les oncles et tantes du côté paternel sont de grands buveurs ou des tuberculeux. Le détenu a sept frères et sœurs.

Tous ont uriné au lit au moins jusque 15 ans. Le premier eut
des convulsions. Le second eut des convulsions et est gravement
somnambule. La troisième eut des convulsions. Une quatrième eut
des convulsions. Le cinquième eut des convulsions et est buveur
notoire. Le sixième a l'aspect mélancolique; il est taciturne et
seul. Réformé de l'armée parce qu'urinant au lit. La septième n'a
rien de spécial; légère débile.

223 fut le 5e des huit enfants. Il eut des convulsions à 18 mois
et on eut longtemps l'impression qu'il était sourd-muet. Ne commença à parler qu'à l'âge de quatre ans. Jusque 7 ans, se salit
au lit, la nuit, comme un nouveau-né. (Encoprésie nocturne).
Continua d'uriner au lit jusque 15 ans.

Fréquenta l'école irrégulièrement, sait lire et écrire. Resta
toujours seul; ne parvient à entrer en communication avec aucun
être de son âge. Pas de compagnons à l'école, pas de compagnons
plus tard. N'ose pas parler aux jeunes filles. Est plutôt obéissant
chez lui. Il croit toujours qu'on se moque de lui.

Fait un service militaire quelconque, complètement isolé des
autres et plus tard ne parle qu'aux petits enfants. N'ose pas entrer
au café et n'a de liaison avec le monde des vivants que par l'intermédiaire de ces enfants et d'un vieillard qu'il rencontre parfois
le dimanche pour jouer aux cartes.

Mais ses instincts sont impérieux. Bien qu'il ne se sente « pas
comme les autres » il commence des relations sexuelles avec ses
sœurs; il est alors attiré par une voisine qui devient sa maîtresse
et dont il corrompt bientôt les enfants. Cette femme le sait, mais
tolère tout cela parce qu'il lui remet son argent. Le mari de cette
femme tolère également l'ensemble, aussi pour l'argent. On voit
le milieu et le genre de femme conquise par lui. Il se rend d'ailleurs
compte de la bassesse de cet être, mais ne trouve pas moyen de
vivre normalement. Un jour il croit rencontrer une jeune fille
avec laquelle il sera heureux. Il ne lui cause pas, ils se voient une
heure, une fois, mais sans rien échanger de particulier. Il a la conviction qu'elle le voit volontiers. Et tout en se demandant ce qu'il
lui dira la prochaine fois qu'il la verra fait des projets d'avenir.
Sa voisine, mise au courant, menace de dénoncer à la police les
attentats sur ses enfants. Il l'abat à coups de fusil.

Cette femme était un des êtres les plus vils qu'on puisse imaginer; lui-même un grand anormal que nous reverrons plus loin.

VI. MENT L. 201.

Ment L. est né en 1881. Le père était un homme sobre et de bonne conduite et considéré dans le village. Un oncle paternel était un débile du type sot, qui jouait l'orgue de Barbarie dans les kermesses et les foires.

Il fut le premier de quatre enfants. Il fut gâté par la mère, mais cependant les enfants reçurent une bonne éducation.

De 5 à 17 ans il suivit les cours de l'école moyenne et même ceux de l'athénée. Mais il était peu doué. Son niveau intellectuel est très bas. Il présentait deux années de retard scolaire. Mais même en comptant ce retard il se trouvait encore parmi les élèves médiocres de sa classe. Très tôt il fut considéré comme particulier par ses condisciples. Il n'eut jamais de compagnons. Il était sournois et taciturne; on l'évitait. C'était un rapporteur et même un calomniateur. Il ne se joignait pas au groupe en quittant la classe, mais il courait seul, comme un cheval au trot et quand il passait devant une flaque d'eau on pouvait s'attendre qu'il éclaboussât ses compagnons et prît la fuite.

Plus tard il aida ses parents dans leur commerce de grains. Vers l'âge de trente ans il épousa une jeune fille de bonne famille. Mais il ne put reprendre un commerce, fit le watman et le receveur de tram. Après la guerre 1914-18 il ouvrit un commerce de charbon; ne voulut pas que sa femme s'en mêlât et perdit de l'argent. Acculé à la ruine il permit à sa femme d'ouvrir une pension de famille qui d'ailleurs réussit; mais il n'avait aucun contrôle de l'argent et cela le blessait. Il était mauvais en ménage, brutal, violent, batailleur, inhumain. Cette femme eût beaucoup à souffrir surtout lorsqu'il avait bu. Il était peu communicatif, dissimulé, fourbe. Deux enfants étaient nés de ce mariage. L'un devint prêtre et l'autre religieuse. C'est la mère qui fit d'eux ce qu'ils sont devenus.

Puis sa femme mourut. Elle avait su, malgré tout, se rendre maître du ménage.

Après quatre ans de veuvage Ment, qui s'était montré incapable de se diriger dans l'existence, mais qui avait un peu d'argent, gagné par sa femme, fit la connaissance *d'une femme de mœurs légères et qu'il connaissait telle.* Elle avait vécu en concubinage avec plusieurs individus et avait même exploité un café louche. Ment avait alors 58 ans, cette femme en avait 39. Il l'épousa. En somme il avait laissé supposer qu'il était plus riche qu'il ne l'était en réalité. Il faisait à cette femme des présents généreux. Le premier mariage avait été malheureux; celui-ci semblait marcher à merveille. La femme ne travaillait pas; les dépenses ne s'équilibraient pas avec les revenus, mais il ne parlait pas d'embarras d'argent. Un jour les ressources furent épuisées; mais la femme n'en savait rien. Quatre mois avant les faits il avait acheté une hache; deux mois avant les faits il devint un peu difficile et plus taciturne. Il ne chercha jamais la moindre querelle à sa femme, mais un jour pendant qu'elle se reposait après le dîner il l'attaqua à la hache et c'est par un pur hasard qu'elle ne mourut pas.

On apprit par la suite que depuis quelques jours un ancien amant de sa femme, plus jeune, venait de sortir de prison.

VII.   JIPPOL G. 224.

Jippol qui coupa la gorge à sa concubine et se taillada le cou, très gravement, avec l'intention manifeste de se suicider, est né en 1912 dans une famille ouvrière très considérée. Une de ses tantes paternelles est débile mentale.

La mère dut garder le lit durant toute la grossesse. L'enfant naquit à terme, mais ne pesait qu'une livre et demie. De 8 à 14 mois il fit journellement plusieurs accès de convulsions. Il fit jusque 15 accès par jour.

A 14 mois, un accès dura onze heures.

Vers 6 ans il fit une affection oculaire grave et vers deux ans et demi une furonculose qui dura plusieurs années. Il est compréhensible qu'il ait été particulièrement gâté par la mère. Il fréquenta alors la classe et il y fut un enfant sage. Il était assez intelligent, mais n'avait pas de mémoire. La mère très croyante éleva l'enfant d'une manière fort chrétienne.

Mais l'enfant, sage à la maison et sage en classe, avait en réalité reçu de ses compagnons le surnom de Roussia. Il était comme un petit chef de bande, se distinguait par des escapades audacieuses, mettait le feu aux berges, etc. Ses compagnons de classe, à l'inverse de son instituteur, ont conservé un souvenir défavorable de lui. Il n'essaya jamais de se perfectionner en rien et devint ouvrier ébéniste. Il était bien vu de ses patrons, bien que n'étant qu'un ouvrier très ordinaire.

A 19 ans, dans une salle de danse, il connut une jeune fille, âgée de 22 ans et comme lui aimant à participer aux séances dramatiques.

Il fallut même, un jour, aller le rechercher chez elle, il s'y était installé depuis trois jours. Ceci nous donne une indication sur le milieu auquel appartenait cette jeune fille. Bientôt elle fut enceinte et le mariage eut lieu.

Le ménage ne fut pas heureux. Jippol travaillait irrégulièrement, frappait cruellement sa femme, même pendant la grossesse. En plus il devint chômeur et le besoin régna dans la maison. Excédée, la femme le quitta une première fois. Il alla la reprendre (elle n'était pas partie avec un autre). Après quelque temps elle repartit encore. Il alla la rechercher de nouveau. Enfin une troisième séparation fut définitive.

Ils étaient restés ensemble pendant 5 ans. Les fillettes furent placées au Bon Pasteur, mais Jippol ne paya que très irrégulièrement la pension de ses enfants. Vers la fin de la vie à deux, il avait menacé sa femme du couteau et même du rasoir.

Six mois plus tard, il rencontre une femme séparée de son mari d'une inconduite notoire. Ils se mirent en concubinage; les disputes commencèrent et les batailles, la femme continuant sa vie légère. La famille d'autre part refusa énergiquement de recevoir jamais cette femme. Sur les entrefaites Jippol se mit sur la liste communiste aux élections communales et obtint une voix : la sienne.

La femme finit par se sauver, elle aussi. Elle avait d'ailleurs d'autres amants et la chose se termina comme nous l'avons vu.

VIII. JOACIP F. 208.

Joacip, assassin de sa femme, par jalousie, est né en 1915. Le père était un homme taciturne. La mère était négligente et sale. Le ménage habitait la maison la plus pauvre et la plus exiguë de la plus petite rue du plus pauvre quartier de la ville.

Une sœur de la mère était une demi-aliénée qu'on appelait « Keizerinneke »; elle eut un enfant idiot.

Le détenu fut le 10e de 15 enfants. Parmi eux les filles paraissent s'être bien développées et ont évolué normalement au point de vue social, mais les fils sont restés taciturnes, sans communication entre eux et avec le milieu. Trois fils et le père vivent actuellement ensemble, sans soin, sans propreté, et sortent en haillons. Joacip fut un élève médiocre, taciturne, ne prenant aucune part à la vie de la classe. A partir de 14 ans il alla travailler à la mine. Vers

19 ans, dans une salle de danse, (c'était le seul endroit où il communiquait, sans parler, du reste), il connut une jeune fille qui appartenait à un milieu détestable et dont la conduite était aussi mauvaise que possible. Elle n'avait pas 16 ans et fut bientôt enceinte. Pour elle, Joacip commença à retenir son argent, se brouilla avec les siens et finalement se maria contre le goût de ses parents.

Ce Joacip n'avait eu de relations avec personne avant son mariage et n'en eut pas davantage après. Bientôt il fut chômeur; la pauvreté entra dans la maison. Les batailles et les pugilats devinrent quotidiens dans le ménage et la femme s'enfuit plusieurs fois. Finalement elle partit assez loin, lui laissant l'enfant.

Joacip prit son rasoir en poche, vendit son vélo pour avoir un peu d'argent pour payer son train. Il la trouva, passa la nuit avec elle et lui trancha finalement la gorge. Il était jaloux, non sans raison d'ailleurs. Le fait qui l'avait exaspéré est qu'elle lui avait laissé la charge de l'enfant.

IX.   WEMFIPCUS K. 210.

Wemfipcus a tué sa femme à coups de marteau. Il l'accusait de lui être infidèle et par-dessus tout de vouloir, pour cette raison, se débarrasser de lui. Les faits eurent lieu en 1938.

Il est né en 1902, au sein d'une famille considérée dans le village comme la plus basse. Le père, élagueur, était un buveur invétéré, brutal, menaçant et craint. La mère est fruste, brutale, insensible. Un oncle paternel fut condamné à 5 ans du chef d'attentats aux mœurs. Un oncle maternel fut accusé de viol sur sa fille. Le détenu compte dix frères et sœurs. Franz est nerveux, violent, querelleur et a épousé, avant le crime, la sœur de la victime. Ses quatre enfants sont dans un institut pour anormaux. Trinette et Marie font bonne impression. Élisa est tuberculeuse. Jean est tuberculeux et buveur. Maria eut un enfant naturel. Rosalie est morte tuberculeuse. Jannes souffrit de convulsions graves. Charles est illettré et grand buveur. Tist est illettré.

Parmi les fils trois s'appellent « Jean » il a fallu leur donner un surnom, pour les distinguer. Le détenu a deux enfants anormaux.

Wemfipcus ressemble aux autres membres de sa famille, taciturne, sans communication, vindicatif. Comme ses frères il est d'une stupidité remarquable et on ne put jamais faire entrer en eux la moindre parcelle de savoir... Il devint aide-maçon et gagnait péniblement sa vie. A 19 ans il connut celle qui devait devenir sa femme et sa victime. C'était un être violent et sensuel, dont la sœur était sur la liste des femmes publiques et appartenant à une famille qui devait être particulièrement tarée, puisque les frères et sœurs du détenu ne voulurent pas de ce mariage et n'assistèrent pas à la noce. Quand Wemfipcus la connut elle avait depuis un an un enfant d'un autre.

Le ménage fut malheureux; cinq enfants vinrent s'ajouter à l'enfant naturel légitimé, une fille, que le détenu fut accusé par sa femme d'avoir violée. Il passa, pour cela, quelques mois de prison et lorsqu'il fut libéré, tua sa femme à coups de marteau. Il avait été injustement accusé, disait-il. Depuis des années, il avait la conviction que sa femme l'empoisonnait; il ne disait rien, mais jetait le café qu'elle lui préparait.

C'est un homme intellectuellement bas, au point de vue mental. Son intelligence a encore la forme infantile et de plus il a une attitude de persécuté et d'interprétateur et se nourrit d'idées délirantes.

X. QUMMIS E. 222.

Qummis E a tué sa femme à coups de maillet, puis l'a asphixiée. Il était jaloux d'un fils naturel de sa femme, fils qui avait été légitimé par lui, lors du mariage, et auquel la mère, honnête et courageuse femme, s'était attachée. Il n'y avait en fait aucun reproche à faire à cette femme. Les choses se passèrent en 1938.

Qummis appartient à une famille qui n'était pas mal connue, mais où régnait l'alcoolisme. Le père, vif et nerveux, était un grand buveur. Le grand-père paternel était un buveur invétéré. Trois des oncles paternels sur quatre étaient des alcooliques. La mère est une personne peu intelligente et du côté maternel on signale l'un ou l'autre cas de tuberculose.

Le détenu urina au lit jusque l'âge de 8 ans.

Il commença à boire dès l'âge de 12 ans et à la fin il buvait régulièrement 60 verres de bière par jour, sans être ivre...

En classe, Qummis, qu'on surnommait le « Blanc » à cause de ses cheveux se singularisait par sa vantardise, son manque d'équilibre et son manque de sens moral. Son instituteur disait couramment de lui qu'il finirait sur l'échafaud.

Un peu plus tard, il s'engagea à l'armée pour ne pas être envoyé dans une École de bienfaisance. C'était un menteur connu. Il fit la guerre normalement, revint avec six chevrons de front et la réputation d'avoir été un bon soldat.

Au retour de la guerre, âgé de 25 ans, il épousa une jeune fille qu'il avait connue auparavant, et qui était une fille-mère. Il légitima l'enfant. Cette femme, la future victime, malgré cette faute de jeunesse, était une honnête femme. Elle fit ce qu'elle put pour sauver le foyer, pour empêcher la ruine totale, pour conserver quelqu'argent. Car le « Blanc » buvait tout, contractait des dettes, faisait des emprunts, ne travaillait pas. Il était connu comme lâche, froussard, paresseux, prétentieux, obséquieux, exalté, menteur et fourbe, caractéristiques très fréquentes des enfants d'alcooliques. Les enfants avaient été envoyés chez la mère de Qummis, la maison parentale étant inhabitable par suite des scènes et de la brutalité du père. Finalement la femme se décida à demander le divorce. C'est quand il vit que la femme allait obtenir le divorce sans coup férir qu'il décida de la tuer.

Après l'avoir fait, il fit envoyer pendant tout un temps, journellement, et à la même heure, des fleurs sur sa tombe.

Les reproches qu'il avait adressés à sa femme concernant son fils ne furent retenus par personne : cette mère offrait de temps à autre un cadeau à cet enfant.

Tels sont les dix cas banals pris parmi les crimes passionnels qui se sont succédé à un moment donné dans nos observations. On remarquera qu'aucun des assassins n'est un homme vraiment normal, qu'aucun ne jouit d'une hérédité saine, ni d'une personnalité régulière. A en juger par le peu que nous en avons donné, aucun ne pratiquait une vie morale quelconque.

Les victimes elles-mêmes, exception faite de l'un ou l'autre cas, paraissent avoir été des personnes du même type que leur meurtrier et, dans une vue sommaire, il apparaît clairement que le choix de ces assassins s'est presque toujours cantonné dans un monde très bas. Pour quelques-uns le choix a été d'emblée mauvais : remarquons que c'est surtout pour ceux qui ne communiquent pas normalement avec autrui, qui ne pouvaient normalement pas entrer en relation avec une femme d'une réserve suffisante, et qui furent accrochés par des femmes sans valeur morale et plutôt émancipées, supprimant par leur allure les problèmes ennuyeux. Pour d'autres le premier choix, pendant qu'ils étaient encore sous la dépendance morale de leur famille, avait été satisfaisant, mais le second, où ils furent abandonnés à leur liberté, fut particulièrement révélateur.

CHAPITRE IV

JALOUSIE ET PROCESSUS LIÉS
À LA REVALORISATION

I

Une certaine part de nos actes nous entraîne donc vers des complications inattendues qui ne sont en aucune façon le fait d'événements imprévus, mais qui étaient incluses en ces actes même. Le choix d'une femme est un acte d'autant plus redoutable et d'autant plus chargé d'inconnues que le sujet y arrive sous l'influence de préoccupations et de processus plus inférieurs, moins inféodés à des préoccupations éthiques.

Le problème qui se pose aussitôt que la vie à deux a commencé est celui de l'évolution parallèle ou concomitante, de telle sorte que l'attrait réciproque puisse persister. Ce problème se rencontre au sein des unions légitimées ou non, mais il est plus inquiétant dans le cas des unions non protégées par la loi, où le seul lien qui maintienne la cohésion est l'agrément, quoique certains éléments comme les enfants, les objets achetés en commun, les habitudes prises en commun, l'argent gagné ou dépensé en commun tendent à le stabiliser.

Dans la plupart des couples, l'effort de complaisance mutuelle est rapidement abandonné par l'une ou l'autre des parties quelquefois par les deux. C'est sur ce fond de désintérêt ou de sécurité facile qu'apparaissent les événements qui vont transformer brusquement les relations affectives des deux personnalités et réveiller chez elles une exaspération instinctive.

L'on rencontre, en ce qui concerne les processus de revalorisation susceptibles de conduire au crime et que la littérature des faits divers et de la psychiatrie de cours d'assises dénomme jalousie, les choses les plus diverses et il n'est pas aisé d'y mettre un peu de clarté.

La plupart du temps les revalorisations n'ont pas pour objet la femme elle-même mais sont liées à la nature des processus qui avaient valorisé la femme la première fois; ces processus ne sont souvent que des expressions de la personnalité du futur coupable et tout en restant identiques à eux-mêmes, se manifestent diversement selon les circonstances, comme nous le verrons plus loin.

Nous constaterons ainsi une revalorisation de l'honneur, du moi, de la liberté personnelle, de la dignité personnelle. Il y aura une revalorisation de l'argent; une revalorisation de certaines vertus, notamment la justice, la fidélité et même la chasteté.

Dans le plus grand nombre des crimes passionnels on trouve un mélange de toutes ces attitudes ou plus exactement on trouve *un certain ordre d'apparitions de ces différentes attitudes. Cet ordre est toujours le même ;* il est lié à l'évolution du processus criminogène, ou, si l'on veut, à la systématisation intellectuelle de l'état passionnel [1].

---

[1] On retrouve ce processus de systématisation dans toutes les passions. Voir L. DUGAS, *Les Passions*, Nouveau traité VI, p. 41.

Il nous faut, avant d'entrer dans les détails, énoncer quelques généralités encore.

II

Quels que soient les processus de revalorisation mis en jeu, la manière dont ils prennent possession du psychisme, le dirigent ou le subjuguent est toujours la même : *c'est un état de souffrance.* C'est la souffrance qui se trouve être le phénomène fondamental, le processus continu persistant et croissant, celui qui tient toutes les facultés de l'être orientées durablement dans la même direction, maintient pendant toute la période engagée un état de conscience de même nature, grâce auquel tous les événements émotifs non seulement se perçoivent polarisés de la même manière, non seulement se répètent et s'accumulent, mais ajoutent leur action les uns aux autres produisant en quelque sorte ce que les physiologistes appellent une sommation. Tout le reste, rumination, vanité blessée, injustice subie, ne sont que des superstructures, à vrai dire, redoutables, superstructures par lesquelles cette souffrance devient consciente, s'organise intellectuellement, s'érige en système, superstructures qui paraissent à un moment donné, douées d'une vie propre et en tout cas par lesquelles l'ambiance, les conseils heureux ou malheureux, les exemples, les préceptes, viennent aggraver ou atténuer le processus, le détournent de la direction fatale ou, au contraire, l'enracinent dans l'âme. C'est cet état de souffrance authentique qui ennoblit apparemment un certain nombre de ces crimes et tend à les faire justifier par la masse.

Le caractère « désagréable » et douloureux qui se trouve à la base de ces processus de revalorisation est à prendre en grande considération.

C'est d'abord, parce que, de par les circonstances où il se

produit et de par sa nature, il tend à s'aggraver et ne peut être jugulé que par une attitude morale supérieure ou par l'usure ou par un retour des circonstances à l'état antérieur. Pendant la naissance de l'amour, période de valorisation, l'élément agréable prédominait, le désir ou ses équivalents coloraient le psychisme d'une certaine euphorie ; le processus euphorique tenait l'être orienté dans une direction donnée et à mesure que les événements se déroulaient dans un sens favorable, à mesure que le désir se réalisait, l'homme, sous l'influence de ce mirage exaltant et de ce joyeux sortilège, dévalorisait de lui-même tout ce qui ne paraissait pas lié à l'accomplissement de cette joie. Son orgueil était mis de côté, l'argent perdait sa valeur, l'instinct de domination, sûr de la possession n'avait pas à s'exercer et d'une manière générale l'exaltation optimiste permettait au sujet de vivre moralement et socialement sur un pied supérieur à sa valeur réelle, de se faire voir (sincèrement) sous un jour meilleur et c'est d'ailleurs la raison pour laquelle l'amour sexuel peut plus facilement que toutes les autres relations interhumaines ennoblir deux êtres et leur permettre une certaine ascension morale. Mais pendant cette période pénible de la revalorisation, la dominante pessimiste en rapport avec la souffrance est loin de faire paraître l'homme à son avantage. Et d'autre part comme le processus, de par sa nature même, tend à s'aggraver, que les instincts de lutte et de défense trouvent ici à s'employer, les défauts, l'égoïsme et éventuellement la férocité de l'homme tendent à reparaître. Parfois les menaces, le spectacle de souffrance qu'il donne, les mises en scènes sincères ou simulées auxquelles il s'abandonne ramènent l'infidèle, mais le succès est rare et généralement peu durable. Et, en dernière analyse, cette souffrance tend à enlaidir le sujet, à le rendre exaspérant et de plus en plus odieux à celle qui ne l'aime plus. Ceci contribue à gâter les choses, en venant donner à la future victime des excuses sinon des griefs nouveaux pour persister dans son éloignement. En somme, cette souffrance tend, par elle-même, à dévaluer l'homme vis-à-vis de celle qui l'abandonne, en même temps qu'elle rend le conflit plus aigu et plus insoluble.

Mais cet état de souffrance joue encore un autre rôle extrêmement important. Tandis que l'euphorie et l'optimisme poussent la personne, assez normalement, vers le haut, lui font regarder l'avenir avec confiance, lui font faire mille projets, et le tournent vers les meilleures dispositions, la souffrance qui tend, lorsqu'elle atteint un certain degré d'acuité, à faire perdre l'espoir et même à créer un état de désespoir, joue un rôle inverse à celui de la joie. L'on sait d'ailleurs que les morales les plus évoluées n'ont d'autre ressource que de trouver un moyen ou un subterfuge pour transformer ces souffrances en joie ou du moins à leur donner un sens créateur. Mais cette sublimation de la souffrance indispensable à toute vie humaine atteint rarement des proportions satisfaisantes chez les moins doués. Aussi la plupart du temps, engendre-t-elle, sans parler des idées de suicide que nous retrouverons en leur temps, une désagrégation des processus constructifs, un affaissement des attitudes sthéniques, qui peuvent ne se traduire que par un certain laisser-aller mais peuvent aussi s'aggraver jusqu'à désintéresser complètement le sujet de son avenir et de sa propre personnalité, engendrant de la sorte comme une attitude de suicide moral à l'abri duquel les pires régressions deviennent possibles.

L'homme normal, relativement honnête, relativement vigilant concernant son être moral, prend jusqu'à un certain point soin de ne pas céder au désespoir, de ne pas céder au ressentiment, de ne pas libérer en lui ces processus de décomposition dont il entrevoit où ils peuvent le mener, et le criminel, dans la plupart des circonstances banales, y parvient aussi. Mais, précisément, c'est dans un moment très grave qu'il faut pouvoir accomplir et réussir un tel effort et là, justement, la force leur manquera. Au sein de cette désagrégation subite des structures morales, le processus amer continue, la contemplation de sa propre déchéance devient une sorte de satisfaction particulière pour le sujet qui se rend compte qu'à l'abri de cette déchéance il peut s'abandonner plus complètement — et en les justifiant plus facilement — aux processus inférieurs, égoïstes et brutaux qui s'informent et s'organisent en lui et cette déchéance même, prenant peu à peu une allure hystériforme, devient à la fin un moyen de conduire les événements là où ses aspirations sauvages veulent les conduire, c'est-à-dire à un paroxysme insoluble et inexorable.

Il faut encore insister sur le fait que cette souffrance, causée et subie, génératrice d'attitudes parfois désastreuses, est en même temps que subie, *utilisée* par le sujet, comme une sorte de moyen de chantage, pour reconquérir ou retrouver l'être aimé.

En somme, pendant cette période obscure de certaines revalorisations les phénomènes psychiques qui se passent en l'âme du futur criminel sont extrêmement complexes et à quiconque s'est efforcé de les étudier quelque peu il paraît puéril, primaire, inexact au plus haut point de parler réellement de crime par vengeance, par jalousie, par vanité froissée, etc. Ce sont des moyens commodes de s'exprimer, mais il faut le spécifier nettement, ce ne sont que des moyens très approximatifs et qu'on ne peut en aucun cas comprendre à la lettre.

Généralement c'est la « jalousie-émotion », qui alerte le psychisme et c'est exclusivement cette période qui revalorise la femme. Celle-ci reparaît douée de sa liberté et de son indépendance première; sa personnalité reprend un nouveau relief; elle semble plus désirable et infiniment digne de nouveaux efforts. Le symbolisme érotique par lequel l'homme lui est attaché est fortement remis en branle. Du fond de cet état d'âme l'agressivité ne tarde pas à apparaître. Celle-ci prend très vite un sens homicide, soit que des équivalents réels d'homicide ou même des tentatives [2] allant parfois jusqu'à l'homicide soient accomplis, soit que la tendance homicide se borne à détruire en l'âme du jaloux l'image et l'existence même de l'aimée [3]. L'agressivité prend souvent aussi une allure de revendication, la femme y devenant de plus en plus « objet de revendication » et étant de moins en moins envisagée en elle-même. Homicide et revendication finissant d'ailleurs souvent par se rejoindre.

L'échec de la jalousie amorce la revalorisation de l'honneur, en même temps que la revalorisation de l'argent ou de la position sociale ou avantages matériels ou sociaux lui sacrifiés; puis, à mesure que le processus devient plus dangereux et plus homicide, la revalorisation des vertus, de la fidélité, de l'équité, de la justice. La revalorisation de la femme amenée par la jalousie est souvent suivie d'une dépréciation progressive, dépréciation qui prend le caractère d'une véritable construction mentale, systématique, implacable, la réduisant peu à peu à l'état d'un être démoniaque, porteur de tous les défauts, de tous les vices, dépourvu de qualités et de charmes, être tellement avili que les réactions les plus graves s'expliquent ou même se justifient. Dans toute cette évolution la future victime, désormais indifférente à l'opinion de celui qu'elle aimait, ne fait généralement rien pour entraver ce processus de dévaluation, ne le remarque pas même toujours et, inconsciente des dangers qu'elle accumule sur sa tête, continue de plus belle à braver le destin.

---

[2] et [3] Le *Lys Rouge* d'Anatole France. — On y trouve une scène de jalousie où domine le type 1) (Scène avec Le Ménil, p. 242 de la 661e édition. Calmann-Lévy) et une autre où domine le type 2) avec De Chartre, à la fin du roman.

III

Pour un grand nombre de psychologues ou de psychiatres, la jalousie ne serait qu'une forme d'instinct d'appropriation ou l'une ou l'autre formation monoïdéique. Dans un article récent, le prof. LEY [4] qui s'est particulièrement occupé de ces questions dans notre pays rappelle les quatre formes principales de la jalousie : l'émotion-choc; l'inclination jalouse; la jalousie-passion et la jalousie pathologique. Nous croyons que ces distinctions ne nous apprennent pas grand-chose, devant le criminel même et qu'il existe autant de formes de jalousie que de visages humains. C'est ainsi que nous croyons, pour l'avoir souvent observé que la jalousie pathologique peut se présenter aussi bien sous forme d'émotion-choc que sous celle de jalousie-passion et que chez une même personne on peut rencontrer, selon les moments et le stade d'évolution, de nombreuses variétés de jalousie.

Le processus fondamental de la jalousie est évidemment de nature instinctivo-affective et paraît liée à une agression différée [5]. Il n'est pas seulement cantonné au domaine sexuel, même chez l'animal, et il comporte chez l'homme une réaction de dépression, avec tristesse, dépérissement, et agressivité. On connaît l'importance de la jalousie chez l'en-

[4] Prof. A. LEY, *Sur la Prophylaxie de la jalousie*, Revue Suisse d'Hygiène, Fasc. 2, 1941.

[5] Kretschmer dans son *Manuel de psychologie médicale* range les phénomènes ressortissant à la jalousie dans les processus *catathymiques* et en fait donc un fait de la vie affective. Dumas, étudiant « les Besoins » (*Nouveau Traité de Psychologie*, Vol. II) trace un parallèle entre la faim et la jalousie. Nous donnons un large extrait de sa façon de voir à la page suivante. Ces deux auteurs représentent, en leurs positions respectives, l'opinion généralement admise.

RABINOVICZ, *loc. cit.*, décrit longuement la jalousie, mais ne fait pas de distinction assez nette entre les processus purement instinctifs et les superstructures par lesquelles le jaloux prend conscience de son état. Il en arrive pratiquement à donner l'impression que le jaloux est le créateur de son propre état de jalousie.

fant et chez l'aliéné et cette importance n'est pas moindre en ce qui concerne le retentissement sur la conduite des adultes normaux. Les extériorisations y sont moins courantes et moins vives, mais son influence n'est pas moins nette. Les jalousies des honnêtes gens évoluant favorablement laissent des traces dans la personnalité mais ne se traduisent par aucun acte punissable. Le caractère commun de ces sentiments est leur extrême complexité. Le jaloux aussi longtemps qu'il ne s'est pas fixé dans une attitude précise de réagir est en proie à des essais d'actes, à des attitudes contradictoires, à des examens de conscience douloureux, à des projets incohérents en rapport avec ses demi-certitudes, avec les oscillations de ses obsessions, avec la violence de ses représentations visuelles, avec les périodes d'espoir et les heures tragiques et sombres, avec les doutes concernant la personnalité de l'être aimé, les regrets, le propre sentiment de culpabilité, avec la certitude de voir clair et de penser pourtant des choses injurieuses.

On constate souvent que lorsque la jalousie a suivi normalement son cours, il s'ensuit une dépréciation non seulement de l'être aimé mais aussi du sexe qu'il représente et souvent même de toute l'humanité. En somme la méthode d'auto-thérapeutique généralement employée est de dévaloriser la personne mise en jeu, au point de la rendre indigne d'amour, ou même de dévaloriser l'homme en bloc, pour en faire un être dont l'estime, l'affection et l'amour n'ont pas de valeur et dont il ne faut rien attendre désormais. Le processus de jalousie cesse normalement après un certain temps soit par explosion, soit par usure, soit par adaptation de l'intéressé au nouvel ordre de choses.

Qu'on nous permette de citer ici un long passage du Dumas [6].

---

[6] Nouveau Traité de Psychologie II, *Les Besoins*, 490.

Quand il s'agit de désirs psychiques intenses tels qu'on les rencontre dans les passions ou dans certaines formes de colère qui évoluent vers l'agression différée, on peut constater de même des tendances correspondant à des mouvements qui s'ébauchent et qui sont le plus souvent corrélatives de tendances correspondant à des mouvements arrêtés. Lorsque Pozdnichew nous raconte dans la *Sonate à Kreutzer* de Tolstoï comment il est devenu jaloux et meurtrier, ce qu'il constate en lui ce sont des tendances d'arrêt provoquées par la trahison de sa femme en même temps que des tendances à la violence et à la vengeance.

Parmi les tendances d'arrêt, la plus forte se rattache à l'instinct de propriété.

Si nous l'analysions nous verrions qu'elle correspond à l'idée que tels ou tels actes de possession, d'affection, de confiance, ne pourront plus s'accomplir librement comme par le passé; mais les représentations n'ont pas besoin de se détailler et tout se réduit à l'idée d'une diminution et d'un vol qui, même sans se formuler clairement, suffisent à provoquer l'arrêt. Puis viennent à l'esprit de Pozdnichew l'idée du déshonneur, et la pensée de scandale familial (...) Quel sera l'aspect positif du désir? Quelles tendances s'éveilleront dans l'âme du jaloux? Le désir de vengeance ou de punir est le premier. « Tout à coup une fureur indicible s'empara de mon être et, au lieu de combattre cette rage, je l'attisai, heureux de la sentir bouillonner en moi; la chose terrible c'est que je me reconnaissais sur son corps un droit indiscutable, comme si elle eût été la chair de ma chair ». Voilà le désir capital formulé et le drame final entrevu par le mari. Dans ce désir, nous pourrions distinguer une série de mouvements commencés qui en sont les éléments constitutifs; ce serait reproduire, sous une autre forme, l'analyse du désir de manger. Bornons-nous à signaler les autres tendances qui viennent se grouper autour de la première; c'est d'abord la haine très nette que le chrétien Pozdnichew conçoit, dès le premier jour, contre le libertin qui fait la cour à sa femme; c'est l'idée qu'il va reconquérir par le meurtre son honneur perdu, sa dignité de père, et d'époux, c'est l'antipathie ancienne qu'il nourrit contre sa femme, caractère frivole et esprit vide; c'est son ressentiment de chrétien pour la créature sensuelle, qui lui rappelle des tentations auxquelles il a trop souvent succombé, etc.

Il faut toutefois se mettre en garde, dans les analyses de ce genre contre l'intellectualisme qui a faussé, à notre sens, la connaissance des phénomènes affectifs, comme d'ailleurs de toute la psychologie, en s'obstinant à expliquer, par des associations claires et des associations d'idées conscientes, des états dans la genèse desquels les représentations schématiques et les réflexes associés jouent un rôle considérable. Tout désir actuel de vengeance bénéficie, dans sa constitution psychomotrice, d'un ensemble de réflexes héréditaires et de réflexes conditionnés, établis depuis longtemps et rafraîchis sans cesse par l'expérience, par la conversation, par la participation à des croyances ou à des préjugés collectifs et le fait de la trahison n'a pas besoin de se traduire en formules claires pour déclencher tous les réflexes d'agression et de violence. Certaines images vaguement entrevues, certains mots même, suffisent parfois pour exciter les tendances que l'intéressé ne détaille pas, mais dont il éprouve les effets qui se résument dans les mouvements commencés et qui viennent se fondre dans le désir central de vengeance.

Cette description de Dumas situe bien le problème et décrit assez bien, selon nous, le processus de jalousie, processus contradictoire et violent, et constitué à la fois de sentiments pénibles et opposés et d'ébauches d'actes divers et peu courants. Il eût fallu insister davantage sur l'état d'incertitude du jaloux, si complètement décrit par la Rochefoucauld. « On cherche à s'attacher à une opinion et on ne s'attache à rien; tout ce qui est de plus opposé et de plus effacé se présente en même temps; on veut haïr et on veut aimer, mais on aime encore quand on hait et on hait encore quand on aime... On croit tout et on doute de tout; on a de la honte et du dépit d'avoir cru et d'avoir douté... On n'est pas assez heureux pour oser croire ce que l'on souhaite, ni même assez heureux pour être assuré de ce qu'on craint le plus... »

Cette situation se retrouve dans *Andromaque* de Racine que nous reprendrons plus loin. Il nous paraît très important de tenir compte de cette « incertitude de la jalousie ». C'est grâce à elle que le jaloux ne se décide pas à passer aux actes de vengeance ou qu'il se retient partiellement; grâce à elle qu'il est jusqu'à un certain point influençable. C'est sur le facteur incertitude que travaillent les plus mauvais pour amener le jaloux à mettre ses projets en action. On peut étudier avec fruit le rôle de Cléon dans la tragédie que nous venons de citer.

Normalement, la jalousie n'arrive pas au meurtre ou du moins le meurtre y est infiniment rare. Dans les œuvres littéraires, le meurtre est fréquent, mais ou bien l'un des personnages est en dehors des normes ou bien un personnage artificiel (Oreste dans *Andromaque*) déclenche le processus. L'honnête homme moyen se guérit tant bien que mal.

Mais en criminologie nous avons affaire à des gens qui ne comprennent pas, à des jaloux dont l'évolution se fait vers l'agression et le crime. Il importe donc pour nous, non pas d'étudier la jalousie en tant que phénomène normal de la psychologie humaine, mais en tant que processus criminogène. Il nous faut donc rechercher les formes dangereuses de jalousie, celles qui ne se résorbent pas facilement et qui s'achèvent parfois en agressions monstrueuses.

Ces formes particulières ne nous sont pas données par la spéculation ou par des déductions, mais nous les trouvons dans le groupe important des criminels passionnels que nous avons pu étudier.

CHAPITRE V

JALOUSIES CRIMINOGÈNES

La jalousie et les processus psychologiques qui s'y rapportent sont des phénomènes courants, faisant partie de toute vie humaine normale. Mais, dans un certain nombre de cas, un nombre de cas vraiment infime, les choses s'aggravent jusqu'à l'homicide ou tout au moins jusqu'au suicide. L'expérience nous apprend que les suicides et homicides par amour ne relèvent nullement de l'intensité de l'amour ni de la qualité inouïe de la passion, mais uniquement d'insuffisances graves dans la personnalité du coupable. Ceci n'est vrai que dans nos régions et à notre époque. Dans une société où le meurtre de l'infidèle constitue une habitude ou en quelque sorte une obligation morale, chacun se conforme aux coutumes et aux pressions sociales. Mais lorsque le meurtre est punissable, lorsque cette action est réprouvée, seuls continuent à la commettre les personnages que nous allons décrire.

Il est donc certains individus chez lesquels la jalousie risque particulièrement de devenir dramatique. Quiconque a à intervenir dans ces conflits doit connaître les éléments susceptibles de lui faire apprécier la gravité de la situation.

I. LE COMPLEXE D'INFÉRIORITÉ

Un homme atteint d'une insuffisance soit corporelle, soit physiologique, soit psychique [1], n'est pas, comme on le croit trop souvent, un homme pareil aux autres, simplement privé de quelque chose. Cet homme au contraire est assez différent des autres. Il est clair qu'il se rend compte de cette insuffisance ; si elle est physique (bossu, par exemple) il ne peut y avoir aucun doute ; si elle est physiologique et surtout psychologique, un certain doute peut être permis, mais il est en tout cas certain que le sujet possède toujours la notion suffisante d'une infériorité dans ce domaine. Par rapport aux autres personnes, l'enregistrement pur et simple de cette infériorité conférerait à la personne atteinte la certitude mathématique qu'elle est moins que les autres. Mais ce cas ne se présente jamais. Il se crée dans la personnalité une structure mentale telle que l'infériorité est réduite à des proportions minimes et est compensée par une valeur telle dans les autres domaines que, vraiment, cette insuffisance cesse pratiquement d'exister. Cette compensation peut être une compensation réelle, peut donc correspondre à un ensemble de qualités et d'aptitudes que le sujet possède effectivement ; mais elle peut être illusoire, en ce sens que le sujet se met à jouer un personnage qu'il n'est pas réellement,

---

[1] Le complexe d'infériorité, sous des formes rudimentaires, joue un grand rôle dans la vie courante. Il faut étudier ce problème dans les ouvrages d'A. ADLER, et notamment dans : *Le Tempérament nerveux.* Traduit de l'allemand : Payot, Paris, 1925.

qu'il simule d'être et dont il maintient l'existence, aux yeux des autres, par une suite d'efforts douloureux, ou même de mensonges et de fourberie. Mais ce simulateur chronique est lui-même pris à son jeu et finit par se croire lui-même l'homme qu'il joue être.

On comprend, instantanément, qu'un tel homme atteint d'un défaut physique sera bien plus sensible qu'un autre à ce qui a trait de près ou de loin à son défaut et comme il aura souvent compensé en acquérant ou en jouant une supériorité intellectuelle ou morale, il sera plus sensible aussi dans le domaine de ses qualités morales ou intellectuelles. Voilà pourquoi l'on parle de complexe d'infériorité.

L'être qui en est atteint présente des zones anormales d'excitabilité et, s'y rapportant, une tendance aux réactions anormalement marquées. S'il n'est pas bien doué mentalement cet état peut amener au véritable déséquilibre.

a) *Défaut physique*

Tout défaut physique a une importance considérable dans la formation d'une personnalité, même chez les sujets les mieux doués. Chez les moins doués, il risque de devenir un élément dominant. Une cyphose, un pied bot, une ankylose d'articulation [2], un bec-de-lièvre, une anomalie corporelle sérieuse sont là des choses grossières dont on est obligé d'apprendre aux enfants à ne pas se moquer, tellement la tendance en est prononcée. Mais à côté de cela, un léger strabisme, un défaut mineur du visage ou des membres, une taille légèrement trop petite ou trop élevée, un certain degré de laideur, réelle ou imaginée par le sujet et combien d'autres détails innombrables constituent pour beaucoup de per-

---

[2] Le cas de Scarron est bien connu. — Voir aussi le beau roman de SOMERSET MAUGHAN, *Servitude humaine*. Traduction de l'anglais. Éditions de France, Paris 1937.

sonnes un élément dramatique, à propos duquel ils contrac-
tent un complexe d'infériorité plus ou moins grave. Dans cet
ordre d'idées une anomalie des organes sexuels, même légère,
joue régulièrement chez l'homme un rôle singulièrement
lourd. Il est clair qu'un certain nombre d'hommes parviennent malgré le handicap d'une tare physique à se créer une
personnalité sociale normale, à inspirer l'estime et le respect
autour d'eux. Mais dans les meilleurs cas, la sensibilité de telles personnes au jugement de la femme reste extraordinairement vive, et l'on peut considérer que la vie affective et
amoureuse de ces êtres comporte normalement un aspect
pénible, d'ailleurs généralement secret.

Un infirme, un invalide peut rencontrer un amour véritable. Il suffit d'y songer pour se rendre compte du don que
lui fait la femme aimée et de la signification *absolue* que cet
amour prend dans sa vie. Cet amour constitue en effet, par
sa spontanéité, par la complétude qu'il apporte, de par sa
nature même, une réparation du malheur, une sorte de con-
trepoids à toutes les misères, une réconciliation de l'être avec
substance, de ce qui se passe normalement, mais diffère en
la vie, avec lui-même, avec les autres. Ceci ne diffère pas, en
intensité, diffère surtout par la réaction que l'aimé en éprouvera si l'amour s'écroule, et si, chose plus fréquente qu'on ne
le croit, l'aimée se met à son tour à le mépriser, à l'injurier,
ou simplement à le traiter, silencieusement, comme le font
les autres.

Dans ce cas, la déception dépasse les déceptions courantes ;
et l'abandon, la froideur ou le mépris, deviennent instantanément, plus que des offenses, mais un parjure, une ignominie,
une injustice. L'offensé se sent d'emblée soutenu et protégé
par toute la structure morale, par les idées généreuses qui
sont à la base de la vie sociale. Un grand nombre d'ailleurs
n'en arrivent pas à ces graves déceptions parce qu'un sûr
instinct les avertit à temps des difficultés ou même de l'im-

possibilité du mariage ou de l'amour. Ils restent célibataires, deviennent assez souvent misogynes.

La plupart se rendent compte qu'ils ne peuvent prétendre à l'amour qu'ils seraient en droit d'espérer « s'ils étaient des hommes comme les autres » et se tournent instinctivement vers des êtres eux-mêmes malheureux, eux-mêmes réprouvés et pour lesquels ils constituent encore, eux tels qu'ils sont, un salut. On les voit épouser une fille-mère abandonnée, une neurasthénique, une épileptique, une débile, ou l'une ou l'autre femme dont les autres n'ont pas voulu. Ils s'imaginent vaguement, de la sorte, se créer une protection contre le mépris, se créer quelques droits à la reconnaissance, à une pitié assez généreuse pour ne jamais s'exprimer. Mais, parce que ces femmes sont généralement insuffisantes, assez peu développées sous le rapport du cœur et de l'esprit, parce que, très souvent aussi, l'aimé est anormalement susceptible, le drame finit par apparaître. Lorsque le malheureux s'aperçoit qu'il a été dupe, il lui faut de la vertu pour sublimer la situation. S'il n'a pas la vertu suffisante, le processus criminogène est amorcé. Si la femme inconsciente de la souffrance qu'elle cause, ou inconsciente de ce qui se passe, ou même heureuse de se venger (interprétant le fait d'avoir été choisie à un moment donné par quelqu'un qui abusa de sa situation malheureuse pour la forcer de s'unir à lui, chose rarement vraie du reste et qui paraît une suprême offense à l'homme) suit ses réactions affectives sans les atténuer ou sans les dissimuler ou les compenser, la situation est particulièrement dangereuse.

Lagardère est un petit bossu, intelligent, que ses compagnons de classe ont baptisé de ce nom. Il prétend n'avoir jamais souffert moralement de son infirmité. Quel est l'homme bien né, dit-il, qui pourrait se moquer d'une infirmité si pénible ? En fait, toute sa vie est dominée par cela. En classe, il travaille bien, se classe parmi les premiers. Chez lui il est docile, bien vu, courageux. Au travail, il gagne *autant* qu'un autre, est stable et estimé de ses chefs.

Il n'a jamais aimé de jeune fille. « Si j'avais l'air de regarder vers une personne, je voyais bien qu'elle souriait et, du moins, me laissait comprendre comment j'étais. J'ai compris très vite que je ne pouvais songer à me marier. Je n'aurais vraiment pu rencontrer quelqu'un de convenable ».

Il s'était fait membre d'un club de littérature wallonne, écrivait quelques vers de temps à autre, la plupart du temps plagiés, du reste, et était membre de quelques sociétés encore, composées de gens calmes et assez éduqués pour ne pas le ridiculiser. Il se consolait, de la sorte, des quolibets et railleries qu'il subissait inévitablement de la part de ses camarades ouvriers. Pourtant, il ne se fâchait jamais et l'on croyait même que ces railleries ne lui causaient pas de peine.

Un jour, il rencontra une femme plus âgée que lui, atteinte de dépression mélancolique et qui avait besoin de distractions. Cette femme était mariée, mais le mari, ne sachant comment faire pour consoler cette épouse triste, ferma les yeux sur cette amitié qui ne tarda pas à devenir assez vive. Le délaissé avait rencontré ce qu'il prit pour une affection profonde et se mit à aimer cette femme de tout son être. Pour elle, il n'était cependant qu'une distraction et le ménage résolut d'exploiter cette passion. Il fut convenu que l'infirme abandonnerait son travail et viendrait habiter avec eux. Il serait associé dans les bénéfices de la petite ferme et aurait désormais une vie plus convenable. Malgré les objurgations de ses parents, il s'en fut donc. Il ne tarda pas à se rendre compte qu'il était simplement traité comme un domestique qu'on ne payait pas et les arrangements prévus ne furent jamais mis à exécution; malgré ses demandes réitérées ils ne furent jamais mis sur papier.

Une crise grave survint chez le jeune homme; la femme

elle-même voulut le chasser. Elle fut tuée par lui au cours d'une scène d'injures et de violences.

Dans ce cas-ci, le meurtre chez ce garçon paisible, tranquille et honnête, ne s'explique que par la sensibilité particulière qu'il présentait vis-à-vis de l'amour de cette femme, amour qui, dans sa vie à lui, avait tout racheté. Se voir bafoué et ridiculisé, avouer publiquement sa défaite en rentrant chez lui ont eu également une grande influence.

A voir les choses superficiellement, on dirait : crime par dépit amoureux. Objectivement parlant, c'est exact. Mais le dépit amoureux chez cet homme placide et habituellement soumis, n'a pris de telles proportions que parce qu'il s'intégra ici dans un complexe d'infériorité très marqué.

FYNUP 229 est décrit sommairement au chapitre 2. Physiquement, c'est un beau garçon, bien de sa personne et qui le sait. Mentalement, il présente les tares de ceux qui firent dans leur enfance des états encéphalitiques ou méningitiques graves : affectivité froide et pauvre, tendances dominatrices, âme dure, colères violentes, impulsivité sauvage. Mais il parle bien, joue dans les sociétés dramatiques, fait une forte impression sur un certain type féminin. Bien qu'il soit très érotique et très préoccupé de sexualité, il tarde à se marier ou à rencontrer quelqu'un. C'est qu'il est atteint de phymosis et que d'un autre côté son pénis est très peu développé. Personne ne sait cela, mais il en souffre. C'est, au fond, la question centrale de son âge adulte.

S'il était mentalement équilibré et sain, s'il pouvait établir des contacts normaux avec les autres et avec la femme en général, il aurait pu rencontrer, peut-être, un amour féminin qui compensât ces misères. Car 229 voulait être aimé pour lui-même et estimait que la question sexuelle n'était qu'une question absolument secondaire; qu'une fois la parole donnée, l'engagement est sacré. Cette infériorité qu'il connaissait, il n'admettait pas qu'elle pût avoir une importance appréciable pour l'autre. Seulement, sa pauvreté affective, son déséquilibre firent qu'il ne rencontra que des personnes de valeur morale très discutable qui sans doute ne surent pas cacher que la révélation de ces infirmités ne constituait pas un enchantement. Et comme d'un autre côté, son caractère, sa brutalité, son manque total d'affectivité écartaient de lui, il expliqua son délaissement, non par ses torts, mais par le manque de vertu de ses victimes. Sa jalousie était d'autant plus implacable qu'il se représentait, selon sa mentalité, qu'il était d'avance inférieur et vaincu. De là, l'importance qu'avait chez lui, menteur et fourbe, le respect intégral de la parole donnée. C'était sa seule arme et en assassinant, à ses propres yeux, il ne faisait pas œuvre de jaloux mais de justicier. Il vengeait la vertu outragée en punissant des parjures.

Cet homme avait un caractère paranoïaque et revendicateur. Mais il existe des milliers d'hommes de ce type. L'infirmité physique joue dans ce cas, par l'intermédiaire du complexe d'infériorité, un rôle criminogène très marqué.

La jalousie des eunuques est classique et leur sensibilité à la moquerie est extrême [3].

b) *Complexe d'origine psychique*

On sait que la psychiatrie contemporaine distingue chez l'homme un tempérament cyclothymique et un tempérament schizothyme. Le cyclothymique oscille entre la gaieté exagérée, l'euphorie, le sentiment de bien-être et le débordement de manifestations vitales et la tristesse morbide, le dégoût de vivre, la défiance de soi, la peur d'agir, l'angoisse.

---

[3] Mashan Osman et Ihson Schukru, Les Eunuques, in *Hygiène mentale*, n° 2, 1936. Paris.

Le cyclothymique euphorique et subexcité est le type d'homme *apparemment* sans complexe et sans refoulement. Il aborde tout le monde, communique directement avec les autres, établit, sans difficulté, un contact sympathique autour de soi, rayonne d'activité et fait rayonner les autres; le cyclothymique triste, craint les hommes, se *sent réellement* inférieur, prend tout ce qui arrive comme étant de sa faute, il peut finir par le suicide. Mais la jalousie amoureuse prend rarement chez lui la forme agressive. Si on l'abandonne, c'est une chose naturelle, inévitable, c'est de sa faute.

Gai ou triste, le cyclothymique devient rarement un criminel passionnel, à moins que des éléments schizoïdes ne se mêlent à sa personnalité.

A l'inverse du cyclothyme, le schizothyme vit en dedans. Sa vie intérieure peut être très riche, elle peut être aussi très pauvre. Pour le savoir il faut le rechercher, car les manifestations spontanées sont minimes. Chez lui les difficultés de communiquer avec autrui sont toujours réelles. Cet homme a, de plus, la certitude qu'il ne communique pas, qu'il ne sait pas se faire connaître, qu'on ne le connaît pas. De temps à autre il s'en attribue la cause; mais assez souvent c'est aux autres qu'il s'en prend de ne pas être assez attentifs, assez raffinés, assez intelligents, assez généreux [4]. Ces êtres présentent en général une grande sensibilité à la conduite d'autrui, possèdent une certaine finesse, de la délicatesse, possèdent des qualités affectives et morales certaines. Mais leur sensibilité n'est pas égale; certaines zones de leur âme sont froides et silencieuses, dures, implacables. Quand les zones d'insensibilité l'emportent sur les autres, nous avons affaire à des schizoïdes froids, peu communicatifs, indiffé-

---

[4] Voir ces questions dans : ERNST KRETSCHMER, *Constitution et caractère*. Traduit de l'allemand, Payot, Paris 1925. Voir aussi de E. MINKOWSKI, *La Schizophrénie*, Paris, Payot 1926.

rents et cruels. Généralement le schizothyme est timide [5], impotent affectif, non par pauvreté mais par impuissance à s'exprimer, intérieurement torturé par le désaccord entre ce qu'il se sent être et ce qu'il paraît, entre ce pourquoi on le prend et ce qu'il est.

La vie amoureuse de ces hommes est l'origine de nombreux drames et est en tout cas toujours chargée. Elle fait d'ailleurs partie du drame normal et quotidien de la vie, les traits schizoïdes du caractère n'étant en somme que l'exagération des réactions humaines types. Elle est rarement criminogène.

Mais dans certains cas, les caractéristiques schizoïdes d'une personnalité sont tellement marquées qu'on avoisine le pathologique. On rencontrera le plus souvent ces cas dans des familles mentalement tarées. L'impuissance ici est telle que le sujet, tout en étant sensible et délicat, paraît obtus et borné. Il communique peu avec autrui, n'a pas eu de compagnons de classe, n'a pas d'ami. La masturbation joue souvent un rôle dans sa vie. Il n'aborde la femme qu'avec une émotion épique qui lui enlève le peu de moyens qu'il possède. Il existe régulièrement chez lui, un abîme plus profond que chez quiconque entre le rêve et la réalité, une scission nette entre la réalité extérieure et sa réalité à lui (schizo = je sépare). Aussi la souffrance constitue-t-elle le lot essentiel de leur vie affective. Un certain nombre parviennent à sublimer cette souffrance, y trouvent la source d'un enrichissement intérieur. D'autres deviennent cyniques et ceci répond à une certaine forme de donjuanisme. Mais chez certains types plus pauvres moins susceptibles d'adaptation, et moins capables

---

[5] JUNG étudie le même problème avec une terminologie différente : intravertis et extravertis. Voir l'*Inconscient*, Payot, Paris. Voir aussi : DUGAS, *Les Grands Timides*, Alcan 1922 et LACROIX, *Timidité et Adolescence*. Édit. Montaigne, Paris, 1936. Voir encore : JUNG, *Essais de Psychologie analytique*, Paris, Stock, 1931. REBIERRE *Le timide délinquant*, Baillière, Paris, 1914.

d'introspection le fait que, par leur propre impotence, ils voient s'échapper l'aimée est attribué uniquement à la faute de la femme. Le fait aussi que leur amour avait un tel caractère cosmique et absolu et qu'ils s'aperçoivent brusquement de la ténuité réelle des liens qui l'attachaient au bonheur leur fait perdre la tête, transforme la moindre infidélité [*] la moindre apparence d'infidélité, le moindre oubli en un drame dantesque. Ils deviennent bientôt insupportables et d'autant plus que leur impotence même les empêche de rencontrer une femme aussi riche qu'eux. Ils sont, par le fait, réellement incompris, et non moins facilement méprisés. L'exemple classique est celui de Jean-Jacques ROUSSEAU schizoïde de génie, amoureux de Thérèse.

Mais tous les schizoïdes incompris ne sont pas Jean-Jacques. S'ils possèdent une certaine élévation morale, la jalousie, en même temps que d'autres misères, leur donne facilement des idées de suicide. Celles-ci ne se manifestent souvent que par un laisser-aller, une sorte d'abandon moral qui les conduit à la déchéance ou à l'indifférence. Et de temps à autre, dans les cas plus graves encore, c'est l'homicide qui s'infiltre dans l'âme, insinuant qu'avec la disparition de la cause des souffrances la situation s'améliorera.

C'est surtout lorsqu'à cette hypersensibilité est associée une impotence grave et un infantilisme qui les empêche de s'affirmer, c'est-à-dire de se libérer du milieu, que ces cas sont dangereux.

L'existence d'une légère insuffisance intellectuelle aggrave encore le cas. Ils vivent en effet, perpétuellement en victimes. Leurs ruminations intérieures, sans contrôle extérieur, se systématisent, se transforment en une attitude continue, deviennent de la haine et du ressentiment.

---

[*] On ne s'étonnera pas de trouver dans l'œuvre de Proust les descriptions les plus prononcées de la jalousie.

Quand le meurtre éclate, il est perpétré avec une violence et une sauvagerie qui détonnent extraordinairement sur le passé et les habitudes du sujet.

Le meurtier D... a toujours été un enfant modèle. On l'aime beaucoup dans son hameau. Il serait devenu clerc-organiste dans son village s'il avait pu tenir les orgues. Il prit d'ailleurs quelques leçons de musique.

Tout jeune, il avait été enfant de chœur et paraissait voué à une vie particulièrement méritante. En classe, il ne jouait pas autant que les autres enfants, se dissipait beaucoup moins que les gamins de son âge, préoccupés de toupies et de hannetons; son caractère était très sérieux. Aussi le curé ne tarda-t-il pas à l'investir de missions de confiance; il devint sonneur, fit les commissions, s'occupa du jardin. Il avait pris l'habitude, dès son jeune âge, d'aller chaque matin faire la chambre et la toilette d'un vieillard vivant seul dans le voisinage, habitude qu'il garda, d'une façon particulièrement méritoire jusqu'à son arrestation. Lorsqu'il y avait un enterrement ou une cérémonie, il perdait bénévolement une demi-journée de travail pour remplir son office de sonneur. Quoique ouvrier il se mêlait peu aux autres, rentrait chez lui, se divertissait à la lecture de livres pieux. Il n'allait pas aux kermesses et ne regardait pas les filles. Il était serviable, bien vu de tous. C'était un saint garçon.

En réalité la sainteté était assez superficielle. Il avait commencé à soigner le vieil infirme et maintenant que cela lui pesait il n'osait pas cesser de le faire. Il s'était engagé dans la voie de la vertu, ne fréquentait pas les camarades et n'allait jamais au cabaret, mais en réalité il aurait bien voulu faire comme tout le monde. Seulement il n'osait pas. Il se sentait gêné en compagnie des autres et, d'un autre côté, ne trouvait pas la force de vivre pour lui-même. Il restait sonneur, malgré qu'il voyait bien que le curé abusait de lui; il s'était bien rendu compte que la place de clerc-organiste, pour laquelle il avait pris des leçons, n'était pas une offre sérieuse. Il pensait même que le curé ferait ce qu'il fallait pour qu'il ne fût pas nommé. Mais il conservait tout cela tristement en son cœur, n'en disant rien à personne. Il se laissait exploiter, se laissait traiter comme un enfant sans volonté, parce qu'il n'avait pas la force de se libérer, mais il voyait ou croyait voir. Si bien que cette personnalité recluse, fermée, tranquille, charitable et dévouée, n'était en réalité qu'une sorte de nœud de vipères, intérieurement irréductible, pleine de ressentiment, tendue vers une impossible expression de soi. En fait il se sentait misérable. L'idée qu'il avait de lui-même n'était pas du tout celle d'être un simple ouvrier; il avait conscience d'une valeur bien supérieure.

Il s'amouracha d'une institutrice qui n'habitait pas très loin de chez lui et qui, elle aussi, était dévote. Comment cette liaison put se faire entre cet ouvrier manœuvre et l'institutrice s'explique à la fois par le voisinage, l'isolement, et aussi parce que très vraisemblablement, dans l'idée de la jeune fille, il ne s'agissait au début que d'un flirt. Mais les relations se maintinrent. Sa mère les lui déconseillait. La mère de l'institutrice s'y opposait aussi formellement. Elles n'en continuèrent pas moins. Le curé ne s'en mêla jamais. La correspondance échangée entre les fiancés voguait dans les eaux neutres entre les allusions à la Sainte-Vierge et les souvenirs d'un pèlerinage à Lourdes. Devant la jeune fille, le sonneur continuait son rôle. L'amour prit de l'ampleur et le jeune homme y montra une ténacité et une assiduité que la jeune fille n'attendait peut-être pas. Comme le mariage n'apparaissait pas comme possible, les idées du suicide naquirent chez le jeune homme; mais il eût fallu un suicide à deux. L'institutrice ne paraissait pas aussi pressée.

L'on choisit un moyen terme : ils ne se suicideraient pas, mais tous deux entreraient au couvent. Quelques démarches furent faites. L'empressement était minime de part et d'autre.

Le curé, consulté, avait sagement conseillé de réfléchir et de prier.

Après quelque temps le fiancé s'aperçut que la jeune fille tenait à ce qu'il entrât d'abord. Elle verrait après. Mais entrer au couvent dans de telles conditions ne lui plaisait pas.

On renonça finalement au projet. Un peu plus tard, un cousin de la jeune fille, riche fermier des environs, fit son entrée dans la maison. Lorsqu'il vit qu'elle le délaissait progressivement, le sonneur, infirmier bénévole, candidat clerc-organiste et candidat religieux la poignarda avec une sauvagerie inouïe. Tout le monde fut étonné. Comme le meurtrier appartenait à une famille flamande émigrée en Wallonie, le curé expliqua cette chose incompréhensible en disant :

— Le vieux lion de Flandre s'est réveillé brusquement...

Résumons : individu un peu infantile, incapable de communiquer normalement avec autrui, mais à qui l'infantilisme et la soumission donnent, pendant son enfance, une certaine supériorité morale apparente sur ses compagnons. Il explique peu à peu son incapacité à vivre et à communiquer avec les autres par une idée de supériorité qui se traduit par ses aspirations sociales et s'incarne dans son amour. Or, cette supériorité est une pure fiction dont il vit; malgré ses efforts il stagne et pendant longtemps il peut croire que ce sont les circonstances. Mais l'abandon du curé à propos de sa vocation de clerc-organiste et l'abandon de sa fiancée viennent abattre toute cette construction factice, à l'abri de laquelle il ne sentait guère son insuffisance. Accepter le fait accompli du cousin c'est accepter la consommation de son néant. Toutes les forces instinctives dont il dispose viennent à son secours.

Ce sentiment d'infériorité peut avoir de nombreuses origines : éducation ratée; idées de laideur; sentiment de culpabilité; obsessions; insuffisance intellectuelle; timidité excessive; partialités familiales anormales, etc...

Ces cas de jalousie en rapport avec un complexe d'infériorité sont particulièrement pénibles à supporter. Presque toujours il se fait une certaine systématisation des idées qui aboutissent au meurtre. Celui-ci ne se réalise qu'après une certaine évolution intérieure du sujet, évolution que nous verrons plus loin.

II. JALOUSIE PAR CÉCITÉ AFFECTIVE

Parmi les jaloux criminels il en est un grand nombre qui sont amenés au meurtre par exercice de leur droit de propriété. C'est de ceux-là qu'on peut dire que la jalousie les lèse dans leur vanité et leur instinct de propriétaire. Sans doute, les choses ne sont-elles jamais si simples, mais ces éléments y dominent nettement.

Il s'agit d'individus dont la caractéristique vitale est leur égoïsme morbide, par carence affective. Ils veulent exister en autrui, mais autrui n'existe pas en eux. Ils dépendent de ce qu'ils sont pour autrui; vivent parfois exclusivement en fonction de paraître vis-à-vis d'autrui (vanité, mythomanie, parasitisme intellectuel et artistique, hystérie même) mais ils ne dépendent jamais de la représentation qu'ils ont d'autrui en eux. Autrui n'a pas de délégation en leur propre moi. Non seulement ils n'ont jamais participé à la vie affective de la femme qu'ils aimaient, mais même, en faisant un examen consciencieux de leur mode de vivre et de leur passé on ne trouve pas d'actes de ce genre. Ce sont des êtres vaniteux, importants, extrêmement sensibles aux apparences et aux qu'en dira-t-on et que l'on recrute soit chez des schizoïdes froids, soit parmi des descendants d'alcooliques épileptoïdes ou franchement épileptiques, soit chez des anciens méningitiques. Le cas décrit plus haut, Fynup 209, présentait cette caractéristique, en plus de son complexe d'infériorité. Pour tout ce groupe, nous constatons qu'ils se soucient peu de l'opinion que la femme a d'eux-mêmes. Pour eux, ces questions n'existent pas, parce qu'ils sont incapables d'aimer et de concevoir l'amour. La femme est plutôt un objet, une propriété, une chose qui se met à leur merci et à leur usage et qui, de par la loi et les convenances, doit le rester.

A un niveau très bas, ces êtres sont des paresseux, des passifs, des indifférents, brusquement rattachés au monde extérieur, dès leur puberté, par leur sexualité. Mais cette sexualité ne dépasse pas le stade génital proprement dit, n'amorce aucune sublimation et ne prépare en rien l'évolution du sujet. Ils sont d'une indifférence absolue aux sentiments de leur femme dont la vie ne tarde pas à être misérable. Leurs relations se caractérisent par la brutalité et les coups, par une jalousie sauvagement revendicatrice. JOACIP 208 était un homme de ce type. Il rencontra celle qui devait devenir sa femme dans un dancing; elle devint bientôt sa maîtresse, et aussi longtemps qu'ils ne furent pas mariés, le tint à sa merci par la question des relations sexuelles. Mais mariée, les choses changèrent d'aspect. JOACIP, paresseux et égoïste, absolument indifférent à la personnalité de cette femme, décida qu'il ne devait plus être question de toilette, qu'il ne s'agissait plus de paraître, qu'il n'allait pas sacrifier de l'argent qui lui appartenait pour du rouge à lèvres, etc. Elle n'avait qu'à rester chez elle. Il lui défendit de voir ses parents, l'empêcha de sortir et le conflit porta tout un temps sur la question de savoir pourquoi son jugement et son avis ne pouvaient remplacer tout le reste du monde. La femme le quitta. Après quelques misères, il exerça ses droits en lui coupant la gorge.

A un degré plus élevé, nous avons affaire à la personnalité factice, vivant en parasite mental dans la société. La vie affective, réduite à un minimum et ne pouvant se nourrir par elle-même, copie certains types extérieurs auxquels la personnalité du sujet se conforme. Ces gens vivent la vie des autres et non leur vie propre et jouent donc sciemment un rôle. Chez ces individus les lectures et le cinéma ont une grande influence.

JIPPOL 204 en était un exemple. Il voulut tuer sa femme qui le quitta et coupa la gorge à la concubine qui lui succéda. Doucereux et mielleux, parlant comme un penseur, socialement capable de tenir sa place, il aimait une femme jolie et élégante, qui lui fît honneur de marcher à ses côtés. Seul avec elle il ne se gênait pas, la battait, la tirait par les cheveux, la malmenait même pendant la grossesse pour peu qu'elle lui résistât. Il ne toléra pas d'être abandonné. Il n'avait pas tué sa première femme parce qu'il n'avait pas eu la preuve qu'elle lui en avait préféré un autre et pouvait croire qu'elle avait mauvais caractère. Mais pour ce qui est de la concubine, il sut qu'elle en avait choisi un autre et l'exécuta. Se tailladant d'ailleurs lui-même le cou. Les conflits surgissant dans de telles unions surviennent à tout propos, la cécité affective de telles personnalités les rendant inaptes à comprendre la vie, la spontanéité et les aspirations d'autrui. Tout ce qui ne se fait pas en fonction de son propre intérêt ou de son propre culte n'a pas de sens et, partant, n'a aucune raison d'être.

De tels hommes sont d'autant plus sensible à une révolte de l'objet ou à une blessure de vanité qu'ils n'existent que sous des formes sociales d'emprunt et que la ruine de cette apparence sociale les abat du même coup.

Les descriptions que nous venons de donner sont un peu absolues. La plupart du temps les choses sont beaucoup plus nuancées et la cécité affective, n'étant pas complète, n'apparaît que dans certains domaines et à certaines occasions.

Le cas se présente souvent que l'un des conjoints, par certains dons, certaines valeurs intellectuelles qui n'existent pas chez l'autre, échappe, de la sorte, à l'état d'objet. La lutte se passe alors dans le plan des personnalités, celui qui s'estime maître et propriétaire, [ce n'est pas toujours l'homme] s'efforçant d'éteindre ou de supprimer dans l'objet ce qui pourrait lui permettre d'échapper. Le drame ici arrive assez rarement au meurtre. Il fait partie des misères possibles de la vie à deux. Ce n'est que lorsque l'objet, excédé ou révolté, trouve au-dehors une nouvelle affection et se dérobe de la sorte à la tyrannie absolue, que les réflexes du propriétaire entrent en jeu. Mais ceci rentre presque dans la psychologie banale.

Il faut attirer l'attention sur le fait que lorsque nous parlons de ces réactions de propriétaire, comme lorsque nous avons parlé du complexe d'infériorité, nous ne voulons nullement dire qu'il n'existe de phénomène de cette nature qu'exclusivement dans le type de cas décrit. Nous signalons uniquement que dans ces cas, ce sont ces processus-là qui dominent nettement, dirigent les phénomènes mais sans assurer le moins du monde que des choses analogues, mais à un degré infiniment moins prononcé, ne se passent pas chez les normaux. Seulement, cela ne les conduit pas au crime. Une autre chose encore : on s'étonnera que nous ne fassions pas intervenir ici la vertu et la volonté, lesquelles, aux yeux de bien des lecteurs, nous en sommes persuadé, devraient pouvoir tout arranger. Cela arrangerait tout, en effet, chez le lecteur. Mais dans les cas que nous décrivons, la vie morale est tellement réduite, soit qu'elle n'ait pu se développer, soit que des déviations soient survenues à un moment donné, que, dans des processus dramatiques comme ceux qui peuvent être déclenchés par des questions d'amour, elles ne jouent que très peu. Du reste, comme nous le verrons, il existe toute une série de processus, dans la préparation à l'acte criminel, qui ont pour effet (ou pour but subconscient) de rendre l'action moralement plausible. Moralement, par rapport au sens moral du coupable, bien entendu.

III. JALOUSIE LIÉE À L'ÉVOLUTION INÉGALE

Les deux formes que nous venons de voir, tout en empruntant leur matière humaine à la psychologie normale, ne se rencontrent sous des aspects dangereux que chez des sujets mentalement déficitaires. C'est parce qu'ils sont déficitaires que le complexe d'infériorité a pris des proportions aussi tyranniques, des allures de psychose ; c'est parce qu'ils sont déficitaires aussi que leur sentiment de propriété a fini par réduire l'être aimé à un objet et à le traiter comme une chose ou un animal.

Il est une autre situation qui peut amener des réactions très graves sans que le déficit mental soit si prononcé : il s'agit de la jalousie liée à l'évolution inégale et au renoncement inévitable qui se rencontrent principalement dans les cas où une différence d'âge marquée sépare les amants ou lorsque l'un des deux se sent vieillir plus rapidement. Ce renoncement inévitable est associé à une idée d'impuissance, d'inaction forcée, de diminution de soi, de mort, et n'est pas exempte d'une certaine anxiété.

Dans la marche de la vie, lorsque deux personnes d'âge différent vivent côte à côte il est impossible qu'elles évoluent à la même allure. Comme chacun le sait, à mesure que l'on avance en âge, le temps semble plus court, le temps passe plus vite et, il est impossible que l'amour le plus fidèle, entre deux personnes d'âge sensiblement différent, n'engendre pas à un moment donné un effet de parallaxe. Dans le cas présent, le plus âgé éprouve l'impression que le *plus jeune s'éloigne irrésistiblement.* Évidemment des redressements successifs peuvent remédier à la situation, mais il n'en reste pas moins vrai que dans un tel cas, l'amour ou l'amitié ont à faire face à un facteur important de désagrégation ; il n'en est pas moins vrai qu'il y a là, *en dehors de toute faute ou de toute infidélité*, des germes graves de conflit. Pour peu que des éléments psychopathologiques soient en jeu dans l'une des personnalités, généralement chez le sujet le plus âgé, une jalousie anormalement grave peut survenir et conduire soit au drame grave, soit, dans quelques cas, au crime.

Il faut donc préciser que des relations d'amour entre personnes d'âge sensiblement différent (ou devenu sensiblement différent, le phénomène augmentant pour ainsi dire selon le carré des âges) engendrent par elles-mêmes et sans que la moindre défaillance de l'un ou l'autre entre en jeu, l'impression que le plus jeune suit son chemin seul s'écarte, « sème » le plus âgé. Le plus jeune peut n'en être pas conscient, mais le plus âgé l'est toujours et c'est d'ailleurs le motif pour lequel il faut de la vertu pour vieillir, pourquoi, selon l'expression de philosophie populaire, il « faut savoir se faire une raison ».

Jacques Chardonne dit quelque part : « L'enfance de nos enfants est courte ; la nôtre fut longue ». On ne peut résumer plus clairement les choses et l'illusion dont nous parlons se traduit psychologiquement comme suit : le plus jeune va plus vite, il va de plus en plus en avant, on le perd irrésistiblement.

Il n'est pas besoin de signaler que cette jalousie de parallaxe sévit dans le domaine professionnel, dans le domaine scientifique, dans le domaine politique, qu'il fait normalement partie de l'évolution familiale.

Mais c'est principalement lorsque l'amour intervient que le drame peut devenir criminogène.

L'amour peut survenir dans deux cas très différents.

D'abord entre membres d'une même famille. Si la mère aime son fils d'une manière morbide, ou le père sa fille, les choses se bornent à de la tyrannie aussi longtemps que fille ou fils ne se fixent pas sur un être de prédilection. Mais à partir de ce moment, tous les éléments du drame sont réunis et les fins tragiques sont fréquentes. On peut considérer que ces amours incestueux développés à tel point sont le fait de névropathes ; quoi qu'on en dise, la vie familiale comporte par elle-même de quoi rectifier constamment les légères déviations possibles. Le type GÉNITRIX de F. Mauriac illustre parfaitement un de ces cas.

Ou bien l'amour naît entre deux personnes libres.

Nous considérons comme une variété de cette dernière catégorie l'amour entre beau-père et belle-fille ou gendre et belle-mère. Le caractère incestueux n'est ici que théorique. Ceci donne d'ailleurs rarement naissance à des drames de cour d'assises.

La caractéristique de cette jalousie de parallaxe est la tyrannie. Cette tyrannie s'exerce déjà sans qu'il existe réellement de l'infidélité. Elle finit souvent par la provoquer.

Racine dans *Mithridate* nous a dépeint la cruelle tyrannie de l'homme de soixante ans. Dans tous les cas se rapportant à une grande différence d'âge, il existe donc, en dehors de tout ce qui peut normalement survenir entre deux êtres qui s'aiment, un élément tout à fait particulier, un facteur qui pervertit la vision des personnages, mais surtout la vision du plus âgé ; c'est que le temps, par lui-même, les sépare et colore, a priori, d'une teinte tragique la situation la plus honnête.

On met souvent ce processus sur le compte des passions séniles, mais nous croyons que le processus se retrouve à toute époque de la vie, la sénilité ne la créant pas, mais se bornant à la révéler avec plus de vigueur.

Sans doute, comme l'écrivait Carlos Fischer (cité par

Voivenel [7]) dans sa *Confession d'un quinquagénaire* parue dans le Mercure de France, on s'adapte. Dans un premier temps : on fait avec répugnance une suite de douloureuses constatations; deuxième temps : on s'en indigne, on discute; troisième temps : on s'en accommode.

Mais ce n'est pas là l'évolution des personnages qui nous occupent; généralement, ceux-ci sont trop peu évolués pour se juger.

La tyrannie qui caractérise cette jalousie est à forme un peu spéciale : elle tend vers *l'immobilisation* de l'être aimé, fait un effort pour l'empêcher de suivre cette route fatale qui l'éloigne. Ce jaloux ne se rend pas bien compte de ce qui se passe. Il ne voit pas que l'essentiel du phénomène se passe en lui-même et non en l'autre, il veut obtenir de l'aimée un comportement qui ne lui donne pas l'impression si pénible de lui échapper et grâce à la complaisance de la victime il y parvient jusqu'à un certain point. Mais quand la complaisance cesse, ou lorsque l'indifférence ou l'infidélité apparaissent, la situation devient particulièrement dure. Souvent elle finit par des réactions extrêmes.

Nous aurons le cas si fréquent d'un père qui, sans se l'avouer, ou même très consciemment nourrit pour sa fille un sentiment coupable. On le verra tout mettre en jeu pour que cette fille ne sorte pas, ne rencontre pas de jeunes gens, ne lui échappe pas. Ce sont d'ailleurs ces attitudes qui attirent l'attention du milieu familial. Mais cette tendance à l'immobilisation se rencontre en dehors des milieux familiaux. Lorsqu'un homme, sous l'influence du démon de midi, même tardif, s'amourache d'une personne plus jeune et qui par-dessus le marché a été épousée pour ses qualités sexuelles ou qui simplement est de réputation douteuse, l'on voit, comme

---

[7] V. Paul Voivenel, *Les Belles mères Tragiques*, Renaissance du Livre, 1927.

ce fut le cas pour MENT 201, le jaloux enfermer sa femme, l'empêcher de faire des courses, surveiller attentivement ses allées et venues... Dans bien des cas du reste, les choses ne dépassent pas le stade de tyrannie et d'extinction.

Ces cas résistent généralement aux bons conseils, à la consolation. C'est que cette différence d'âge qui crée un système d'appréciation différent, même lorsque l'entente est suffisante, entraîne par elle-même une impression de solitude, est par le fait même génératrice d'angoisse. En dehors de toute raison objective, une inquiétude plane toujours sur un tel psychisme. Il existe, par le fait, une prédisposition à interpréter les choses sous l'angle de l'abandon et cette prédisposition, axée sur les tendances grégaires alertées aussi bien que sur l'instinct sexuel, confère à l'ensemble une allure quasi délirante. Dans de tels cas, la moindre nuance paranoïaque, les moindres troubles de l'équilibre émotif ou humoral entraînent le sujet à des réactions inattendues et désordonnées.

Cette *jalousie* des renonçants existe aussi chez ceux qui croient avoir renoncé à l'amour. Elle ne conduit pas au crime, mais à la médisance, à la dénonciation, aux lettres anonymes. Pour un grand nombre de personnes ayant renoncé à l'amour, vieilles filles, vieux célibataires, ou pour celles décidées ou résignées à se contenter d'une réalité bien médiocre, on voit survenir ce même état d'âme anxieux que chez l'amant plus âgé. Le temps passe : les *autres vivent*. Elles ont l'impression d'être abandonnées seules sur le rivage de la vertu et ce sentiment pénible qu'elles ressentent elles le transposent instantanément en une colère spontanée contre la faute et le manque de vertu de l'infidèle. Elles contribuent par leurs lettres, par leurs insinuations, par l'excitation continue qu'elles exercent sur l'abandonné par des moyens appropriés, à faire passer l'idée de crime à l'état de projet défini. C'est qu'ici, elles ont la certitude d'agir au nom de la justice et de la vertu.

Cette jalousie des renonçants et qui, socialement parlant, se traduit le plus souvent par des actes apparemment vertueux, faire cesser un scandale, punir une coupable (la psychologie des jurés), dénoncer une infamie, obliger quelqu'un à reprendre le chemin de la vertu, doit avoir sa place parmi les jalousies criminogènes. Elle nous aide à comprendre, en effet, par quels processus obscurs le futur coupable en arrive à identifier sa cause à celle de la vertu, à justifier à l'avance son acte délictueux, à prévoir en quelque sorte, non seulement un acquittement, mais une ratification de son acte.

A ce propos reprenons succinctement le cas de J. auquel nous avons fait allusion dans le premier chapitre. Ce J. était donc devenu amoureux de la jeune fille qu'il a voulu tuer (il a atteint un autre coupable à sa place). Avant cet amour-là, il avait déjà aimé pendant 10 ans une jeune fille, sans rien lui dire. Il ne voulait pas se marier, car s'engager pour toujours, c'est beaucoup, mais il eut voulu qu'elle restât indéfiniment à sa disposition, au cas où il se déciderait à le faire. Cette jeune fille s'était d'ailleurs mariée, le temps venu.

Le voici maintenant amoureux de celle qu'il va tuer. Il l'aimait « chastement » et non pour avoir des relations charnelles avec elle. Cela dura des années. La jeune fille, selon lui, devait s'en apercevoir. Mais elle faisait semblant de rien. Aussi longtemps qu'elle restait là, sans rien manifester de spécial, tout alla bien. *Rien*, dit-il, *ne venait contrarier ses projets sentimentaux.*

Il *renonçait* facilement aux joies du mariage : elle était là. Le moment venu ils n'auraient eu qu'à se décider.

Mais un événement survient. La jeune fille lie connaissance avec un jeune homme et voilà qu'il eut lieu de supposer qu'elle avait des relations charnelles avec lui. Cette supposition vient naturellement inquiéter et torturer son aboulie et sa peur d'agir. Un autre est là : et lui ?

Aussi quand il apprit cette affaire de relations charnelles, il voulut les empêcher à tout prix. Il s'est senti pris d'une *haine incroyable du mal*. Il eut admis que les relations charnelles *n'existassent pas* dans le mariage qu'il contracterait, mais ce couple qui, à un moment donné, se mit à prendre ses rendez-vous non loin de chez lui, exaspéra ses sentiments d'honnêteté. Il fallait empêcher ces relations à tout prix.

Il songea à un moyen : aller les ennuyer avec sa lampe électrique, de la sorte ils ne « pourraient pas ».

Puis il songea à les corriger : il fallait absolument les corriger. Le jour du crime, il les entrevit dans le noir. Maintenant ils ne se cachaient même plus et cela ajouta encore à sa colère. Pour les corriger il frappa. Du premier coup de couteau qu'il donna au jeune homme il se rendit compte qu'il irait en prison, mais tout de suite il songea que ses coups ne l'avaient peut-être pas encore assez corrigé et il redoubla. Il voulait punir le vice, les ramener tous deux à la vertu...

Pendant qu'il frappait la haine du vice l'excitait encore et c'est ainsi qu'il frappa jusqu'à la mort.

Ce cas de J. est évidemment pathologique ; mais il illustre cependant très bien, en décuplant les phénomènes, ce qui se passe réellement en l'âme du renonçant qui veut *à tout prix* arrêter quelqu'un sur le chemin du mal. Qu'on se souvienne du Paphnuce torturé par l'amour du bien dans *Thaïs* d'Anatole France. Cette caricature est fondée dans la réalité psychologique.

Ce n'est pas par esprit de subdivision ou de classification que nous avons particulièrement attiré l'attention sur ces diverses formes de jalousie. Nous ne prétendons nullement avoir épuisé de la sorte la série des formes dangereuses. De même nous ne songeons pas à soutenir que certaines formes rentrent exclusivement dans l'une de ces catégories. Une telle chose serait impossible. Toutes les âmes se ressemblent et il n'existe rien en l'une qui n'existe sous une certaine forme en les autres. Par conséquent, une jalousie présente toujours, en certaines proportions, tous les aspects de la jalousie. Mais ce sur quoi nous avons voulu insister c'est qu'il existe certaines jalousies dont il émane une puissance d'action redoutable. Il est évident que par définition une jalousie est un état affectif, un état de passion, comportant en soi le pouvoir envahisseur et destructif des passions. Mais dans ces cas que nous venons de décrire sommairement, c'est toute une série de tendances instinctives graves qui se trouvent engerbées : affirmation du moi, domination, tendances à l'appropriation, etc., tendances qui sont déjà au préalable, chez ces personnalités morbides, outrancières et déviées.

La jalousie est alors pathologique parce que l'organisation mentale de ces êtres est pathologique.

CHAPITRE VI

DÉRIVE DES FONCTIONS SUPÉRIEURES

I

Chez les individus mentalement tarés les instincts exacerbés par la jalousie trouvent donc une organisation mentale préalable particulièrement apte à lui donner une forme dangereuse et durable.

Mais cette situation entraîne un autre corollaire encore et non moins important. Ces instincts, disposant d'une structure mentale qui les justifie et les exalte en reçoivent, par contrecoup une reviviscence particulière et c'est la psychologie affective, la vie des passions et des sentiments, c'est l'impulsivité instinctive, dirons-nous plus volontiers, qui s'en trouvent mises à la direction du psychisme général. A la voix de la raison et des considérations morales, le flux des impulsions instinctives tend à se substituer et même lorsque cette impulsivité ne se traduit pas en actes perceptibles, elle oriente la personnalité vers le type d'action en rapport avec cette impulsivité. La raison, l'intelligence de ces sujets subissent une poussée continue dans un sens, le sens que recherche la vie instinctive, et elles ne tardent pas à construire, sans se rendre exactement compte de la pression qu'elles subissent, toute une *superstructure mentale* destinée à justifier et à réaliser les lois instinctives, le comportement amoral et alogique des forces inconscientes.

Lors de ces choix spontanés qui présidèrent à la valorisation de la femme, c'étaient précisément ces spontanéités instinctives, qui s'étaient réalisées. C'étaient elles qui, par suite du choix malheureux, avaient amorcé le drame sans que le sujet puisse s'en douter. Maintenant que l'importance des choses rend difficile cette spontanéité instinctive qui se réalisait si bien dans le choix banal, la vie instinctive n'en continuera pas moins sa poussée et elle la réalisera à moins qu'elle ne trouve, en travers de sa route, des organisations mentales, préalablement établies, susceptibles d'en atténuer l'influence. Mais si cette poussée, comme dans le complexe d'infériorité, ne trouve devant soi que des organisations mentales déjà formées par l'instinct lui-même, l'orientation du psychisme vers les exigences instinctives se continuera sans difficultés particulières.

De même que, sans qu'il s'en doutât, le choix banal du sujet était dirigé par sa vie affective, celle-ci l'orientant, à travers les menus faits et menus événements de la vie, comme s'il ne voyait que certaines choses, lui faisant de la sorte élaborer un curriculum vitae exactement selon l'image de son être affectif; de même, le drame étant amorcé, les mêmes poussées tendront à ne lui faire voir la femme que sous un seul aspect, à ne le rendre influençable que par des raisons toujours orientées par le même sens, à lui faire choisir, comme type d'action, celle qui le rapproche du but où tend l'instinct.

Il est donc important de connaître comment la vie affective se traduira désormais dans le psychisme : celle-ci en effet ne s'exprime d'une façon perceptible qu'en actes. Lorsqu'elle agit par poussées, orientant le sujet vers quelque chose elle ne peut s'exprimer que par l'influence qu'elle a sur ce psychisme ou par des immixtions perturbatrices dans les actes et gestes quotidiens : rêves, lapsus, actes manqués, erreurs, oublis. L'influence sur le psychisme se traduit par la manière de raisonner et la sensibilisation à divers types d'arguments.

Or, dès le début surgit du plus profond de l'être un double courant instinctif. L'un est combatif revendicateur, agressif et met en branle toutes les tendances ayant trait à la conservation et à la protection du moi. L'autre tend à abandonner, à renoncer, à s'effacer, à disparaître, utilise les puissances auto-destructrices de l'être [1]. L'aboutissant possible du premier est l'homicide. La terminaison éventuelle du second est le suicide. Mais pratiquement les deux mouvements antagonistes s'entremêlent, évoluent même parfois parallèlement pendant tout un temps. Et sans toujours parvenir à leur forme extrême de développement donnent, au cours de leur évolution, des manifestations s'y rattachant. Nous avons régulièrement constaté que si le drame ne dure pas trop longtemps les réactions type suicide abondent tandis qu'après quinze jours de drame les images homicides l'emportent assez souvent.

Mais suicide [2] et homicide répondent à des attitudes

[1] Toute la psychologie de ces états est décrite dans l'étude de G. SCHMITZ, *loc. cit.*

[2] Les attitudes de suicide, non conçues positivement comme équivalents de suicide mais engendrées par des réactions affectives profondes dont l'aboutissement extrême est le suicide ont été étudiées par A. GODIN dans son travail sur « *Les Désirs de Mort* » (Thèse de doctorat en Philosophie et Lettres 1942) encore manuscrite. Il résulte de ce travail que les attitudes suicide sont d'une fréquence extrême et exercent, chez les êtres les plus divers une grande influence sur leur comportement envers autrui. Ces attitudes vont du « désengagement » à l'idée de suicide proprement dite. Elles amorcent très souvent une « héroïsation » agressive,

profondes. Le sujet n'en parle guère. Il exprime surtout les idées et processus par lesquels il justifie et légitime l'action qu'il sent vaguement l'envahir. Et ces idées sont presque toujours en rapport avec des processus de revendication ou des processus justiciers.

II

Un couple peu doué dont l'union a été amorcée par les affinités du plan subconscient de la personnalité se trouve en proie à un processus de désagrégation. La femme paraît avoir cherché ou rencontré le bonheur ailleurs et s'est soudain trouvée revalorisée aux yeux de l'homme. Il s'est fait plus empressé, plus exigeant, sexuellement plus attentif, a revécu, en les colorant de cette teinte ineffable des bonheurs perdus les heures passées, a reconnu ses torts, a pris des résolutions pour l'avenir. L'influence de ces bonnes dispositions, semblables aux crises de religiosité au moment des grands dangers, n'a pas été extraordinaire. Contrairement à ce qui se passe parfois et où la jalousie réussit à ramener l'infidèle, cette fois le processus a continué : la femme est bel et bien décidée à s'en aller.

Les drames de ce genre arrivent dans tous les milieux et peuvent survenir entre des personnes intellectuellement et moralement bien évoluées. Il est rare alors que le dénouement en soit sanglant. La femme, dans ces cas, prend bien soin

qu'on peut considérer comme normale chez les adolescents examinés dans cette étude. L'évolution du suicide, à l'agression se retrouve donc à la base d'attitudes, régulièrement considérées comme l'expression d'une haute vie morale. A ce propos, on trouvera dans le roman « *Journal de la Jalousie* » de Marie le HARDOUIN (Paris, Corréa, 1942) une bien singulière attitude de jalouse. Elle s'apparente aux équivalents de suicide, exprime une complaisance presque morbide à souffrir et traduit, au fond, la psychologie d'une femme affectivement pauvre, n'ayant jamais réalisé le don de soi.

de ne pas heurter de front la personnalité de l'homme qu'elle abandonne. Elle lui laisse intègres ses qualités morales, la noblesse de son amour, désarme d'avance l'homme désemparé en lui faisant bien remarquer que sa personnalité n'est pas en jeu. C'est quelque chose d'autre qui ne dépend ni d'elle ni de lui. L'homme ne demande qu'à croire ces consolations plus ou moins sincères et il ne lui reste que le chagrin et le désespoir de perdre l'aimée.

Mais dans un couple quelconque, celui précisément où le drame va survenir, les choses ne se passent pas ainsi. L'homme ne peut se dispenser de répandre sur la femme un flot d'injures irréparables, tandis que la femme se livre, à son sujet, à une véritable dissection psychologique et prend un plaisir particulier à lui infliger les humiliations les plus raffinées, celles qui sont les plus dangereuses à de tels instants, celles qu'il ne faut jamais envisager.

A partir de ce moment, on peut considérer que la jalousie a échoué. La revalorisation momentanée de la femme, de par l'échec qu'elle rencontre, consacre une défaite cuisante. Mais l'exaspération des puissances affectives est déclenchée et ne peut s'arrêter si simplement.

Il est impossible de comprendre ce qui va se passer dans la suite si l'on veut s'en tenir à ce que le raisonnement et la logique peuvent donner. Les processus dominants se passent dans les couches instinctivo-affectives de la personnalité, en dehors des regards et du contrôle direct de l'intelligence et toute la personnalité consciente se met à la dérive. L'absurde et l'illogique, l'insensibilité à la contradiction, l'indifférence à la durée et à l'avenir, constituent les points particulièrement remarquables du langage du pré-criminel. C'est que la vie instinctive ne s'adapte ni à la durée ni aux catégories logiques, c'est qu'elle ne fait pas de différences entre les contraires, c'est qu'elle ne connaît ni moralisme ni amoralisme. C'est aussi qu'elle n'est pas simple et que les tendances les plus opposées s'y développent parallèlement. L'affirmation et la négation désordonnées du moi vont évoluer en même temps vers un paroxysme; leur importance sera rarement égale; mais instincts de vie et de mort resteront étroitement entremêlés. Il est évident que le dénouement sera fonction non pas de ce raz de marée instinctivo-affectif, mais de la personnalité totale. Les forces affectives ne prennent forme et ne peuvent s'intégrer que dans la personnalité entière et par conséquent il existe a priori un grand nombre d'hommes, le plus grand nombre dans les pays civilisés, pour lesquels l'amour le plus violent et la trahison la plus insultante ne pourraient se traduire en véritable dérive. Ce sont surtout les personnalités amorphes, sans unité intérieure, sans synthèse, sans valeur morale, qui vont se trouver le plus exposées.

L'argent

Il n'est pour ainsi dire pas de crime d'amour (excepté pour les adolescents chez qui ces crimes sont d'ailleurs rares) qui ne soit sinistrement éclairé par une question d'argent. C'est tellement fréquent, tellement régulier que nous avons été particulièrement préoccupé par ce problème. La réponse spontanée qui vient à l'esprit est que l'homme regrette l'argent donné ou dépensé, bien plus que la femme, et qu'il veut se venger. Mais une telle réponse ne tient pas devant la réalité psychologique.

Il se fait habituellement que, soit avant le mariage, soit en dehors des liens du mariage l'homme fasse des largesses. Parfois celui qui distribue cet argent le fait de gaieté de cœur; il est riche et les sommes égarées de la sorte ne touchent pas beaucoup. Mais souvent, celui qui offre doit travailler ou a dû travailler pour gagner cet argent. Ou bien même il a sacrifié réellement quelque chose de sa vie. Dans ces conditions, même si les sommes offertes sont peu importantes, elles ont une valeur réelle.

Dans certains cas plus graves il a même détourné l'argent donné de sa fin naturelle : sa mère, sa femme, ses enfants.

Le sacrifice que cela représentait pour lui, il le faisait assez simplement, l'amour supprimant le toi et le moi. Mais s'il arrive un moment où le toi et le moi reparaissent, la question d'argent revient sur le tapis ; l'argent est brusquement revalorisé. C'est autour de lui que le problème tourne pendant tout un temps et c'est d'ailleurs ce problème qui éclaire la situation. L'argent devient une sorte de test.

Un homme a remis toute sa paie à une femme pendant des mois et des années. Il s'aperçoit à un moment donné que la logeuse qu'il croyait sa maîtresse touche la paie de deux ou trois logeurs qui se croient tous l'élu... et lorsqu'il y fait allusion, sous les premiers effets de la jalousie, elle se moque doucement. Il se fâche peu à peu ; elle s'indigne lentement. Enfin le jour arrive où, sous la menace, il réclame son argent qu'il trouve indûment prélevé. Elle fait alors intervenir la police...

Selon la personnalité du volé, la femme apparaît simplement comme une sorte de prostituée de laquelle il s'est sottement amouraché ; elle n'en valait pas la peine, etc. ; ou bien elle apparaît comme une exploiteuse systématique, un être à punir... L'argent devient le fait matériel, la chose tangible et concrète autour de quoi va se dérouler tout le drame.

Un autre, timide, travailleur et soumis, est logé dans une maison particulière. Il est sans foyer. Peu à peu il est assimilé par la famille. Une idylle naît entre la jeune fille et lui. Les parents acquiescent vaguement. On se mariera. A partir d'alors le jeune homme confie ses gains à la jeune fille. Il faut préparer le trousseau, acheter un mobilier, acquérir tout ce qu'il sied pour n'avoir plus qu'à entrer en ménage.

Quand tout est acheté, l'amour de la jeune fille se refroidit; la tendresse de la mère se calme; le jeune homme a l'impression qu'il est de trop. C'est en effet, un enfant naturel élevé dans un orphelinat; il n'est pas beau, n'est pas vraiment un parti intéressant. Il apprend alors que sa fiancée connaît un autre jeune homme. Jalousie. Difficultés de plus en plus grandes. Puis, brusquement il réclame l'argent qu'il a donné. Colère de la mère; scènes de la fille; on le chasse·

Le jeune homme revit amèrement ces minutes, c'est la seconde fois que la même aventure lui arrive. Vraiment on s'est trop moqué de lui. Et le drame se termine par un litre de vitriol versé dans le cou de l'ingénue.

C'était un infantile, un hypertimide, taciturne, vivant très au-dedans, peu communicatif et peu apte à la sympathie. On le prenait certainement pour un enfant; lui-même tenait à être traité réellement comme un enfant, tout en se sentant un homme rare. Le complexe d'infériorité est très marqué. L'argent sert de substratum au mouvement affectif.

Il faut reconnaître que la plupart du temps, dans ces questions d'argent, l'homme a été, sinon exploité, du moins réellement trompé et que ses griefs, quoique n'étant pas susceptibles de se traduire avec chances devant un tribunal, (il s'agit de dons) sont bien réels. Il est certain que l'amour n'a pas à compter avec cet argent, mais le donateur trop généreux s'aperçoit, justement, qu'il n'y avait pas d'amour, qu'il fut une dupe intégrale. C'est dans les cas où l'homme aura aimé sincèrement qu'il sera le plus sensible à cette révélation. Ce n'est d'ailleurs que dans le cas où il aime sincèrement qu'il peut perdre la notion du tien et du mien.

Naturellement ceci n'explique ni n'excuse le crime éventuel. Mais nous nous bornons ici à décrire et constatons que devant la révélation que lui donne le test de l'argent, dans la plupart des cas l'homme porte un jugement moral sévère et définitif sur la personne de la femme. Elle est dévalorisée totalement, perd tout intérêt à ses yeux; il éprouve de la honte de ce qui est arrivé et n'a qu'une hâte : tourner la page.

Mais cette attitude est celle des hommes les plus amoureux, les moins chargés de complexes. Elle est d'ailleurs plus simple vue de l'extérieure que vécue, et nous savons que ces aventures malheureuses dont un homme sort parfois avec désinvolture, laissent des traces profondes en lui.

Pour un certain nombre d'hommes, le dénouement ne peut être aussi simple. Pour ces hommes-là la constatation du signe de l'argent a exactement la même valeur que la constatation directe de l'infidélité, sinon plus. Il en résulte chez eux, se continuant avec les ébauches affectivo-motrices de la période de jalousie :

1. *un processus de revendication* : réparation, réaffirmation de soi, écrasement de la perfide sous l'évidence de sa force et de son droit, justice, vengeance.

2. *un processus de désespoir*, entraînant avec soi, non pas nécessairement l'idée nette de suicide, mais une attitude de négation de soi, la plus dangereuse qui puisse être.

Le processus de revendication vient fixer sur un litige précis le vague besoin de justice de l'individu lésé. Il vient montrer que le pardon ne se fait pas, ne se fera pas facilement. Si la femme pouvait alors comprendre, si les membres de la famille, si les juges comprenaient! Mais en général il semblerait que chacun fasse son possible pour exaspérer le phénomène.

Le processus de désespoir a fait traverser l'esprit par l'idée de suicide. Cette idée est quelquefois admise d'emblée; elle n'a d'ailleurs pas toujours attendu les révélations du test de l'argent pour se présenter. Mais la plupart du temps ce n'est qu'une idée et non encore un projet. Elle se présente à l'esprit comme une possibilité, comme une chose souhaitable, une chose par laquelle il faudra bien finir. En fait, on ne finira pas par là. Mais pendant toute une période de sa vie (en attendant le redressement) cet homme vivra sous le signe du suicide. Il cessera de se comporter comme si son être avait une valeur durable et toutes choses se rattachant à son être dans l'avenir seront traitées de la même façon. L'homme commence à s'abandonner moralement. Et c'est là une chose bien grave, parce que, précisément, c'est dans ce relâchement moral, cette complaisance à ne plus se « tenir » que le processus de revendication va venir s'intégrer, se transformant en idée homicide que la personnalité du coupable, acceptant la déchéance, ne rejettera pas avec suffisamment de force. En somme, c'est à l'ombre du processus de désespoir que l'idée homicide va se développer et parfois se réaliser.

C'est alors qu'on voit par exemple un homme connu pour son économie, et qui exige en retour l'argent qu'il a donné, se mettre à dépenser sans compter, à gaspiller ses maigres biens. Il a perdu en fait la direction de ses actes.

Plus tard, quand ils entreront en prison après l'homicide, trente-cinq pour cent de ces coupables avoueront qu'ils ont eu nettement des idées de suicide et parmi ceux-là, du reste, près d'une moitié aura essayé. Chez eux donc on peut suivre facilement la marche des dégâts causés par cette attitude intérieure. Mais trente-cinq pour cent n'est pas le chiffre des attitudes de suicide. Celles-ci sont, en effet, bien plus fréquentes et l'auteur d'un crime passionnel vrai essaie rarement d'échapper aux conséquences de son acte : à ce moment-là les suites ne l'intéressent plus. Il lui faut, au maximum de ses forces, obtenir justice, punir le coupable; il ne peut plus vivre sans cela. Mais d'un autre côté il est indifférent à vivre et accepter les conséquences de son acte : la prison et parfois pour très longtemps, l'ignominie, la déchéance sociale. C'est ce processus de désespoir, cette attitude de suicide qui lui fait déjà, au moment de la discussion d'argent, réclamer sans honte ce qu'il appelle son dû. Cela lui est possible parce que déjà il méprise la femme, mais aussi parce qu'il ne veut plus tenir compte de sa propre dignité.

Revalorisation du moi

Mais l'être humain ne s'abandonne pas si facilement aux pires choses. La dure expérience se poursuit. Il essaie de se ressaisir. Il veut retrouver la libre disposition de soi-même, retrouver le sentiment de liberté. Se mettre hors d'atteinte de la femme. A ce moment il est sensible à des arguments comme celui-ci : « On ne s'amourache pas à ce point-là ». « On ne fait pas cela pour une femme ». « Il n'est pas de femme qui en vaille la peine, etc. »… En hygiène mentale populaire ce processus mène assez souvent à une amélioration et à la guérison. Même après le conflit d'argent les histoires s'arrangent souvent, par l'usure des passions, pourvu qu'on trouve la formule qui vienne démontrer que c'est bien cela qu'il fallait faire. Pourvu aussi qu'un camarade de travail ou que la tenancière du café d'en face ne vienne pas dire : « Ce n'est pas moi qu'on arrangerait comme cela » ou bien : « Tu n'es pas un homme ».

C'est ce moment qui offre le plus de prise à l'influence extérieure bonne ou mauvaise et c'est pendant cette période que l'évolution se fait ou non vers le crime.

C'est surtout si le sujet est en proie à un complexe d'infériorité que cette revalorisation du moi, plutôt que d'être libératrice, devient tragique. Le sujet en effet veut vivre socialement l'être qu'il a toujours joué jusqu'alors : l'homme fort et sans peur, l'homme de volonté et l'homme énergique. La revalorisation du moi se confond avec un besoin de réaffirmation du moi dans la ligne jouée jusqu'alors et plutôt que d'être libératrice fixe les choses dans leur mauvaise voie.

L'élément vengeance, plaisir conscient à dominer et à écraser l'adversaire, à lui infliger à son tour une souffrance commence à apparaître.

Sans doute aussi, le pré-criminel s'est-il déjà rendu compte qu'une partie de la population l'approuve. Il trouve moyen de persévérer dans la voie qui est la sienne avec l'assentiment supposé de la communauté.

Revalorisation des vertus

Si, par suite d'un tempérament insuffisant ou morbide, ou sous l'influence d'un milieu criminogène, le pardon devient impossible, il est bien rare qu'avant le dénouement, la mentalité du meurtrier ne passe pas par un stade de revalorisation des vertus. A mesure qu'il se sent d'accord avec l'entourage, que sa situation trouve à s'inscrire dans le drame des hommes et dans les idées-forces sociales, le futur criminel tend à désindividualiser son cas, à le ramener à la vie des principes, à le faire entrer dans le cadre moral. Cela indique qu'un processus justificateur est rendu nécessaire et que l'évolution se fait vers le pire. L'acheminement vers la crise finale semble inévitable. Le coupable va jouer le rôle de justicier. Il va défendre le respect à la parole donnée. Il va défendre la fidélité; l'honneur des foyers; il va défendre les bonnes mœurs, la pureté, la justice, le droit. Il va montrer le courage nécessaire et devenir un héros.

Ceci est d'ailleurs le plus souvent une œuvre collective. A ce moment le langage du pré-criminel ne se distingue plus guère (menaces mises à part) du langage que tiennent ceux qui confondent les vertus et les mouvements instinctifs. Ils ne sont d'ailleurs que trop nombreux. La façon de raisonner du criminel est exactement celle que viendra tenir son avocat devant les Assises, six mois plus tard.

III

Si l'on veut se rendre compte de ce qui se passe en l'âme du pré-criminel, il faut reconnaître que ces revalorisations de l'argent, du moi, des vertus succédant à l'échec de la jalousie éloignent de plus en plus du pardon. Mais, en même temps, ce refus du pardon, ce désir de vengeance s'écartent de plus en plus du simple mouvement émotif ou passionnel et s'intellectualisent de plus en plus, se justifient, tendent à se faire soutenir par toute une philosophie morale. Comme nous le disions, une partie de la collectivité collabore activement à créer cet état d'âme et à suggérer au patient, car c'est bien d'un patient qu'il s'agit, qu'il a le droit d'agir.

Cependant, sous ces apparences sociales, ces réflexions, ces justifications, il se passe un autre processus que le pré-criminel n'avoue pas et qu'il n'extériorise que tout à fait partiellement et à de rares occasions : le développement de l'idée criminelle. Celle-ci ne se révélera brusquement que lorsque la justification sera suffisante. Contrairement à ce qui se pense et se dit, le criminel conserve un sens moral, si rudimentaire soit-il, et n'agit que d'accord avec sa conscience. Dans le crime passionnel vrai l'attitude de suicide existe quasi toujours et persiste des semaines et parfois des mois après le crime. Il n'espère pas toujours l'acquittement et le fait qu'il s'efforce assez souvent de se suicider sitôt le crime consommé montre bien qu'il se soucie peu de la vie à ce moment-là. En commettant l'acte meurtrier il a l'impression de faire quelque chose qui le dépasse, un acte extraordinaire. Et ici encore l'opinion de la masse, des intellectuels et des incultes est toujours plus ou moins de son avis.

Le fait que nous assistions chez le criminel, pendant la période d'adaptation au meurtre, à une évolution si touffue et si riche, si étroitement liée à la formation morale et à la conscience du sujet, nous montre qu'il n'y a rien de fatal, même chez le plus dégénéré, qui le pousse vers l'acte irréparable. Mais il existe en lui néanmoins une pente naturelle, un déterminisme assez marqué vers le crime. C'est pourquoi les excitations au crime, les suggestions, les provocations ont un si grand effet. Mais ce processus peut être rompu, le futur criminel peut opérer un redressement à tout moment, pourvu qu'il soit aidé, soutenu, compris. Les caractères qui ne communiquent pas avec autrui, les tempéraments schizoïdes, les paranoïaques qui ruminent seuls leurs malheurs sont infiniment plus exposés que les autres à subir le phénomène jusqu'au bout. D'un autre côté, on conçoit que chez certains émotifs, bouleversés par le choc de la révélation et qui passent immédiatement aux actes, il y a peu de place pour l'examen de conscience. Mais de tels cas sont infiniment rares, bien plus rares que les correctionnalisations ne le laissent croire. Nous n'en avons jamais rencontré qui nous ait convaincu.

Il existe, comme nous le savons, deux types bien définis de crimes passionnels. Celui où le meurtrier prend toutes ses précautions pour ne pas être découvert ou pour que son crime ne soit pas perçu sous son jour véritable. Il s'agit alors presque toujours de crimes utilitaires tendant à la suppression d'une personne en vue de recouvrer sa liberté et cela pour des motifs passionnels. On parle de crime passionnel, mais le processus criminogène est tout autre que dans le crime passionnel vrai. Notamment il n'y a pas ici d'idée latente de suicide. Dans le crime passionnel vrai, on ne trouve aucun caractère utilitaire. L'impulsion instinctive y domine et si on y trouve un calcul c'est celui de compliquer et de rendre le plus cruel possible la vengeance exercée. Mais le criminel ne cherche pas ou ne cherche pas sérieusement à échapper aux conséquences de son acte.

Dans les deux cas, cependant, il y a une résistance intérieure à vaincre et l'idée ne se développe que progressivement, timidement, selon un schéma de progression toujours le même.

Le cheminement de la pensée criminelle, tel que la conscience du sujet peut le voir, se fait en trois étapes caractéristiques.

1er Stade : l'assentiment inefficace. L'idée de la disparition de la personne vient à l'esprit, sans que l'idée de participer directement à cette disparition soit claire. Une telle idée ne survient pas dans la conscience sans y être préparée depuis un certain temps. Chez la plupart des honnêtes gens, toute genèse criminelle s'arrête là, la conscience étant assez fine pour y saisir tout ce que cette réflexion implique.

2e Stade : l'assentiment formulé. L'idée a sournoisement évolué et finalement le sujet donne son assentiment à la disparition de quelqu'un. Dans la plupart des cas, un tel assentiment implique clairement l'idée de participer personnellement à la chose.

Mais le processus n'est pas arrivé à maturité. Le précriminel cherche des équivalents qui réaliseraient le même but sans passer directement à l'acte. « Jeter un sort » sur la victime afin de faire accomplir la besogne par les puissances occultes est le plus caractéristique des équivalents. L'idée criminelle se présente souvent, à partir de ce moment, comme une obsession.

Au cours de cette période qui peut durer quelques jours à quelques années le sujet est sensible à toutes les idéologies qui le rapprochent du but. C'est pendant cette période que nous pouvons voir chez lui :

la déception homicide : la victime a été près de mourir occasionnellement et n'est pas morte.

l'omission homicide : sans rien faire pour le faire mourir on ne fait pas le geste qu'il faut pour sauver la vie.

l'homicide inachevé : commencé sans une adhésion suffisante de la personnalité du coupable à l'idée criminelle. Cet homicide se rate comme un suicide.

l'homicide apparemment spontané et brusque, à l'occasion d'une émotion-choc. L'émotion ne fait ici que déclencher un processus latent. L'alcool joue aussi parfois ce rôle.

3ᵉ Stade : la crise [3] : L'homme en est arrivé à un état paroxystique. La décision pour ou contre est imminente. Mauvais sommeil, mauvaise nutrition, relâchement moral, indifférence, abandon aux circonstances. Le coupable, pendant ce paroxysme émotif, réagit au moindre choc. C'est la période pendant laquelle l'homme est le plus redoutable, le moment que guettent les excitateurs et que la victime n'apprécie pas toujours à sa juste valeur.

La prophylaxie de l'homicide est liée à la connaissance aussi précise que possible de ces processus.

---

[3] Ce schéma a été repris à R. ALLIER in *Psychologie de la conversion chez les Précivilisés* (Payot, 1930). — Ces idées ont été développées par nous in *Psychologie de l'assassinat*, in *Revue de Droit Pénal et Criminologie* (Février-mars-avril 1935).

CHAPITRE VII

PHYSIONOMIE STATISTIQUE
DU CRIME PASSIONNEL

L'exposé précédent s'efforçait de poser le problème du crime passionnel dans le plan des actes humains. Il s'en faut de beaucoup que chaque crime pris en particulier reproduise l'image abstraite que nous en avons donnée. Les choses sont toujours beaucoup plus sommaires chez le criminel pris individuellement pour la raison que si, chez le criminel authentique, les processus devaient se trouver exactement au niveau écrit, le crime serait probablement impossible ou fort rare.

Il convient maintenant de voir les choses selon les chiffres et les descriptions simples. La partie statistique que nous présentons dans ce chapitre est empruntée au beau travail de Mad. J. Tuerlinckx, assistante sociale à Louvain et intitulé *Passioneele misdaden*[1]. Ces statistiques ont été établies

---

[1] *Passionneele misdaden.* Rechtskundige Tijdschrift voor België, 1935, II, III, V.

d'après les dossiers de 122 cas de la Prison centrale, la plupart de ces cas ayant été étudiés par nous-même.

I. RÉPARTITION DES MOBILES

Les mobiles sont ici décrits selon le langage ordinaire et non selon le langage strictement psychologique.

Sur ces 122 cas, nous trouvons :

35 par motif utilitaire, qui se répartissent comme suit :

Crainte pour son avenir ou sa réputation ; argent . .	4
Intérêt argent et intérêt amoureux combinés	4
Maris ayant tué leur épouse pour épouser leur maîtresse	9
Amants ayant tué le mari de la maîtresse en vue de l'épouser	12
Ayant tué le concubin d'une ancienne maîtresse pour reprendre les relations avec elle	1
Meurtre pour faire plaisir à sa maîtresse (celle-ci ne voulant pas exposer son véritable amant se fit aimer par un débile qu'elle suggestionna facilement)	1

Nous trouvons ensuite :

87 cas par motifs affectifs, répartissables comme suit :

Amour-propre froissé	40 cas
Injustice subie (sentiment d')	21 cas
Vanité excitée	7
Égoïsme (?)	5
Peur d'être ridicule	4
Passion sexuelle (désir à l'état nettement dominant)	2
Obsession pathologique	1
Ivresse (mobile douteux)	3
Mobiles non établis	4

Participation vraiment provoquante de la victime : 21 cas.

II. LE MILIEU

Profession des criminels (en %)

Houilleurs	16,40
Débardeurs	2,46

Ouvriers agricoles   4,09
O/usines   35,25
Matelots   1,64
Colporteurs   4,09
Forains   1,64
Camelots-souteneurs   0,82
Sans profession   4,09
Artisans   6,56
Cultivateurs   6,56
Employés   3,28
Garde-champêtre et gardes   2,46
Commerçants   5,74
Divers   4,09
                                          _____
                                          100.

Tares sociales dans le milieu des criminels passionnels :
104 cas soit 85,25%

Ont été envisagées comme tares sociales : Naissance illégitime. Foyer paternel désuni. Mort de l'un des parents et remariage du survivant alors que le nouveau conjoint repousse l'enfant du premier mariage; alcoolisme des parents; délinquance des parents; frères et sœurs. Défaut d'éducation et éducation extra-familiale, notamment pupilles de l'assistance publique. Abandon moral de l'enfant dans sa première jeunesse, défaut d'instruction; carrière professionnelle débutant avant 10 ans. Instabilité à l'école, à l'armée, dans la profession. Chômage volontaire. Alcoolisme. Débauche notoire. Descendance illégitime. Vagabondage. Passé criminologique. Séparations et violences. Brutalités dans la vie conjugale. Abandon d'enfants. Descendance tarée (délinquance). Misère. *On ne compte comme tare que la réunion d'au moins deux de ces situations.*

Naissances illégitimes des criminels dits d'amour : 12,29 %.

Naissances illégitimes des enfants des criminels d'amour : 14,75 %.

Nombre d'enfants de la famille à laquelle ils appartiennent.

1 enfant	2 cas
2	4
3	9
4	9
5	8
6	6
7	12
8	11
9	9
10	15
11	9
12	4
13	6
14	3
15	3
16	3
17	2
20	1
24	1
Enfants naturels	5
	122

III. LE CRIMINEL

L'âge au moment du crime.

De 16 à 20 ans	3
20 à 25	17
25 à 30	21
30 à 35	27
35 à 40	21
40 à 45	10
45 à 50	10
50 à 55	7
55 à 60	5
60 à 65	1
	122

Le sommet de la courbe se trouvant donc entre 30 et 35 ans.

L'hérédité.

Hérédité névropathique . . . . 10,65 %
Mentale (aliénés) . . . . 18,04 %
Épilepsie . . . . 3,28 %
Tuberculose avérée . . . . 15,58 %
Polylethalité . . . . 15,75 %
Suicide . . . . 2,46 %
Parents consanguins . . . . 1,64 %

(Il n'a été tenu compte que de l'hérédité directe : parents, frères et sœurs, négligeant grands-parents, oncles, cousins).

Délinquance familiale . . . . 21 cas
Hérédité alcoolique (père et mère seulement) 25,40 % des cas.

Passé médical.

Troubles mentaux . . . . 6 cas
Troubles névropathiques . . . . 6 cas
Épilepsie . . . . 2 cas
Tuberculose grave . . . . 3 cas
Traumatismes crâniens (très graves) . . . . . . 3 cas
Alcoolisme à réactions anormales . . . . . . 4 cas
Maladies graves (ou complexes de) . . . . . . 15 cas

Alcoolisme.

Alcoolisme néant . . . . 45,90 %
Criminels alcooliques . . . . 48,36 %
Sans être alcooliques ont bu pour se donner du cran   5,74 %

Scolarité.

Illettrés totaux . . . . 14,74 %
Quasi illettrés . . . . 26,23 %
Imparfaitement lire, écrire et calculer . . . . 22,13 %
Études primaires . . . . 27,06 %
École moyenne . . . . 9,84 %

Intelligence.

L'interprétation des résultats aux tests ne pouvant pas facilement se faire par des lecteurs non avertis, nous nous bornons à signaler que la répartition des courbes d'intelligence pour les assassins en général et les criminels d'amour est sensiblement la même. Elle représente la moyenne des classes sociales auxquelles ils appartiennent. Cinquante pour cent d'entre eux sont inaptes à exercer un métier qui demande un apprentissage réel.

Passé criminel.

Aucune condamnation antérieure . . . .   54,93 %
Criminels ayant relevé du Juge des enfants   . . .   4,92 %
Criminels ayant un casier judiciaire chargé de 1 à 21
    condamnations . . . .   40,16 %
(dans 31 % de ceux-ci le délit est spécifiquement la
violence).

État civil au moment du crime.

Célibataires . . . .   37,70 %
Mariés   . . . .   22,95 %
Mariés et séparés . . . .   25,41 %
Remariés et séparés   . . . .   0,82 %
Divorcés . . . .   0,82 %
Veufs . . . .   5,74 %
Divers   . . . .   2,46 %

Caractères.

43 de nos cas présentent un caractère à tendance schizoïde marquée, notamment sous forme paranoïaque, froideur despotique, brutalité, insensibilité et susceptibilité morbide, puérilisme.

18 cas présentent une véritable cécité morale, incapables d'une préoccupation d'ordre moral.

38 répondent au type de brute primitive.

17 sont des arriérés affectifs, naïfs, puérils suggestionnables. A cette catégorie appartient notamment celui qui tua pour faire plaisir à celle qu'il croyait sa maîtresse.

IV. LA VICTIME

Épouse . . . .   28,69 %
Maîtresse   . . . .   29,51 %
Concubine . . . .   16,39 %

Amant de l'épouse . . . . 0,82 % (1 cas)
Mari de la maîtresse . . . . 9,84 %
Concubin d'une ancienne maîtresse . . . 0,82 %
Amant d'une ancienne concubine . . . . 2,46 %
Rival . . . . 0,82 % (1 cas)
Enfant . . . . 2,46 %
Beaux-enfants . . . . 1,64 %
Fiancé de la fille . . . . 0,82 %
Belle-sœur . . . . 0,82 %
Amie (non maîtresse) . . . . 0,82 %
X . . . . 4,09 %

Il ne faut pas analyser profondément ce tableau pour se rendre compte qu'il n'y a rien de particulièrement courageux dans le choix des victimes.

V. DURÉE DE L'ADAPTATION À L'IDÉE DU CRIME, AVEC TENTATIVES DE SUICIDE CORRESPONDANT À CES DURÉES

Temps d'adaptation de 0 à 3 heures : [2] 26,23 %
Nombre de tentatives de suicide : 19 %
Temps d'adaptation de 3 heures à 15 jours : 39,34 %
Nombre de tentatives de suicide : 21 %
Temps d'adaptation de plus de 15 jours : 32,43 %
Nombre de tentatives de suicide : 7 %

Il est notoire que plus le processus dure longtemps et plus l'on voit les tentatives de suicide diminuer. Nous avons dit ailleurs comment on peut envisager les choses.

VI. L'ARME DU CRIME

Revolver . . . . 61,47 %
Couteau . . . . 13,11 %
Rasoir . . . . 6,56 %
Hache . . . . 4,10 %
Marteau . . . . 3,28 %

[2] Ce temps d'adaptation est compté à partir de l'assentiment formulé. Toute la période précédente, parfois très longue, n'est pas suffisamment consciente pour qu'on puisse en tenir strictement compte.

Poison	1,64 %
Strangulation	1,64 %
Clef	0,82 %
Noyade	0,82 %
Fusil	3,28 %
Pistolet	1,64 %
?	1,64 %

VII. LE SUICIDE

Ayant eu l'idée de suicide . . . . 35 %
Ayant passé à l'acte . . . . 15,57 %
Ce chiffre de 15,57 % se rapproche tout à fait de celui de Levy-Valensy : 16 %. Il est inférieur aux chiffres donnés par Ferri; 30 %.

Telles sont les données que nous révèlent la mise en statistiques simples, les observations objectives faites autour du crime passionnel. Il faut bien reconnaître que nous ne nous trouvons pas devant une élite.

CHAPITRE VIII

UN CRIME PASSIONNEL

Dans la seconde moitié de la nuit, Niosmeip vint se présenter à la police :

— « Il y a déjà une demi-heure que je vous cherche, dit-il. J'ai gagné. Oui, j'ai été également atteint, mais je tire quand même mieux que lui. J'ai fait cela pour me venger... »

Sous la porte, chez sa sœur, il avait glissé un papier : je l'ai tuée cette sale p... et il avait signé.

Au juge d'instruction il déclara qu'il n'avait aucun regret de ce qu'il avait fait. Cette femme, ajoutait-il, a ce qu'elle mérite. Elle n'a pas encore assez. J'aurais voulu la tuer. C'est dommage qu'elle ne soit pas morte.

Lorsque, quelques jours plus tard, le juge vint lui annoncer le décès de sa victime, il répondit :

— J'avais bien pensé qu'elle mourrait.

Comme le magistrat lui faisait observer que ce décès

aggravait sa situation il répliqua encore : — « Pour moi deux ans de prison ou toute ma vie c'est la même chose ».

Il avoua alors des choses qu'on ne connaissait pas et notamment que quelques mois plus tôt, de complicité avec la femme qu'il venait d'abattre au fusil, il avait voulu faire disparaître le mari...

Les faits qu'il avait commis peuvent se résumer comme suit. Il était l'amant d'une voisine. Célibataire, il avait même pris sa pension chez elle pendant un certain temps. Mais depuis un moment les relations se refroidissaient. La voisine était jalouse. Elle menaça son ami, s'il l'abandonnait, de dénoncer à la police les nombreux attentats à la pudeur qu'il avait perpétrés sur ses enfants à elle, ainsi que sur ses propres sœurs. Néanmoins les relations ne reprirent pas. Lorsque le meurtrier apprit, par sa convocation à la police, qu'elle avait mis son projet à exécution, il réalisa aussitôt les menaces qu'il lui avait faites. Il se cacha dans son jardin le soir, armé d'un fusil et fit du bruit. Le chien se mit à aboyer. Elle sortit pour voir ce qui se passait et fut abattue à bout portant. Elle devait mourir quelques jours plus tard. Le mari venu au secours de sa femme, voulut tirer lui aussi. Il réussit à blesser légèrement le meurtrier après avoir, par extraordinaire, échappé au second coup de feu de l'assassin.

Dans ses déclarations à la police, la vantardise puérile au sujet de son agilité et de son adresse évoquent un grossier complexe d'infériorité, tandis que son indifférence pour la longueur de la peine, révélée chez le juge d'Instruction mettent en évidence le désespoir du coupable, le désintérêt momentané du moins, au sujet de sa personne. Aussi allons-nous nous efforcer de connaître un peu mieux cette personnalité criminelle.

I

Ce qui frappe, au premier abord, lorsqu'on s'occupe de lui c'est son air timide, compassé, honteux. Il ne regarde jamais en face et se borne à lancer de temps à autre un coup d'œil furtif vers son interlocuteur. Il parle peu, presque par monosyllabes et, en tout cas, ne forme jamais de phrases compliquées. Après chaque réponse il laisse tomber la conversation. Il a l'air malheureux et passif. Malgré les efforts qu'on peut faire on n'entre pas en contact affectif avec lui : il reste et s'obstine à rester tout à fait étranger. Au premier coup d'œil on diagnostique une personnalité schizoïde. Mais sa timidité est tellement prononcée, sa voix tellement monotone et si peu apte à communiquer la vie qu'on se rend compte qu'il s'agit sans doute de bien autre chose qu'un tempérament excessivement marqué et qu'il y a des éléments gravement pathologiques en jeu.

Avant même que nous sachions quoi que ce soit de son hérédité et de son passé médical, il nous a révélé, par bribes et morceaux, le drame de sa vie. Il est heureux ici en prison. Il n'a jamais été si heureux. Il n'a plus à vivre avec les autres. Parce que c'est là le poison de son existence : il se rend compte qu'il n'est pas comme les autres, qu'il ne sera jamais comme eux. Il ne sait pas vivre avec les autres, ni communiquer, ni parler. Il se demande comment les autres peuvent se tirer d'affaire. Lui est seul, restera toujours seul et la vie en société lui est si lourde que l'isolement cellulaire lui est une sorte de félicité. D'ailleurs personne ne l'aime. On se moque de lui. Il n'osait pas entrer dans un estaminet. Il n'a jamais eu de camarade de son âge, n'a jamais eu d'ami. Il ne sait pas parler, n'a rien à dire, ne sait pas se manifester. Mais il est terriblement conscient de cette infirmité. Il songe aux moyens d'en sortir.

Dans le dossier, l'on trouve une photographie datant de son service militaire. On ne le reconnaît d'abord pas. Il s'agit d'un beau jeune homme, l'air conquérant et vêtu d'un costume d'officier. Lui le souffre-douleur de sa compagnie, le rebuté, emporte de son service militaire un beau souvenir. Il a profité du costume d'officier que le photographe fait revêtir à ses clients que le simple costume kaki ne satisfait pas. Il se tient bien, sourit comme un jeune premier et, de voir ce portrait, l'on songe à l'abîme qui sépare, chez ce jeune homme, ce qu'il est de ce qu'il voudrait être.

Quand on lui parle de cette photo, il sourit en rougissant. Mais les larmes ne tardent pas à reparaître, dès la moindre allusion à ce que fut sa vie réelle.

Le dossier le décrit comme un monstre. En fait, il faut bien reconnaître que les faits sont d'une exceptionnelle gravité et dénotent une capacité criminelle peu commune.

L'instruction révéla qu'en dehors du crime commis et de la tentative criminelle antérieure sur le mari de sa maîtresse le prévenu avait commis une série de fautes sexuelles graves. Il avait, âgé de 19 ans, violé sa sœur alors âgée de moins de 14 ans. Les faits s'étaient répétés une quinzaine de fois. Il avait été initié au préalable, déclare-t-il, par sa sœur aînée. De plus, pendant qu'il habitait chez sa maîtresse il avait corrompu les enfants, fils et filles. De nombreux délits sexuels avaient été commis sur les garçons et un viol sur une des filles, âgée de moins de 12 ans.

Sa maîtresse était d'ailleurs au courant de ces faits : elle n'avait rien dit, parce que le prévenu logeait chez elle et lui remettait son salaire. Le mari était au courant à la fois des histoires des enfants et de la liaison de sa femme; mais il se taisait également, par esprit de lucre. La victime on le voit était d'un niveau moral probablement inférieur encore à celui de son assassin.

Nous avons choisi ce cas, parce qu'à lui seul comme nous

allons le voir, il explique bien des choses et aussi parce que le coupable, chose assez rare en prison, présente un ensemble de phénomènes qui s'apparentent au sentiment de culpabilité. Ce sentiment de culpabilité semble du reste avoir existé avant l'entrée en prison et à ce titre il nous intéresse davantage encore.

II

Le père du détenu est un illettré total, irritable et brutal. En ces dernières années il est resté stable au travail. Mais dans sa jeunesse par suite du décès prématuré de la mère il vagabonda et fut envoyé à Ruysselede.

La mère est une femme assez sympathique, bornée et émotive. Le grand-père paternel avait été un buveur et avait été la cause directe de la déchéance totale de sa famille. Parmi les 6 frères et sœurs du père, nous rencontrons : un buveur brutal et violent ayant un enfant sourd-muet; un autre modérément buveur; un troisième grand buveur; un quatrième moyennement buveur mort jeune de tuberculose; des deux sœurs l'une est morte de tuberculose.

La mère n'eut qu'une sœur. Elle avait épousé un alcoolique et eut 19 enfants dont 8 moururent en leur première année.

Le détenu a sept frères et sœurs. Tous ont *uriné* au lit au moins jusqu'à leur 15e année. L'un, Frans, eut des convulsions extrêmement graves. Louise eut des convulsions et est somnambule. Colette eut de graves convulsions; elle est placide, communique peu et est *hypersensible*. Son ménage est bien tenu. Élisa eut des convulsions et fut victime de son frère, victime volontaire (au dire du prévenu, car elle aurait été son initiatrice, à l'âge de 19 ans). Celle-ci est de caractère jovial et gai, à l'inverse de tous les autres qui sont sombres et pensifs.

Gérard eut des convulsions et boit énormément.

Albert ressemble beaucoup au détenu. Il ne fit pas de convulsions, mais fut renvoyé de l'armée parce qu'il urinait au lit. Il y a « quelque chose de triste » sur lui.

Blanche, assez volage, fut la victime de son frère également.

Cette descendance est donc gravement marquée par l'alcoolisme. On se représente difficilement une maisonnée plus misérable.

Le détenu paraît bien avoir été le plus atteint. A l'âge de quatre ans il ne parlait pas encore ; on le crut sourd-muet. Il eut des convulsions. Jusqu'à 7 ans, il présenta du gâtisme total la nuit et continua d'uriner au lit jusqu'à 15 ans.

Il ne parlait pas et restait toujours dans son coin. A l'école gardienne on le punissait parce qu'il ne voulait pas répondre. Il paraissait bouder et fuyait la compagnie des autres. Plus tard il fit souvent l'école buissonnière, mais parvint cependant à apprendre à lire et à écrire. Jamais il ne put apprendre à calculer. A quatorze ans on le mit aide jardinier. Il était silencieux et passif, peu courageux. Il fut soldat et son service fut assez pénible. Son isolement était complet. Revenu du service militaire, il travailla comme manœuvre. Il remettait son salaire à sa mère, qui lui donnait 25 francs d'argent de poche par semaine. Quand il alla plus tard habiter chez sa maîtresse, il lui remettait également tout son argent. Celle-ci lui rendait aussi de l'argent de poche, mais moins que la mère...

Ni pendant son enfance, ni pendant son temps d'école, ni comme jardinier, ni comme soldat, ni plus tard comme manœuvre, ni chez lui, ni au-dehors il ne put entrer en communication avec personne. Il resta toujours solitaire, incapable de se mêler aux autres, souffrant de plus en plus de son état et se convainquant de plus en plus de son impuissance à en sortir.

Il restait de préférence à la maison; lisait de petits livres de lecture; et sa distraction était, même après son service militaire, de jouer avec les enfants du voisinage. Il était à l'aise avec eux. Sa seule relation avec une personne adulte était le vieux patron d'un café voisin, où le prévenu se rendait lorsqu'il était sûr de ne rencontrer personne. Il jouait alors au billard avec le « baes ».

C'est à l'âge de 19 ans qu'il a commencé avec sa sœur aînée qui, dit-il, lui avait demandé. Lui-même pratiquait l'onanisme, parfois biquotidien, au moins depuis la puberté. A l'âge de 20 ans il a commencé avec la sœur de 14 ans. Cela a duré six mois. A l'âge de 24 ans il a commencé avec sa voisine : c'est elle qui le lui a demandé. Mais tous deux en avaient le désir depuis longtemps. Il est allé habiter chez cette femme et malgré ses parents il y resta un an. C'était la maison la plus proche de la sienne. Puis il revint chez lui, tout en continuant à avoir des relations avec sa maîtresse. Mais il ne lui remettait plus d'argent. Il sortait de moins en moins, croyait que tous se moquaient de lui.

III

La personnalité du coupable est déjà partiellement décrite par ce que nous en avons dit.

Au point de vue intellectuel, on ne peut pas dire que c'est un débile mental. Son attention est bonne. Il s'acharne sur un problème à résoudre et le réussit à la façon d'un homme de son âge. Ceci explique, sans doute, que ses capacités comme ouvrier étaient suffisantes. Vu par les autres il ne passe pas pour bête au point de vue de ses connaissances. Il possède d'ailleurs un certain vocabulaire et les lettres qu'il écrivait à sa victime contiennent bien des réflexions intéressantes. Il lisait beaucoup. Mais, dit-il, ne considérait pas ce qu'il lisait comme pouvant avoir un sens pour la vie réelle. Il employait certaines phrases lues parce qu'elles lui paraissaient de nature à conserver la passion de sa voisine. Il ne croyait pas ce qu'il écrivait.

Il est catholique, mais n'est pas arrivé à la notion de l'être spirituel. Interrogé au sujet de Dieu, il nous répond que c'est un vieil homme avec une grande barbe. Il habite au ciel. Il n'a jamais songé à se demander de quoi il se nourrit. Il ne sait pas non plus s'il va se coucher à la même heure que nous. Que fait-il? Il passe son temps à juger les âmes. Comment fait-il cela? Avec une balance. Est-ce que c'est lourd, une âme? Il ne se l'est jamais demandé.

Toutefois il savait que son onanisme était une faute, de même qu'il s'était confessé de ses attentats sur les enfants. Dans les derniers temps, depuis qu'il avait envie de tuer cette femme il n'allait plus à la communion. Il a peur de l'enfer, quoiqu'on ne puisse savoir exactement ce que cela représente pour lui. On a plutôt l'impression qu'il a peur d'avoir offensé une puissance supérieure et d'avoir à en payer les conséquences d'une manière ou d'une autre. Cela ne dépasse guère l'anxiété.

Au point de vue de son affectivité, la première chose à remarquer c'est que sa participation à la vie affective d'autrui semble réduite à rien. Il éprouve, lui, certains sentiments, mais ceux des autres ne l'ont jamais intéressé. Il ne s'est jamais intéressé qu'à lui-même et aux autres dans la mesure où cela le concernait. Il n'a jamais éprouvé un sentiment de tendresse, ou de remords envers ses victimes. Même pour sa maîtresse, il le dit lui-même, il n'éprouvait aucun sentiment, sinon une certaine répulsion, comme pour les autres d'ailleurs; mais il lui restait attaché au point de vue sexuel.

Dans son enfance il n'avait pas pris conscience de son isolement, et n'en souffrait pas. Il était heureux comme il était. Seulement, peu à peu, il a remarqué qu'il n'avait pas sa place comme tout le monde, dans la société, et cela le fit souffrir. L'entourage et la société le voyaient comme un malheureux, un être légèrement anormal, impuissant, enfantin. On ne le traitait pas comme grande personne. On savait qu'il fuyait les gens et on s'en amusait. Pour les jeunes filles il n'existait pas.

Lui, se représentait les gens hostiles, indifférents, moqueurs. La difficulté de se faire accepter par eux lui paraissait peu à peu insurmontable et surtout depuis que sa maîtresse le menaçait de dévoiler à tous sa culpabilité. Il se rendait compte qu'après cela il serait définitivement dans l'impossibilité de se rattraper jamais. Le monde des adultes était surtout hostile et le problème d'y vivre de plus en plus tragique.

Ses rapports avec le monde vivant se sont donc bornés à des relations affectives superficielles avec des enfants. Il y avait aussi les relations sexuelles; mais elles n'ont pas réussi à le mettre vraiment en relation avec un autre être humain. L'être humain, dans sa vie sexuelle, ne comptait pas. Ceci consacrant l'échec définitif de sa vie affective.

Ses rapports avec la nature, dans laquelle bien des impotents affectifs trouvent une compensation, présentent le même degré de pauvreté. Jardinier, il ne s'intéressa jamais à aucune plante et à aucune fleur. Il ne se souvient pas avoir jamais tenu à un animal. Cette indigence, même dans le domaine de la nature, est assez rare. Il ne sentait pas cette lacune et ne fit jamais rien pour la compenser.

Pour ce qui concerne son sens moral, il est clair que malgré le sentiment de culpabilité qu'il présente, il n'est pas moralement évolué. D'abord, la personnalité d'autrui n'existe pas pour lui ou du moins n'a pas pour lui d'existence totale. En effet, il n'a pas de contact affectif normal avec autrui et dans l'élaboration de sa personnalité, autrui, en tant que participant à son expérience constante, a presque totalement été absent. Que les victimes de ses attentats lui soient moralement indifférentes c'est, dans son cas, une chose qui ne pourrait pas ne pas être. La personnalité d'autrui n'est pas défendue en sa propre personnalité.

Ensuite, les règles du comportement envers autrui ne se sont pas normalement développées par suite de l'insuffisance de sa participation sociale. A l'école, la morale élémentaire du jeu n'a pas eu de prise sur lui et plus tard l'habitude de compter avec autrui, par le fait même qu'il ne connaissait pas autrui, en tant qu'être affectif, n'a jamais pu être prise. Sa représentation de Dieu est ramenable à sa conception du prochain et pourrait servir pour une réédition de *Verts Pâturages*.

Existe-t-il chez lui un moi moral devant lequel il rende compte de ses actions? Nous n'avons aucune raison de le croire. Il tient évidemment une comptabilité des actes tabou qu'il pose; mais nous constatons qu'aucune des actions bonnes ou mauvaises posées par lui n'a jamais servi à l'améliorer ou à lui suggérer de s'améliorer vis-à-vis de soi-même. Cependant la gêne qu'il a devant les autres, son insurmontable timidité, sa tendance à l'anxiété lorsqu'il doit aborder la compagnie des hommes vient à un certain moment lui donner un vif sentiment de honte. Dès qu'il apprit que tout le monde, peut-être, allait connaître les actes qu'il avait commis, il connut aussi leur gravité et, sans en tirer une attitude de remords vraie, il comprit très bien qu'il ne pourrait se relever de ces divulgations. A sa timidité et son anxiété naturelles vint s'ajouter à un moment donné l'angoisse des révélations imminentes. Nous avons étudié longuement le cas; il s'agissait pour nous de savoir si de cette situation était né un sentiment de culpabilité réel entraînant un jugement péjoratif sur soi-même en même temps qu'une attitude de repentir et de meilleure disposition pour l'avenir ou d'un simple sentiment de honte insurmontable, basé en grande partie sur le fait que, déjà si gêné devant autrui, il serait maintenant représenté comme ayant fait les choses les plus inouïes et les plus propres à pousser à leur maximum le jugement considéré comme d'avance si hostile des autres. En fin d'observation, nous avons conclu qu'il existait chez lui un ensemble très important d'anxiété et de honte et que c'est surtout par là qu'il avait pris conscience de sa faute, mais qu'il existait néanmoins une légère ébauche de sentiment de culpabilité vrai, c'est-à-dire entraînant un repentir authentique et le désir de mieux faire. Il nous a paru cependant très clair que l'élément essentiel de ses regrets était constitué des conséquences que leur publicité allait entraîner.

L'homme, au point de vue affectif et moral se débat contre un sentiment croissant d'impuissance et bien qu'il se sente socialement nul il n'a pas encore accepté ce destin. A un moment donné, sa maîtresse va socialement l'achever. Alors apparaît le drame.

Nous en retenons au point de vue de son être moral que le sentiment de culpabilité n'est ici que rudimentaire, qu'il lui est impossible d'avoir une notion même approximative de la gravité des choses commises et que cet homme est socialement un danger grave, étant donné que son sens génital est éveillé et exigeant et que ses activités sexuelles ne sont, dans la structure intime de sa personnalité, contre-balancées par rien. Un signe important de son absence totale (en pratique) de sensibilité morale, réside dans le fait qu'il va s'installer sous le toit d'une maîtresse, à la porte de la maison paternelle, sous le regard des siens, qui savent ce qu'il en est, qui savent qu'il sait que le mari est au courant. Dans ce logement même il est l'ami d'une mère qui est au courant de ses agissements sur ses propres enfants et il continue d'ailleurs ses agissements.

Les conditions nécessaires à l'éclosion d'un crime surgissant, on peut estimer que l'idée criminelle ne peut rencontrer une bien grande résistance.

IV. LES CRIMES

Une chose digne de remarque, chez ce détenu, c'est qu'il a subi deux processus criminogènes différents. Le premier crime qu'il devait commettre n'eut pas lieu. Apparemment ce n'est pas de sa faute, mais il est certain que s'il avait voulu *réellement* le réussir il l'eut réussi.

Vers le mois de décembre 1938 sa maîtresse se dit enceinte ; elle affirmait en outre que son mari savait que ce ne pouvait être de lui et qu'au moment où il découvrirait la chose ce serait un drame épouvantable. Il n'y avait à cela qu'une seule solution : faire disparaître le mari. Il n'admettait pas cela. Elle disait que c'était très simple ; il n'y avait qu'à l'attendre et l'abattre d'un coup de fusil. Puis on l'enterrerait dans le bois. Notons qu'ici, il n'y a pas eu chez le meurtrier de stade d'assentiment inefficace. Celui-ci eut lieu chez la femme. Quand elle fut arrivée elle-même au stade de l'assentiment formulé, elle passa le processus à son amant qu'elle savait faible et suggestionnable. Il n'y avait donc pas eu d'adaptation préalable chez lui et par conséquent, cette idée étant brusquement présentée à sa personnalité devait rencontrer une certaine résistance consciente.

Mais pourquoi la femme voulait-elle supprimer son mari ? L'histoire de la grossesse ne tenait pas debout. En réalité Niosmeip avait rencontré au mois d'août précédent, une autre femme, une jeune fille, nommée Maria. Il lui avait parlé et la femme l'avait vu. Cette conversation avait été banale ; mais il avait remarqué, qu'en sa présence, il causait assez facilement et qu'elle le regardait volontiers. Il avait cru aussitôt qu'elle l'aimait et s'était mis à faire des projets. Il se marierait, serait heureux, en aurait fini avec ces misères. Mais en attendant, il remit à plus tard sa seconde visite, parce qu'il ne savait plus ce qu'il lui dirait, lors d'une nouvelle entrevue. Il lui avait, quelque temps après, passé une déclaration d'amour, sous la porte, et bien qu'elle n'eut pas répondu, il avait très bien vu, sans qu'ils eussent jamais reparlé, qu'elle l'aimait. La femme voulait empêcher cela. Elle avait déjà dit qu'il était bien mieux avec elle qu'avec cette « innocente » et qu'elle ne voulait pas de ce mariage ridicule. La suppression du mari, dans l'âme de la femme, répondait donc au désir de se consacrer Niosmeip pour toujours.

Chose bien caractéristique de son caractère amorphe et sans résistance, c'est au moment où cet homme songe à fonder un foyer et à se refaire une vie, qu'il accepte, par simple passivité, de tuer le mari de sa maîtresse. Les lettres qu'il écrit à cette maîtresse, à cette époque-là, sont du reste toutes pleines de déclarations de bonheur et de félicité.

Il ne voulait pas tuer le mari, principalement parce qu'il avait peur. *Le problème moral ne semble pas s'être posé.* A la fin la femme trouva un stratagème qui devait rendre le crime impunissable. On préparerait un trou d'avance pour enterrer le mari et au-dessus de ce trou on jetterait des débris de verres de façon à laisser croire qu'il s'agissait là d'un trou aux ordures. Cette idée lui parut bonne. Il creusa la fosse, émietta des débris de verre et attendit l'occasion propice.

Il s'en alla donc attendre dans le bois, son hôte et voisin. Il l'attendit deux heures. L'homme ne vint pas.

Quinze jours plus tard, il alla de nouveau se poster en embuscade. L'homme ne vint de nouveau pas, mais cette fois le guet n'avait duré qu'une heure. Enfin huit jours plus tard, nouvelle tentative. Cette fois la patience avait été plus courte encore et l'assassin n'avait attendu qu'une demi-heure. Il espérait d'ailleurs qu'il ne viendrait pas. La femme se fâcha. Puis on ne parla plus de rien.

Niosmeip en dehors de la peur qu'il avait de tirer sur cet homme avait la crainte d'être découvert et de venir en prison. Il ne voulait pas qu'on sache et c'est une des raisons pour laquelle la trouvaille du tas de débris de verre l'avait tellement influencé.

Dans ce cas-ci l'idée criminelle n'était pas vraiment sienne; d'ailleurs il y opposait une certaine résistance intérieure marquée. Il est important de signaler que :

1) le futur criminel prend des précautions nettes pour ne pas être découvert; 2) il présente, dans l'exécution de l'acte les caractéristiques de sa personnalité normale, c'est-à-dire manque d'énergie, manque de volonté, manque de persévérance, influençabilité extrême par autrui. Pour le reste aucun sentiment d'indignité ou de culpabilité.

La femme, elle-même très bas intellectuellement et moralement, avait manqué de psychologie élémentaire et n'avait pas su amener son partenaire au point de saturation criminelle.

C'est alors que s'amorça peu à peu l'ensemble des phénomènes qui devaient amener Niosmeip à un autre crime et qui, cette fois, allait réussir, en grande partie du moins. Les processus y sont grossiers, mais sont ceux qu'on retrouve dans la plupart des cas.

La tentative de la femme pour s'unir N. par un crime et la disparition de son mari avait échoué. La jeune fille, la fiancée à laquelle N. n'avait jamais parlé de mariage, mais à propos de laquelle il échafaudait des projets matrimoniaux était toujours là. La femme essaya alors le chantage. Si N. l'abandonnait elle dirait à tous ce qu'il en était et même elle avertirait la Maria en question. Un jour, N. entendit qu'en public elle et son mari racontaient une partie de ses méfaits. A partir de ce moment-là il se rendit compte que son mariage avec Maria était par terre. A partir d'alors aussi, les idées de suicide se présentèrent à son esprit.

Faisons remarquer que l'idée de suicide apparaît ici, non pas à cause de l'attitude de Maria, qui ne sait rien, mais uniquement parce qu'il ne pourra pas l'avoir. Dans la plupart des cas l'idée de suicide se rapporte en même temps à la femme qui refuse son amour et on voit moins bien que cette idée de suicide est liée aux processus affectivo-instinctifs qui se déroulent à cette occasion et non à une personne déterminée. Cette idée de suicide il ne sait pas la motiver complètement. Ce n'était pas parce qu'il se sentait coupable, mais parce qu'on allait divulguer ses secrets. C'était aussi parce qu'il osait de moins en moins parler aux gens. Parce qu'il était trop malheureux, parce qu'on se moquait de lui, parce qu'il n'aurait jamais rien de la vie. En fait l'idée de suicide était bien là, mais diffuse. L'attitude affective s'y trouvait plus précise et, en avril, la tentative de suicide eut lieu. Il essaya de se tirer une balle de carabine dans la tempe. Il ne fut que sérieusement égratigné et comme il n'avait rien dit à personne il parla d'un accident avec une branche. Mais à sa maîtresse, il se confia, lui montrant le désespoir dans lequel elle l'avait fait tomber et lui demandant de cesser. Celle-ci le soigna, mais ne se laissa nullement fléchir et n'eut pas l'air de prendre cette tentative au tragique.

Notons en passant que ces tentatives de suicide, si elles ne sont pas toujours sérieuses, exercent toujours une influence sur le psychisme de leur auteur. L'homme se rend compte, de par les réactions de la femme, de l'effet que sa disparition éventuelle ferait sur elle, et la plupart du temps cette expérience tourne mal. Le candidat au suicide s'aperçoit qu'on ne le prend pas davantage au sérieux dans ses tentatives de suicide que dans ses déclarations enflammées et voit que si, par malheur, son suicide avait réussi, loin de toucher la victime il n'aurait eu que des résultats insignifiants. Si l'homme s'est blessé, l'émoi de la femme n'est généralement pas suffisant et pour peu que sa tentative de suicide soit doublée d'une tentative de chantage, ce qui est fréquent, il s'aperçoit qu'il a uniquement réussi à être ridicule.

Aussi, en règle quasi absolue, après cette tentative de suicide, le pré-criminel ne récidive pas. Seulement l'attitude de suicide, dont la tentative est une expression, mais non la seule possible, se maintient et précipite une série d'événements où le criminel apparaît sous un tout autre jour. L'attitude-suicide, en effet, le libère partiellement de soi-même. Il ne s'est pas ôté la vie, mais il ne tient plus compte de la vie, ni de l'avenir, ni de tout ce qui l'inhibait jusqu'alors. Le suicide est une libération ; il se libère tout en continuant de vivre et vit pendant un certain temps d'une manière volontairement indifférente à sa protection, à sa conservation. Indifférent à ce qu'il peut advenir de lui, les règles et les défenses n'ont plus de prise sur lui ; la prudence et les précautions ont cessé d'avoir leur raison d'être. Le sujet se crée, sans en être bien conscient, les conditions qu'il faut pour pousser à fond n'importe quel projet, n'importe quelle menace.

En somme, cette psychologie affective réalise spontanément et pour un temps, et d'ailleurs en dehors de la volonté claire du sujet, les conditions qui sont si difficiles à obtenir à froid chez un homme normal pour pousser à fond un projet audacieux, mais désintéressé. C'est ici qu'il faut méditer un instant sur le sens précis que constitue l'acte de faire le sacrifice réel de sa vie, au service d'une entreprise ou au service d'une cause. Si le sacrifice est réellement fait, la puissance du sujet en est centuplée. Mais la difficulté est de le faire réellement. « Accepter la mort » c'est, en réalité, accepter de vivre sans tenir compte de sa vie. La volonté seule en est la plupart du temps incapable. Bref, voici notre pré-criminel qui tout en maintenant son attitude-suicide est guéri de ses tentatives.

Mais quelque chose est maintenant changé en lui. Malheur à la victime éventuelle qui ne s'en rend pas compte! Pour sa maîtresse, il est toujours l'homme puéril et faible, soumis, obéissant et incapable de passer le moins du monde à l'acte. Son suicide même il vient de le rater. Pourtant l'homme instinctif peut désormais se réaliser en lui. Les barrières sont momentanément abaissées. Elles le resteront jusqu'à ce qu'il ait repris le dessus sur son attitude d'auto-destruction.

En mai suivant, il rompt avec sa maîtresse. Celle-ci ne réagit pas, s'imaginant que ce sera comme d'habitude. Le 9 juin il reçoit une lettre de menace de sa bonne amie. Elle le somme de reprendre leurs relations. Il ne répond pas. Cependant, depuis avril, il l'a menacée de mort plusieurs fois. Le 11 juin elle vient le sommer oralement. Il la menace de mort à nouveau. Le 18 et le 24 juin elle introduit une plainte auprès du commissaire pour menaces. Le 26, le prévenu reçoit une convocation pour le commissariat.

Au lieu d'aller à la police il va acheter 10 cartouches. Vers quatre heures il dérobe le fusil de son père et le cache. Vers 22 h 30 il va se cacher dans le jardin et fait aboyer le chien. La femme vient et est blessée mortellement, tandis que le mari n'est pas sérieusement atteint.

Cette fois, il n'essaie pas d'échapper. Son acte paraît justifié à ses yeux et sa vantardise au bureau de police nous éclaire à ce sujet. Interrogé il viendra avouer des choses qu'on ne connaît pas, notamment le projet criminel contre le mari. Il reste encore à ce moment-là indifférent à son avenir. Il atteint, en avouant ce crime, par contrecoup, une nouvelle fois sa victime. Peut-être décharge-t-il lui même sa conscience. Rien cependant ne peut nous laisser croire que cela lui pesait particulièrement. Remarquons que cette fois-ci, contrairement à la première tentative, Niosmeip prépare très bien seul son acte. Il prend seul la résolution d'agir. Il agit selon le plan qui devait primitivement abattre l'homme. Il le réussit du premier coup et trouve bien moyen de faire venir ses victimes au bout de son fusil.

L'affaire est exécutée avec brio et avec une maîtrise qui détonne sur sa personnalité habituelle.

Arrêté, il se comporte comme un homme prêt à expier ses fautes, conscient de son indignité.

Ce n'est que plusieurs mois plus tard, lorsqu'il réalisa qu'il ne tenait nullement à achever sa vie en prison et que l'instinct de vie reprit le dessus qu'il se rendit compte, vis-à-vis de sa personnalité réelle, de la gravité de ce qu'il avait commis; qu'il se rendit compte que sa vie avait totalement échoué, que son sursaut factice, ne l'avait conduit qu'au désastre. Ce n'est qu'alors qu'il redevint possible de recommencer, malgré tout, à envisager avec lui l'avenir.

V. QUELQUES RÉFLEXIONS

Un suicide par amour doit se commettre très tôt après la révélation des motifs qui l'amènent. Si la tentative est connue et ratée (volontairement ou non) elle se transforme assez souvent en projets d'homicide-suicide puis d'homicide seul. L'attitude-suicide, sans suicide, rend cette évolution très facile. Lorsqu'il y a homicide-suicide, par amour, c'est généralement quand peu de temps s'est écoulé entre la révélation du mal et les faits et lorsqu'il n'y a pas encore eu de tentative réelle de suicide.

Ce cas nous pose de multiples problèmes encore. Nous n'en retiendrons que deux. Pourquoi le mari de la victime n'a-t-il pas été assassiné en janvier? Il nous paraît évident que si le meurtrier avait réellement voulu tuer ce mari, il y serait parvenu aussi facilement que pour sa maîtresse. Sans doute il eut suffi que le mari passât à ce moment-là pour que le crime eut lieu. Le meurtrier n'a peut-être vraiment connu une décision suffisante que la première fois qu'il fit le guet. La décision s'est ramenée ensuite à une heure d'attente, puis à une demi-heure. Quelles ont été les raisons exactes qui ont motivé ce raccourcissement de la garde et qui ont fait choisir le moment de la cesser?

Nous verrons plus loin, précisément, un homicide inachevé. L'autre question que nous posons est celle-ci : Cet homme est-il devenu assassin par sentiment de culpabilité? En d'autres termes, se sentant coupable et indigne a-t-il voulu, en poussant l'ignominie jusqu'au bout et en échouant en prison se *punir* d'être ce qu'il était? C'est le point de vue de la psychanalyse [1]. C'est aussi celui que pourraient défendre certains moralistes contemporains [2].

Nous ne le croyons pas. D'abord parce que nous sommes convaincu qu'un sentiment entier de culpabilité n'existe pas chez lui. On ne peut confondre la honte, l'anxiété et le désespoir avec le sentiment intime d'avoir mal agi, vis-à-vis de sa conscience. Ensuite parce que ce qui nous paraît dominer sa personnalité est le ressentiment, celui-ci s'étant d'ailleurs régulièrement traduit dans sa vie sociale, par l'idée qu'on se moque de lui, qu'on le méprise, qu'on lui en veut.

D'un autre côté, s'il paraît indispensable, au point de vue de la vie des sociétés de punir sévèrement de tels individus, qu'on qualifie de monstres, il n'en est pas moins vrai que leur degré réel de responsabilité doit être bien minime.

---

[1] Voir GENIL-PERRIN, *Psychanalyse et Criminalité*. Un volume. Alcan, 1935.

[2] JANKELEVITCH, *La mauvaise conscience*, Alcan, 1930.
Ce sentiment de culpabilité, en tant qu'élément inconscient dirigeant l'activité consciente a été remarquablement exposé par le psychanalyste français Dr René ALLENDY dans : *La Justice Intérieure*. Chez Denoël et Steele. Paris 1931.

CHAPITRE IX

HOMICIDE. — SUICIDE

Beaucoup de crimes passionnels, avons-nous dit, ne s'expliquent que parce qu'un processus-suicide préside à leur évolution. Le crime passionnel utilitaire visant la disparition d'un être gênant a sa raison d'être dans cette disparition même. Il n'a que faire d'idées de suicide. Mais le crime passionnel vrai, acte de vengeance, acte justicier, n'a pas de sens pour ce qui concerne l'avenir. Au contraire, il ne peut se réaliser que si l'on sacrifie cet avenir. Et c'est d'ailleurs la raison pour laquelle il est relativement rare. Mais il est une circonstance qui, par elle-même, supprime la question de l'avenir : l'apparition des idées ou des projets de suicide.

Dans le cas précédent, nous avons pu suivre un de ces processus. Nous avons vu notamment que lorsqu'il y a eu tentative de suicide avant l'idée acceptée de l'homicide, c'est l'homicide qui se réalise par après, à la faveur du suicide moral continuant la tentative ratée.

Psychologiquement nous avons donc l'ordre suivant :

1) suicide par amour [1].

2) tentative de suicide par amour, — s'achevant souvent en homicide.

3) Idées de suicide entraînant par elles-mêmes l'idée homicide et se réalisant (ou souvent se ratant) après l'homicide.

4) Idées de suicide passant insensiblement à l'homicide et réalisant l'homicide sans essai de suicide postérieur, bien que le projet de suicide fût vaguement conservé.

5) Homicide sans évolution préalable appréciable de processus suicide.

Il est courant d'entendre dire et répéter que ceux qui parlent de suicide ne se suicident jamais. Les conceptions populaires envisagent cet aphorisme comme vrai et rien n'est plus nuisible à la prophylaxie du suicide et de l'homicide que des erreurs de ce genre. Il est très vrai de dire que le nombre de personnes dont l'esprit est traversé de temps à autre par des idées de suicide est très élevé (on peut dire que c'est un phénomène normal) mais que les réalisations de suicide dans ces conditions sont infiniment rares. Il est encore vrai de dire que ceux qui parlent de suicide ne sont pas tous intentionnés de se suicider. Mais il est absolument faux de prétendre que des idées de suicide exprimées ne se réalisent habituellement pas. On peut dire, au contraire, que la plupart des suicides sont annoncés. Il ne saurait donc être question de considérer a priori comme comédie et fabulation tout projet de suicide exprimé et il est suprêmement injuste de ne pas accorder à une tentative de suicide, faite par un criminel, l'attention et la charité qu'elle mérite.

Le cas qui va nous retenir concerne Jippol dont nous avons succinctement résumé l'histoire au chapitre deuxième.

---

[1] Nous nous plaçons ici à un tout autre point de vue que SIGHELE dans son étude *L'Evolution du Suicide au crime dans les drames d'amour*. Voir in *L'Omicidia* de ENRICO FERRI, Turin, 1925.

I

Jippol avait vécu deux ans en concubinage avec une certaine Élise, femme d'une inconduite notoire et de mauvaise réputation. Un jour cette femme rencontra un certain D. et partit avec lui pour 7 jours en Normandie. D. n'avait de l'argent que pour 7 jours. Pendant leur absence Jippol voulut acheter un revolver pour mettre fin à ses jours, mais ses compagnons de travail l'en dissuadèrent. La femme revint. Il la reçut sans difficulté et fut même très poli avec le ravisseur. Après quelques jours de reprise de la vie commune, Élise qui avait été battue et violentée depuis deux ans se souvint qu'elle avait un mari, et décida de retourner auprès de lui. Jippol et le mari eurent une entrevue à ce sujet et il fut admis qu'il rendrait au mari l'épouse infidèle. Mais, sur ces entrefaites, Jippol trouva, cachées dans un canapé, les photos du D. en question et en conclut que c'était D. et non son mari qui dominait Élise. L'idée de suicide lui reprit de plus belle; il monta dans sa chambre avec un rasoir en main pour arracher à la femme l'aveu de son amour sous la menace de son suicide. Il voulut, avant de se couper la gorge recevoir un dernier baiser; elle lui refusa. La rage lui prit. Il la saisit par la tête et lui porta un nombre inouï de coups de rasoir qui causèrent une mort immédiate. Puis lui-même s'entailla le cou d'une façon vraiment grave et qui faillit être mortelle également. Un an après les faits, le cou n'est pas encore cicatrisé et l'air filtre encore par de légères fistules à chaque inspiration.

Il était connu comme étant d'une jalousie terrible et les deux femmes qui avaient vécu avec lui l'avaient appris à leurs dépens. Car Jippol avait été marié, mais sa femme avait dû le quitter. Finalement les époux s'étaient séparés.

II

Jippol appartient à une honnête famille ouvrière. L'hérédité est peu caractéristique. On compte cependant une tante « débile mentale », innocente et douce, incapable de parler (Idiotie).

La mère dut garder le lit pendant toute la portée du détenu. Celui-ci, bien que né à terme, ne pesait, à sa naissance, qu'une livre et demie.

De huit à quatorze mois il fit journellement plusieurs accès de convulsions, parfois jusque 15 par jour. A 14 mois, un seul accès dura onze heures.

Il fréquenta l'école primaire de 6 à 14 ans et y apprit les choses essentielles. Il avait toujours eu de grandes difficultés à étudier. A l'école c'était un enfant extraordinairement sage, si bien que ses éducateurs en ont conservé un excellent souvenir. Mais ses camarades de classe ne sont pas de cet avis. Ils l'avaient surnommé le Roussia, faisant forces gamineries, boute-en-train dans le genre mauvaises farces et coutumier de mettre le feu aux berges. La mère s'occupa beaucoup de lui. Il resta enfant de chœur jusqu'à 15 ans.

Il devint apprenti ébéniste et fut un ouvrier quelconque, utilisable, mais ne possédant pas le métier.

Il ne sortait jamais. Mais vers 19 ans, pour une fois, participant à une fête, il y fit la connaissance d'une certaine Elvire de trois ans plus âgée et qui brillait dans une société dramatique. Quelques jours plus rard il s'en fut chez elle et s'y attarda trois jours. La mère le fit reprendre. Déjà, l'on peut juger le genre de femme. Les difficultés commencèrent aussitôt au foyer; rentrées tardives, dépenses excessives, etc.

Quand Elvire fut enceinte, il l'épousa. Dès ce moment, il devint d'une brutalité extrême, la frappant même pendant la grossesse et sa jalousie prit de grandes proportions. Il travaillait peu et la misère régnait au logis. Pour comble, la femme prétendit toujours s'occuper de « dramatique », ce qui aggravait encore les choses. Le ménage était mal tenu. La femme alléguait le manque d'argent, les brutalités du mari, ses aventures avec d'autres femmes. Elle le quitta une première fois pour dix jours après 14 mois de mariage, par crainte de ses brutalités. Elle revint après avoir averti les autorités qu'elle ne supporterait plus ses coups. Il fut mandé au Juge de paix, ce qui naturellement, aggrava la situation. Quelque temps après la femme le quitta à nouveau, cette fois pour 45 jours et enfin, après avoir été menacée au couteau et surtout après qu'une scène au rasoir, dans le genre de celle qui devait arriver plus tard avec la concubine fût esquissée, elle le quitta définitivement.

Deux enfants étaient nés. Ils furent confiés à un Orphelinat; mais lui ne s'occupa jamais d'eux et ne paya jamais leur pension que contraint et forcé.

Jippol habita seul tout un temps et ne tarda pas à rencontrer Élise, épouse séparée sans enfants de C. Ils se mirent en concubinage et le faux ménage fut bientôt célèbre par les scènes de disputes et de violences. Cette femme était d'une inconduite notoire et la jalousie de Jippol trouvait matière à ruminations. Jippol fut mis au ban de sa famille, fut condamné pour complicité d'adultère et répondit à tout cela en se mettant sur la liste communiste aux élections communales. Il n'eut qu'une voix aux élections, la sienne, et même pas celle de sa concubine. Jippol était devenu en même temps président d'une société de boxe, chose dont il était particulièrement fier. La femme Élise fit alors la connaissance de D. Ce fut le voyage en Normandie, écourté faute d'argent et l'on connaît le dénouement.

III. LA PERSONNALITÉ DE JIPPOL

Le récit qu'on vient de lire et qui fixe les principales étapes de la vie de Jippol, avec l'échec terminal, peut paraître assez banal et cette évolution peut paraître à la portée de tout homme tant soit peu vif, emporté et jaloux. Les choses cependant sont très différentes et les tares de la personnalité de Jippol sont graves et multiples.

Nous n'insistons que pour mémoire sur son poids à la naissance, sur les innombrables convulsions qu'il subit dans les premiers mois de son existence. Généralement des crises si nombreuses laissent des traces importantes dans l'affectivité et l'émotivité du sujet. Il n'est pas rare qu'elles en fassent un épileptoïde. Mais l'examen direct de cette personnalité nous permettra un diagnostic plus précis.

L'intelligence de Jippol se montre suffisante s'il s'agit de démêler des éléments concrets ayant pu avoir déjà des rapports avec son expérience. Il est à même de faire un ouvrier ordinaire. Son attention est bizarre. Il ne peut réussir un test que des enfants de 13 et 15 ans réussissent; sa façon de se comporter devant ce test est celle d'un enfant de 9 ans environ. Ceci est grave et dénote un déséquilibre profond de ses fonctions supérieures. De même il ne *peut* pas suivre un raisonnement en plusieurs temps, chose à la portée de tout homme médiocre. Il était connu comme ayant une mauvaise mémoire et en effet il pèche par là, mais le déficit des fonctions d'attention en est partiellement responsable. Il ne se rend pas compte de cette insuffisance et se comporte en pleine assurance sur ses facultés. Il n'imagine d'ailleurs pas un jugement d'autrui péjoratif à son sujet et après le crime, libéré occasionnellement et pour quelques jours lors des événements de mai 1940, il se promenait dans son village sans la moindre gêne.

Les fonctions affectives du détenu sont à étudier particulièrement. Jippol se présente avec assurance, parle bien et haut et la première chose qu'il nous déclare est qu'il est venu expier sa faute dans le travail et la prière... Une telle phrase n'est pas rare en prison. Elle est presque toujours significative d'un tempérament affectivement pauvre, vivant en phrases et en mots.

Puisqu'il se dit catholique, et qu'il expie fervemment sa faute, il nous est loisible de parler de l'âme de sa victime. Celle-ci, elle est morte brusquement, très vraisemblablement en état de péché, de sorte qu'au fait de lui avoir enlevé la vie il a ajouté le mal de l'avoir précipitée en enfer. C'est du moins ce que nous lui suggérons. Tout croyant, mis à sa place, aurait sans doute songé *spontanément* à ce problème. Mais Jippol n'y a pas songé. « Il espère bien », dit-il, « qu'elle est en enfer ; c'est la place qu'elle mérite. »

La pauvreté affective éclate en cette réponse dans ses manifestations les plus intimes.

Comme nous trouvons étrange que ces deux femmes soient parties et aient estimé ne pouvoir vivre avec lui, il répond que c'étaient des femmes incontentables. Comme il est versé dans les choses dramatiques, nous lui demandons si ces femmes furent heureuses avec lui. Jamais, dit-il, on ne demande à sa femme si elle est heureuse. Il est évident qu'elles étaient heureuses. Et la preuve, c'est qu'elles revinrent. Cette question d'ailleurs le renverse. On se rend compte que jamais il n'a douté de soi à ce point. Il était très érotique et pratiquait l'onanisme depuis son jeune âge. Mais sa vie sexuelle est restée purement auto-érotique. La femme n'était pour lui qu'un objet et même pendant les relations sexuelles la participation affective était nulle chez lui.

C'est ainsi qu'il ne peut dire si ces femmes éprouvaient une jouissance sexuelle suffisante avec lui. Il ne s'inquiétait pas de cela et n'a jamais pris garde au reste. Que le problème de la jouissance sexuelle soit double, il n'en était pas plus occupé que de savoir que le problème du bonheur à deux est double. Ces confidences de Jippol sont extrêmement caractéristiques et ne peuvent mieux décrire un stade d'affectivité resté infantile, resté auto-érotique. D'ailleurs, même marié, il continue à pratiquer couramment l'onanisme.

Un tel homme est sensible aux charmes féminins, mais simplement à titre d'excitant érotique et cette excitation reste un phénomène strictement égotiste en ce sens qu'elle ne le fait pas accéder à la personnalité de l'autre.

Ceci nous explique en partie que Jippol, les deux fois, a été sensible à des femmes sexuellement excitantes, leur personnalité réelle et morale n'existant pas pour lui. Pour de tels hommes en effet la personnalité affective d'autrui et particulièrement de la femme n'existe guère.

L'on comprend que, dans la vie à deux, la femme ne soit pour tels amants qu'un objet, ou tout au plus un animal à dresser. Et l'expérience est là qui nous enseigne qu'ils sont maladroits, durs et brutaux, cruels : ils ne communiquent pas.

Une femme est valorisée, dans de tels cas, uniquement pour son sex-appeal. Mais si une revalorisation survient par la suite, c'est en tant qu'objet qui doit se soumettre et obéir. Elle a affaire, cette fois, à un maître sec et sans entrailles.

Cette sécheresse affective se dissimule d'ailleurs assez bien et, par imitation, pas toujours par hypocrisie, ces hommes utilisent le langage affectif. C'est un langage fleuri, ampoulé, un amoncellement verbeux. « Je veux expier dans le travail et la prière » est une de ces formules. Ils les utilisent comme des mots de passe, des talismans, des clefs. Beaucoup de personnes s'y laissent prendre. L'habitude de fréquenter de ces personnages attire très vite l'attention sur le clinquant des mots. Mais il est intéressant de mettre en relief ce vide affectif par quelques petites épreuves.

On lui montre une gravure représentant une femme malade. Elle est visiblement épuisée et il est également visible que le chagrin et la détresse morale sont en grande partie la cause de son état. On a l'impression que son état est très grave; elle pourrait mourir. Assis sur le lit, un homme la regarde. Son attitude est celle d'un homme qui la regarde affectueusement et veut lui être bon en ces moments pénibles. Si on regarde mieux on voit qu'il n'y a peut-être pas de tendresse dans le regard de l'homme et qu'il fait simplement son devoir. On voit aussi que la femme s'en rend compte. Il y a d'ailleurs encore un tas de choses à voir.

Voici ce que Jippol écrit de cette scène, après avoir disposé de la gravure pendant 24 heures.

« Me voici devant une chaumière bien pauvre, aucune richesse apparente, maison où les murs ne sont pas même blanchis, on remarque les briques, enfin délabrement et pauvreté complète, cette photo représente un ménage dont la femme est couchée, malade, triste, pensive, couchée dans un lit, où l'on remarque qu'elle porte des traits de souffrance, de chagrin, les yeux égarés, la bouche ouverte comme pour implorer quelque chose, le mari à son chevet, déconcerté, l'air triste où l'on remarque de la tendresse est là près d'elle pour la réconforter, l'encourager, lui donner des soins, cette photo est très touchante qui montre bien que la fatalité s'est abattue sur une bien pauvre chaumière. » Il intitule le tableau : « *Fatalité* ».

Remarquons qu'il a perçu certains éléments qui devaient pouvoir le mettre sur la voie, mais que néanmoins l'idée d'un drame qui se joue entre les deux personnages lui échappe complètement. Remarquons aussi la description par clichés et formules et le vide affectif du récit.

Une autre gravure, d'une interprétation fine, lui est donnée en même temps; elle permettra de situer le niveau de la première interprétation. Dans cette scène, nous avons affaire à un couple. Il se passe quelque chose de décisif pour les deux, mais on ne sait pas exactement quoi. La femme tient une lettre en mains et cette lettre est le sujet de la conversation. Le sentiment dominant est la défiance. Mais c'est une défiance mêlée d'autre chose. En regardant l'homme on en pourrait pas dire s'il se demande si le contenu de la lettre est bien vrai et s'il doit croire ce qu'elle lui révèle ce qu'il vient de dire ou s'il espère qu'elle va croire. Pour elle, on pourrait se demander la même chose. Mais est-elle en proie au mépris? ou au regret? a-t-elle perdu espoir ou courage? on ne pourrait préciser. Ce qui paraît certain c'est que c'est une heure décisive pour ces personnages et qu'il y a entre ces personnes autres choses que des relations d'affaires. Ont-elles été simulées? cela paraît probable, du moins pour l'un des deux.

Voici ce qu'il en écrit :

« Me voici devant deux personnes très distinguées, lui très bien vêtu, très distinguément, à ce que je vois il est un peu chauvin, elle est très bien vêtue également, très fière, une chevelure avec une permanente très bien arrangée. Pour moi personnellement je les prends pour une actrice, ainsi qu'un acteur, je les vois comme étant en conversation sur une scène, comme si l'actrice raconterait son rôle, à ce que je vois très sérieusement, l'acteur écoute et même prend un air étonné, et même pensif, cette photographie est très bien faite et me paraît artistique ».

Ici, où tout est en nuances, rien n'a été deviné ni perçu. On remarquera la description surtout extérieure, dans les deux cas du reste; par ailleurs la « permanente » de la femme l'attire bien plus que son état d'âme, pourtant si visiblement chargé. Le style déclamatoire et ampoulé est très spécial et se rapproche de celui des déments précoces vidés, des débiles mentaux et des épileptiques.

Cette pauvreté affective, comme nous l'avons vu, n'a pas été améliorée par la vie sexuelle. Il se comporte sexuellement selon le mode narcissique ou onaniste et emporte donc dans l'existence une attitude affective purement auto-érotique. C'est là une notion importante en psychopathologie criminelle. Elle est en effet imposée au sujet. Soit que son affectivité n'a pas subi, organiquement, l'impulsion suffisante pour transformer son auto-érotisme infantile en participation affective réelle avec autrui (cas très fréquent), soit que son onanisme ait inhibé et finalement empêché cette évolution. Comme nous l'avons vu cet auto-érotisme ne joue pas seulement un rôle dans le choix de la femme, mais joue un rôle énorme par la suite. Ce cas spécial de Jippol a une portée universelle. Il est certain en effet que la femme remarque la non-participation réelle de l'homme à sa vie sexuelle, remarque son indifférence pour son être profond et même pour ses manifestations élémentaires. L'état d'insatisfaction est donc la règle. Or, cet état d'insatisfaction qui peut être, et est normalement compensé par la plupart des femmes moyennement honnêtes, ne l'est évidemment pas par des êtres dans le genre de celles choisies par Jippol. La vie sexuelle de ces hommes engendre donc par elle-même, les éléments d'un drame grave et, dans leur cas, difficilement évitable.

D'un autre côté ces auto-érotiques vivent généralement en état de ressentiment (souvenons-nous de son aventure communiste) et sont par ailleurs dominateurs, durs, irrémédiablement convaincus des torts des autres et de leur propre bonté. Si les hommes aiment de se faire adorer, c'est cependant chez eux que cette tendance est poussée au plus loin et c'est une attitude d'adoration qu'ils attendent de l'être aimé. Adoration, c'est-à-dire : signes (extérieurs) de respect, obéissance totale, soumission rapide et indiscutée, passivité approbative en tout. Jippol aimait une femme bien habillée et belle : il voulait que sortant avec elle, elle lui attirât les hommages et l'admiration des autres.

C'est sous ce signe-là que se passe le drame d'amour et c'est ce qui explique que ces êtres inaffectifs tuent par « amour ». En fait, leur auto-érotisme, par le truchement de l'auto-adoration, sacrifie régulièrement le prochain.

IV. LE CRIME

Nous connaissons les éléments essentiels du drame. La tentative de suicide, après le crime, fut une tentative grave et montre que ses menaces de suicide étaient bien réelles. Ce suicide prouve aussi que, finalement, il avait été atteint jusque dans les assises affectives de sa personnalité et qu'il s'agit bien, en l'occurrence, non d'un produit de ruminations purement intellectuelles et volontaires, mais d'un processus instinctivo-affectif entraînant la mise en branle des phénomènes de négation de soi à la faveur desquels des actes entraînant des graves répercussions pour l'avenir (mais pour un avenir qui est mis momentanément hors de question par l'attitude instinctive profonde) sont posés. L'être criminel se donne l'autorisation d'accomplir son acte puisque, quelles qu'en soient les conséquences, il n'aura pas à les subir.

Dans la plupart des cas, cependant, lorsque par l'action homicide, la décharge instinctive a eu lieu, le redressement commence aussitôt à s'opérer, les attitudes normales reprennent le dessus et la tentative de suicide ou bien n'a pas lieu ou bien ne se fait pas avec une volonté entière et l'homme se rate. Le suicide raté, comme l'homicide raté indique manifestement une insuffisance de détermination et c'est pourquoi, psychologiquement, il faut en tenir compte.

Dans le cas qui nous occupe, un élément retient l'attention : c'est la sauvagerie avec laquelle le crime fut perpétré. Cet acharnement sauvage rappelle l'action de l'épileptique ou du dément précoce. En fait, chez certains épileptoïdes comme chez certains hérédo-alcooliques, comme chez certains psychopathes, comme aussi chez les déments précoces ou les schizophrènes, les manifestations de colère et les agressions ont quelque chose de redoutable, d'animal. Animal est bien le mot qu'il faut prononcer. Psychologiquement parlant, les actes de défense du moi, d'agression, les automatismes assurant la réalisation des fonctions vitales, ne sont pas le fait des fonctions cérébrales. Celles-ci ne dirigent que de loin. En réalité c'est le cerveau moyen, le cerveau des grands noyaux de la base que nous partageons avec les vertébrés et les mammifères qui est chargé de la défense de l'organisme. Le rôle de l'écorce cérébrale est d'inhiber les impulsions qui nous viennent de ces régions obscures et violentes.

Les émotions tendent à lever les inhibitions cérébrales et à donner la primauté à ces noyaux ancestraux. Le phénomène s'opère par un processus bien connu : le rétrécissement du champ de la conscience et chacun sait que l'émotion, chez l'homme le plus normal diminue les fonctions de conscience. Or, chez le dégénéré, chez l'épileptoïde, chez le dément précoce, la liaison entre l'écorce cérébrale et les phénomènes de conscience d'une part et le mésencéphale et les phénomènes instinctivo-émotifs d'autre part est particulièrement fragile. Pour une excitation identique, un épileptique présente une émotion plus violente qu'un homme normal, c'est-à-dire que pour une excitation identique la perte de contrôle de l'écorce cérébrale est plus grande chez un épileptique que chez un normal. Dans une situation dramatique, le moindre excitant supplémentaire, qui serait encore dominé chez un homme normal peut déclencher chez un épileptique une obnubilation ou une mise hors de fonction momentanée de la conscience, au cours de laquelle les processus animaux se réaliseront.

Le criminel sait du reste qu'il ne réussira son acte qu'en libérant ses puissances inférieures et on le verra parfois prendre de l'alcool avant de commencer; l'alcool en effet tend à rompre la liaison entre l'écorce cérébrale et les noyaux inférieurs, tend donc à faciliter le mécanisme agressif.

Ceci explique aussi le rôle néfaste de l'alcool chez un individu taré.

Par ailleurs il nous paraît évident que si, plutôt que de ricaner, la victime, voyant le danger, avait essayé d'arranger les choses et de donner éventuellement le baiser de scénario que Jippol demandait, elle vivrait encore.

CHAPITRE X

INFÉRIORITÉ PHYSIQUE

I. LAGARDÈRE

En juin 1930, quelque part dans la région wallonne du pays, un homme de trente-neuf ans, célibataire, employé dans une ferme, massacra la fermière de quelques coups de hache, blessa la servante venue à son secours, et finalement se porta à lui-même quelques égratignures. Le mobile de l'acte n'était pas clair. Il ne pouvait être question de vol. D'autre part, un conflit existait depuis des mois entre le domestique et ses patrons et quoique les faits se fussent déroulés au cours d'une altercation, tout semble démontrer qu'une certaine préméditation avait présidé à la scène.

Le crime fit une grande impression dans la région; et d'autant plus qu'au cours de l'instruction le meurtrier affirma qu'il était l'amant de sa victime et qu'il s'agissait avant tout de jalousie ou du moins de dépit amoureux.

Mais, évidemment, on n'eut pas à s'occuper des histoires de cœur de l'accusé, mais bien de son acte criminel et il fut condamné à vingt ans de travaux forcés.

L'expertise mentale, exécutée par un vieux praticien du parquet, ne crut pas devoir relever d'une manière perceptible que le meurtrier était un petit bossu ni qu'on l'avait surnommé Lagardère. L'expertise concluait à la responsabilité entière du criminel et nous sommes pleinement d'accord avec ces conclusions. Ceci nous met d'autant plus à l'aise pour reprendre le cas, reconstruire la vie de cet homme, constater que le crime est en rapport étroit avec toute cette vie, consacre l'échec de cette existence, et témoigne une insuffisance de compensation d'une infirmité physique. Tous les hommes affligés d'un défaut physique grave ne parviennent pas, comme le héros de Somerset Maugham [1], à sublimer leurs réactions spontanées à toutes les amères situations qu'un tel malheur comporte; un certain nombre se laissent essentiellement subjuguer par un état d'âme particulier et se déforment gravement; quelques-uns même, si les circonstances conspirent quelque peu, finissent par en arriver au crime.

C'est la lointaine genèse de l'acte criminel de Lagardère que nous allons nous efforcer de retrouver.

II. L'HOMME EXTÉRIEUR

Lagardère, surnommé de la sorte depuis son âge d'école et que ses compagnons de travail n'appelaient guère autrement, est un homme de petite taille, sans grande résistance physique apparente, porteur d'une cyphose dorsale de nature

---

[1] *Servitude humaine* de SOMERSET MAUGHAM retrace l'histoire de Philip Carey, affligé d'un pied bot.

probablement tuberculeuse (mal de Pott, subi et consolidé depuis la plus tendre enfance) et qui fait de lui un indiscutable bossu. Les traits de son visage sont assez fins : le regard fixe rarement l'interlocuteur et pour de courts instants seulement. Il n'élève jamais la voix, ne paraît s'émouvoir de rien, et tout indique qu'il se tient sur une méfiante défensive. Il ne cherche guère à attirer la commisération ou la sympathie et quelque chose dans toute son allure semble dire : « Je n'essaie pas, je sais que si je m'imaginais que je puis compter sur les autres ce serait une profonde et nouvelle illusion ».

Mais il ne dit pas cela. Il se borne à répondre poliment et d'une manière très sommaire, ne paraissant pas déceler les mouvements de sympathie envers lui, ni les invitations aux confidences.

A vrai dire, on a beaucoup de peine à se représenter qu'il a pu être un assassin. Tout dans son allure, son langage et ses gestes contredit une telle idée. Mais, cependant, il faut bien se rendre à l'évidence. Il faut bien admettre aussi qu'il ne peut, en fait, y avoir de discordance réelle entre la personnalité foncière de Lagardère et son meurtre.

En règle générale ceux qui l'abordent, avec le souci de le pénétrer et de le connaître lui trouvent un petit air de bravade.

Il s'émeut très facilement lorsqu'on lui parle de sa situation actuelle, en prison; il est d'ailleurs toujours triste. Au début de son incarcération les surveillants sentaient nettement qu'il ne désirait pas de visites; d'un mot poli, mais qui coupait court à tout échange, il terminait l'entretien. Il réagit quand on fait allusion à son vieux père et au chagrin qu'il éprouve de la condamnation de son fils. Il s'attriste visiblement de songer qu'il ne le verra peut-être plus. Mais on remarque assez facilement que son émotivité reste nettement égocentrique : c'est sa propre situation qui possède seule le pouvoir de le toucher à coup sûr. Il pleure alors abondamment, avec violence, sans retenue, sur un mode assez infantile. Au cours de la conversation on remarque encore qu'il est peureux, peureux dans une mesure qu'on ne trouve généralement plus chez un homme de son âge, autre caractère infantile de sa personnalité. D'ailleurs il l'avoue simplement.

Il faut très longtemps pour l'accrocher affectivement; même quand on y réussit l'accrochage est imparfait; on ne sait pas exactement si c'est par pauvreté affective ou si c'est par résistance. Peu à peu on acquiert la certitude qu'il est inhibé par une certaine méfiance, une certaine appréhension à se livrer, par une façon particulière de se comporter vis-à-vis du monde des hommes.

Il s'est pourtant attaché aux siens, participe à leur vie affective, dit beaucoup de bien d'eux et est convaincu à la réciprocité de ces sentiments. Il est étonnamment sûr de n'encourir de leur part aucun blâme pour ce qui est arrivé. Il est même certain que s'ils pouvaient venir subir la peine à sa place ils viendraient le faire. Chose plus importante, il semble bien qu'il l'accepterait. Ici l'enfant gâté — à cause de son infirmité — reparaît. Néanmoins, il faut reconnaître qu'il s'est bien comporté envers les siens. Jusqu'au moment où il quitta sa famille pour suivre sa victime, il remettait tout son argent à son père et se contentait de ce qu'on lui remettait, le dimanche, pour s'amuser quelque peu. Du reste les renseignements recueillis dans son entourage et dans le milieu où il travailla lui sont favorables. Il travaillait régulièrement et assidûment, avait gagné l'estime de ses patrons et de ses compagnons. Il était « bon et serviable », de caractère un peu renfermé et peu communicatif, attitude qu'on attribuait à son infirmité, quoiqu'il ne réagît jamais quand on l'interpellait « Lagardère ». Il faisait partie d'un petit cercle de littérature wallonne dont il était secrétaire, charge qu'il abandonna pour son aventure. Il cachait d'ailleurs soigneusement qu'il entretenait des relations coupables.

Il n'était pas coureur de femmes. Il avait aimé pendant tout un temps une jeune fille, épileptique, mais elle avait d'elle-même rompu. Au point de vue religieux il n'a guère évolué et est resté au stade de magie de la plupart des croyants.

Bien qu'il fut aimé, il n'en passait pas moins dans la population, pour un être quelque peu inférieur, situation qu'il avait d'ailleurs implicitement admise, et qui se manifeste clairement par ce test social : tourner les orgues de Barbarie dans les cafés lors des réjouissances publiques.

Il n'avait d'ailleurs pas osé annoncer chez lui qu'il quittait la maison paternelle et s'était enfui clandestinement; actuellement il compte comme un enfant sur les siens pour le protéger.

De tout temps on remarqua qu'il avait des colères violentes et impulsives, émanant d'une sourde irritabilité.

Sa manière de raisonner a aussi quelque chose d'infantile et le caractère égocentrique est aussi marqué dans son raisonnement que dans sa vie affective. Notamment il n'en est pas encore arrivé à admettre qu'il a mal agi. Il reconnaît bien le caractère criminel et illicite de son acte, mais n'en assume pas la responsabilité intellectuelle. C'est elle, dit-il, qui m'a mené où j'en suis, parce qu'elle m'a trompé, m'a tout fait perdre pour se moquer de moi.

Théoriquement il connaît parfaitement les obligations de la loi morale et du comportement normal, mais pratiquement le ressentiment joue un rôle prédominant dans ses jugements habituels, et déforme complètement sa représentation de la justice, dominée bien plus par l'injustice subie que par un souci d'équité.

Sa notion de l'honneur est en étroit rapport avec son besoin d'approbation familiale ou sociale.

Son sens moral lui permet une parfaite distinction entre les actes graves et les actes banaux. Il s'est rendu compte de la gravité sociale et morale de l'acte qu'il posait et d'ailleurs il commença par présenter des idées de suicide puis essaya divers procédés de vengeance, notamment accusa les fermiers de capter clandestinement du courant électrique, chose qui fut déclarée impossible par le technicien même de la compagnie.

Son grief principal, et qui eut, aux derniers moments, une influence décisive, fut qu'un contrat ayant été fait, oralement entre les fermiers et lui, en vertu duquel, il ne toucherait pas de salaire, mais aurait comme part annuelle un tiers dans l'exploitation, jamais un commencement d'exécution ne fut donné à cet arrangement. De temps à autre on lui donnait cinq francs de pourboire; mais quand il voulait, se voyant floué, qu'on mît par écrit les termes de l'accord, il ne recevait en réponse que dénégations et moqueries.

Comme dans bien des cas de ce genre, le drame d'amour se dénoua à propos d'un conflit d'argent; non pas qu'ici, Lagardère eût agi par avarice, mais parce que cette tromperie, il le sentit nettement, constituait en quelque sorte la preuve, la démonstration qu'il avait été victime d'une exploitation de ses sentiments et que la femme pour laquelle il avait abandonné son milieu familial, et renoncé à un travail qu'il occupait depuis 24 ans, à la satisfaction de tous et par lequel il gagnait bien sa vie, pour venir en fin de compte se faire traiter comme un ouvrier qu'on ne paie même pas, n'avait jamais rien éprouvé pour lui et ne l'avait considéré que comme un être sans importance qu'on peut impunément bafouer.

Même maintenant, après la condamnation, le fait qu'il est condamné à payer 100 000 francs de dommages-intérêts, alors qu'il est pauvre et se voit de la sorte condamné aux travaux forcés même après libération l'empêche de laisser s'apaiser en lui les ressentiments accumulés et de reprendre, devant la vie, une attitude nouvelle. Un désespoir muet, une certitude intérieure d'être une victime de la vie, un refus de céder à de nouvelles illusions restent les traits fondamentaux de sa personnalité.

En résumé, à le voir tel qu'il est, de l'extérieur, ce qui frappe plus particulièrement, c'est un certain infantilisme, dont on ne sait trop s'il est constitutionnel ou s'il est le résultat du handicap apporté à son évolution par son infirmité. Un élément constitutionnel semble indispensable pour expliquer cet état de chose, mais sans doute cette part constitutionnelle est-elle bien minime.

D'autre part, le fait qu'il fut gâté l'a confiné dans une attitude égocentrique, vers laquelle le poussaient d'ailleurs ses réactions inévitables à ses infirmités.

Au demeurant, il existe des milliers d'hommes tirés à cet exemplaire, et cet examen externe ne saurait nous donner vraiment l'enchaînement des phénomènes vécus par lesquels cet inoffensif Lagardère devint un sauvage meurtrier.

III. LA PERSONNALITÉ DE LAGARDÈRE

Le père de Lagardère vit encore. C'est un mineur pensionné d'allure assez sympathique. Il souffre beaucoup de cette condamnation. Une grand-tante paternelle fut colloquée. Mais en dehors de cela l'on ne signale rien ni du côté paternel, ni maternel. Le détenu avait trente-quatre ans lorsqu'il perdit sa mère; il fut le quatrième de sept enfants. Sa gibbosité apparut dès les premières années et une affection oculaire, dont il ne reste pas de traces présentement, lui enleva pratiquement l'usage de la vue entre deux et quatre ans.

En dehors de la lacune grave qu'une telle affection comporte dans la formation du schéma fondamental de la personnalité, on peut supposer à quel point cette cécité et cette gibbosité incitèrent la mère à « gâter » particulièrement cet enfant et à le marquer pour toute son existence d'une tendance égotiste particulière. Les frères et sœurs participèrent à cette gâterie. Le milieu était pauvre, mais honnête et l'entraide y existait.

Il fréquenta l'école de 5 à 13 ans. Un de ses anciens professeurs parle de lui avec éloge. C'était un élève moyen qui ne donna jamais lieu à aucun reproche; il était timide et peureux. Quand ses camarades le poussaient contre le mur et se moquaient de lui, il ne résistait pas et ne se vengeait pas.

En réalité il a conservé de cette période de nombreux souvenirs pénibles et son moi naissant s'est insurgé contre le sort qui lui a été fait. Il a commencé par compenser le mépris qui lui était octroyé par les autres en cherchant à se donner la certitude que moralement il valait autant et plus qu'eux. En même temps il s'efforçait de conserver, dans le foyer familial, la tendresse et la considération qui lui manquaient totalement au-dehors. Il était surtout sensible aux récits type Cendrillon et se les appliquait, sans espoir. Il n'a probablement jamais ouvert son cœur à personne concernant ce pénible état d'âme.

Après l'école il s'engagea dans une usine métallurgique et y travailla sans interruption pendant 24 ans. On y était content de lui. Il ne réagissait pas aux moqueries éventuelles de ses compagnons et reconnaît, d'ailleurs, que c'était plutôt exceptionnellement qu'on se moquait de lui. Évidemment, dit-il, je ne devais pas me sentir touché par quelqu'un qui est assez vil pour se moquer d'un malheureux qui ne peut rien changer à son malheur.

Peu à peu l'injustice de son sort le détourna de toute vie

religieuse active, tandis qu'il constatait avec amertume qu'aucune jeune fille ne le regardait. Il remarquait que s'il avait tendance à s'occuper d'une jeune fille, on souriait plus ou moins, si bien qu'il dut admettre qu'il lui fallait renoncer à aimer et à être aimé. Il lia cependant connaissance avec une femme. Il eut même des rapports sexuels avec elle; mais toute union était impossible. C'était une épileptique. Aucune femme normale, dit-il, n'aurait voulu de moi. Et celle-là aussi, peu à peu, le laissa.

Pendant toute cette période, ses efforts de compensation pour échapper au sentiment de son infériorité sont importants.

Au point de vue social, ils se manifestent par son équilibre au travail, par ses efforts pour prendre une place normale parmi les travailleurs, par sa volonté de se comporter en bon fils.

La sympathie universelle et l'estime qu'avait pour lui son entourage constituent des preuves indéniables qu'il avait réussi jusqu'à un certain point.

Parmi les différents processus employés ou, plus exactement, trouvés pour échapper aux misères sociales que comportait son infirmité, il faut signaler avant tout son aptitude au travail. Étant écolier il travailla toujours assidûment et se fit estimer. Il en fut de même après être sorti de l'école et c'est avec une réelle satisfaction qu'il raconte que, quoique infirme, il gagnait d'aussi bonnes journées que d'autres. Le fait qu'il était parvenu à être traité comme un ouvrier normal joua toujours un grand rôle dans sa vie et constitua dès le début, à ses propres yeux comme aux yeux des autres, un signe tangible, nous oserions presque dire un test, de sa valeur. Cette chose qui va de soi pour tout être bien développé avait aux yeux de Lagardère une valeur particulière; c'était une victoire, une sorte d'obscure revanche sur la vie et ceci est très important à retenir : lorsqu'il verra plus tard

qu'on le traite comme un travailleur de second ordre, suffisamment payé d'un pourboire dérisoire il ressentira l'affront
et le caractère pénible de cette situation avec une intensité
toute particulière.

Une autre caractéristique de sa personnalité est qu'il
apprit très tôt à ne pas réagir aux moqueries. Nous pouvons
croire que, très jeune, il eut une idée assez grande de soi-
même pour ne pas se sentir vraiment amoindri. Peut-être,
ici, la tendresse maternelle intervint-elle. En tout cas, il ne
réagit pas ni à l'école, ni plus tard. Sans doute pouvons-nous
croire que sa faiblesse physique ne lui permettait pas de
bien fortes représailles et que, par ailleurs, son tempérament
peureux ne l'incitait pas aux manifestations dangereuses.
Mais il en est de même pour la plupart des bossus. Ceux-ci
suppléent alors par des réactions de fausse compensation :
ils deviennent ironiques, sarcastiques, observateurs impi-
toyables des travers psychiques d'autrui et acquièrent cette
mentalité spéciale bien connue : ils sont craints pour leur
langue et finissent par retrouver par ce procédé une certaine
supériorité, ou du moins un domaine où affirmer leur moi.
Mais en même temps ils perdent au point de vue de la socia-
bilité et s'ils amusent souvent, ils sont rarement aimés et
estimés.

Lagardère, lui, ne réagissait ni directement ni indirectement et les moqueries ne suscitant jamais de répliques
directes avaient fini par se faire en toute sympathie, seuls
quelques brutaux se livraient de temps à autre à des réflexions
méchantes. Cette absence de réactions apparentes, alors que
chacun sentait confusément qu'il souffrait, avait contribué
également à lui donner l'estime de son entourage. Mais il
est certain que quelques esprits moins délicats ou plus
habitués à l'égoïsme pouvaient finir par croire, qu'au fond,
cela ne lui faisait rien. Son manque absolu de réactions
pouvait être pris, par quelques-uns, pour un manque de

personnalité, de virilité, pour une sorte de malléabilité particulière, et comme l'indication d'un tempérament bon à exploiter. Quant à lui, les efforts qu'il devait accomplir pour ne pas réagir avaient fini par lui conférer une certaine philosophie de la vie basée sur la non-existence probable de mauvaises intentions chez ceux qui le blessaient, sur le peu de valeur morale de ceux qui pouvaient se livrer à un tel plaisir et aussi sur une certaine complaisance vis-à-vis de soi-même, se considérant comme courageux et quasi héroïque de pouvoir se comporter de cette façon. Cette complaisance allait très loin, invisible naturellement à l'entourage, et jusqu'à opposer son cas à l'humanité normale et heureuse.

Extérieurement, tout ce qui pouvait signaler Lagardère, était un petit air de bravade. Non pas de l'insolence, mais la ferme intention de ne pas s'humilier devant l'interlocuteur, n'acceptant ni la pitié, ni les consolations, ni la sympathie exagérée et manifestant nettement qu'il n'avait pas besoin de consolations, ni de charité, et que son infirmité n'avait aucun caractère pénible : il ne s'en apercevait pas, en tout cas, semblait-il dire.

A mesure que la vie avançait, que sa virilité se développait et que le besoin de donner un sens à son existence se faisait sentir, le système dans lequel Lagardère s'était enfermé devenait plus pénible à supporter. La vie sociale lui apparaissait de plus en plus compliquée et sa tendance à l'isolement augmentait.

Cette tendance à l'isolement n'était pas une tendance à fuir tous les hommes; au contraire il lui faut un entourage et une certaine compagnie humaine. Mais elle se manifestait par un besoin de fuir la société telle quelle avec son mélange de rustres et de bonheurs insaisissables.

Son premier essai avait été de se faire une situation à domicile : il avait appris la cordonnerie pendant plusieurs années et possédait son métier quand un ulcère gastrique vint interrompre brutalement ses possibilités d'artisan : celles-ci pouvaient lui apporter l'indépendance et une certaine sécurité. Il continua donc, à contrecœur, son travail à l'usine.

Lorsque plus tard il abandonna l'usine pour aller travailler comme associé dans une ferme, dans un milieu fermé et restreint, entouré d'une certaine sympathie, il faudra, pour comprendre vraiment ce choix qui le mettait en infériorité pécuniaire, se souvenir qu'il avait déjà essayé d'échapper au milieu brutal des ouvriers d'usine, essayé de mettre sa personnalité à l'abri de la vie.

Entretemps il avait trouvé quelques procédés d'évasion. Il faisait notamment partie d'un petit cercle de poètes wallons, où chacun venait chanter ses œuvres ou réciter ses poèmes ou simplement parler de choses et autres. Ce n'était pas un cercle très cultivé. On n'y faisait pas de culture wallonne proprement dite et chacun ne connaissait que ses propres poèmes. Sans doute en est-il ainsi de la plupart des poètes, mais ici on ignorait systématiquement tout ce qui n'était pas le cercle. Lagardère y était secrétaire.

Nous traduisons ici un poème dont il dit être l'auteur et où se révèle, en tout cas, un aspect tragique de personnalité.

SI DJET ST'EU BEL HOME COMME INN'A.
(Si j'étais un bel homme comme il en est).

I

Je ne suis pas celui qui vais venir dire
Comment je vis ; cela se comprend.
On peut tous vivre à sa manière.
A part les ennuis, les tourments
Pour me plaindre je n'ai pas de maladie ;
L'amour ne me cause nul embarras.

Mais il me semble que je passerai une si douce vie
Si j'étais un bel homme comme il y en a.

II

J'aurais bon passer sur la route
En me donnant des airs de luron
On verrait plus d'une femme faire la roue
Disant : voilà monsieur le Baron.
Et pour complaire á cette jolie femme
Je ferais le beau à cette belle-là.
Mais je ne m'abaisserais pas encore pour une reine
Si j'étais un bel homme comme il y en a.

III

On voit souvent des femmes riches
Rechercher un homme d'argent,
Elles veulent accroître leur fortune
Comme si le bonheur était là dedans !
Il m'est libre de dire ce que je pense,
Je ne suis pas celui qui convienne pour cela,
Je vaudrais aussi cher qu'un prince
Si j'étais un bel homme comme il y en a.

Il ne faut vraiment pas forcer l'interprétation pour trouver en ces quelques lignes l'expression de son drame intérieur et l'idée immense que cette situation avait fini par lui donner de soi-même, idée immense développée surtout par le fait de son insurrection contre le monde et par le fait aussi qu'il attribuait tous ses échecs à son défaut physique, ressource ou illusion que ne peuvent avoir les gens physiquement normaux et qui chez lui empêchait la réduction de la représentation qu'il avait de sa valeur. Toutes choses égales, on peut donc dire, qu'en dehors de toute déformation pathologique, on trouve chez Lagardère une véritable hypertrophie de la représentation de soi, hypertrophie en grande partie causée par le fait que, attribuant tous ses échecs à son défaut physique, il échappait aux cruelles mises au point qui sévissent chez toute personnalité normale. Ainsi, les enfants n'attribuent leur impuissance qu'à l'exiguïté de leur taille et ne doutent pas que quand ils seront grands rien ne leur restera impossible.

Dans le cas qui nous occupe, il est très important de signaler ce détail parce que la sensibilité de son moi aux affronts est évidemment proportionnée à l'idée qu'il avait de lui-même et son comportement devait également être influencé par son état d'âme habituel de ne pas considérer ses propres insuffisances. Si l'on veut, son infirmité, lui permettant d'expliquer par elle tous les échecs, l'empêchait et l'empêchera pour le reste de sa vie, de se voir tel qu'il est réellement.

La compensation dans laquelle s'était réfugié notre Lagardère et qui paraît très réussie, si on la compare à celle de la plupart de ses congénères, n'était peut-être, au fond, qu'une fausse compensation. Sous son calme apparent, Lagardère restait, comme beaucoup d'hommes d'ailleurs (qui ne se dévoilent jamais, parce qu'ils n'ont pas le malheur de rencontrer l'événement qui viendrait se mettre au travers de leur existence), en équilibre très instable entre l'adaptation et la rébellion pure et simple.

Par exemple, il nous faut étudier quelque peu sa représentation de la justice, représentation qui joue un si grand rôle dans tous les comportements humains et où viennent s'inscrire toutes les inadaptations latentes.

Il est très important de constater qu'à aucun moment de sa vie Lagardère n'a accepté son infirmité. Il n'a pas trouvé le système, qu'à défaut d'évolution personnelle, un schéma religieux aurait pu lui procurer qui lui fît accepter la résignation et lui fît admettre de se faire une vie au prorata de son être physique; qui parvînt à le pénétrer de cette idée que tout bossu qu'il était, il était susceptible d'une vie non amputée. Il eût fallu que quelqu'un dès ses premières années eût pu lui faire toucher effectivement la nécessité, en vue de son bonheur, de ne pas vivre par rapport à l'image de l'homme qu'il eût rêvé d'être s'il n'avait pas été bossu, mais de vivre par rapport à l'image de ce qu'il pouvait devenir étant bossu.

En réalité le bossu banal, moqueur, sarcastique, humoriste à froid, visiblement susceptible, accepte implicitement, sans en être conscient peut-être, son être physique. Ce n'est pas une compensation très élevée, mais toute fausse qu'elle soit, pratiquement parlant, elle rend des services et évite la nécessité d'une sublimation morale vraiment pénible et vraiment de grande valeur. La ligne suivie par notre Lagardère devait se continuer par une sublimation morale, notamment l'acceptation de son état tel quel, et la reconstruction d'un idéal de vie à ses proportions. L'échec de cette sublimation empoisonnait d'une façon atroce son existence et notamment avait fini par fausser complètement sa notion de justice.

Celle-ci — sans que nous en fassions d'ailleurs une vue exclusive — nous a paru surtout basée sur un état permanent de ressentiment.

Le ressentiment n'est absent d'aucune conscience humaine, même la plus noble, mais lorsqu'il domine complètement une personnalité il arrive à faire d'elle une sorte de monstre moral; mais un monstre moral qui s'ignore et qui alimente ses réactions par les événements de son expérience journalière qui, selon lui, ne le met en contact qu'avec des choses injustes et intolérables. L'attitude de notre Lagardère finit par l'apparenter aux paranoïaques, aux schizoïdes, aux porteurs de complexes d'infériorité. Et d'ailleurs, de ce complexe, il est un exemple typique. La caractéristique de ces notions purement empiriques et personnelles de justice et, en plus, élaborées sous le seul signe du ressentiment, est que le sujet n'a jamais l'impression d'être injuste, mais au contraire vit dans la certitude qu'on n'est jamais juste envers lui; sa notion se réduit à un ensemble de réactions imaginées, espérées ou réelles, et l'idée de devoir en est quasi exclue. Tout ce qu'on peut attendre de lui c'est qu'il ne réagisse pas dans la mesure où on l'offense, si bien que tous ces porteurs de ressentiment, au comportement souvent odieux, vivent dans la certitude qu'ils sont d'une générosité extraordinaire.

Le moment arrive quelquefois où une conjonction d'intérêts et d'événements affectifs vient mettre en jeu toute leur responsabilité et de ce jour-là ils réagissent en justicier. La réaction est à la mesure de l'injure subie, celle-ci étant elle-même à la mesure de la représentation de soi. Or, tout complexe d'infériorité entraîne avec soi une représentation hypertrophique du moi, toute une façade de comportement et d'attitudes qui ne peuvent absolument pas s'écrouler sans que l'être social factice ainsi formé ne s'écroule en même temps. Tous ces surcompensés ont conscience de cette situation et c'est pourquoi tant de crimes de jalousie sont réalisés par les infantiles. Si bien que ce Lagardère inoffensif qu'un couple de rustres égoïstes, ayant confusément senti qu'il était, par certains côtés, exploitable décida de s'attacher comme une sorte de chien domestique, mit fin à l'aventure d'une terrible manière.

IV. LE DRAME

Ce fut à l'âge de 30 ans que Lagardère fit la connaissance de celle qui devait devenir sa victime. C'était la femme d'un ménage voisin, dont le mari était colporteur en aunages et dont les fils travaillaient au-dehors. Cette femme était de 18 ans plus âgée que lui. Elle était maladive (ayant souffert pendant longtemps d'une affection purulente) et sénile. De plus elle était neurasthénique et mélancolique et avait besoin de « distractions ». Tout en le cachant, Lagardère devint, avant de devenir une sorte d'amant, un consolateur; bientôt les sentiments devinrent plus vifs et des habitudes s'établirent. Chaque week-end il partait avec elle, dans une villégiature locale. On s'y baignait; on possédait une tente portative. Le mari, s'il faut en croire Lagardère, était content de voir qu'il parvenait à distraire sa femme, habituellement inconsolable et maussade. D'après Lagardère encore (et ici nous n'avons que son témoignage) cette femme avait un tempérament sexuel étonnant et, d'après lui toujours, le fait de pouvoir faire face à ses exigences indiquait qu'il était vraiment un homme comme il y en avait peu.

Cette femme lui paraissait très au-dessus de lui; il ne cessa jamais de l'appeler Madame. Qu'il fut réellement l'amant de la femme ou qu'il fut simplement un amoureux platonique satisfait d'un regard ou d'une attention, il paraît certain qu'à un moment donné le ménage du colporteur se décida à exploiter les sentiments de Lagardère. Ce ménage reprit une petite ferme et la femme parvint à décider Lagardère de les y accompagner pour travailler. On ferait un contrat, selon lequel il travaillerait à la ferme pendant que le mari colportait et que les deux fils étaient occupés au-dehors; la vie des amants serait facile ou plus simplement il serait en compagnie fréquente de Madame; et il aurait une participation d'un tiers dans les bénéfices.

L'arrangement dut être sérieux, car Lagardère abandonna son travail sûr, donna sa démission du cercle wallon, rompit avec les siens (son père n'approuvait pas une telle chose) et suivit le ménage dans la nouvelle ferme. Il continuait à s'occuper de « Madame » et travaillait régulièrement. Mais l'arrangement restait lettre morte. De temps à autre on lui donnait cinq francs de pourboire ; ses sorties étaient parcimonieusement calculées et, voyant qu'il était floué, Lagardère devint triste et rancunier. A plusieurs reprises il demanda que l'on mît par écrit le contrat, mais on ne répondait qu'évasivement. Quand il vit qu'on se moquait de lui, il patienta encore trois mois, son ressentiment grandissant toujours. On le traitait comme quantité négligeable. A la fin il annonça qu'il partirait. Il espérait manifestement que cette menace suffirait à arranger les choses, mais Madame ne fit rien de sérieux pour le retenir. Deux jours après il menaçait le fils. Le lendemain il voulut apitoyer Madame, mais celle-ci l'engagea plutôt à partir, et à faire ses paquets. C'est ce jour-là qu'elle fut blessée à mort.

Ce drame ne fut pas le produit d'un paroxysme émotif, d'une crise de rage ou d'une jalousie aiguë. La période d'incubation dura de longs mois. Il lui fallut d'abord très longtemps pour être certain qu'on s'était moqué de lui. Le rêve de devenir une sorte de fermier était évidemment très séduisant pour lui, d'autant plus que cette situation le soustrayait au milieu ouvrier.

Dès qu'il s'aperçut de la chose, sa première réaction fut de reprendre son travail à l'usine. Durant les six derniers mois il s'en fut plusieurs fois voir pour retrouver sa place. Mais elle était prise et on n'embauchait plus personne. Il était pratiquement forcé de rester là ne voulant pas retourner à la maison paternelle, qu'il avait abandonnée sans prévenir, et avouer son malheur ridicule. C'est vers cette période, où expira le délai de trois mois qu'il s'était donné, que les choses prirent un aspect aigu et que l'idée de défendre sa personnalité prit corps. Elle commença par de la bravade.

Lui si courageux, cessa de vouloir travailler. Aux champs, il se couchait, se promenait comme un seigneur pendant que les autres travaillaient et disait ironiquement « qu'il était le patron ». On avait dû engager une femme pour travailler à sa place. Maintenant qu'il avait cessé d'être utile il était devenu hautement indésirable. On ne manqua pas de le lui dire.

Devant cette détresse, il songea un moment au suicide. A une période où il croyait encore que la femme était avec lui contre les siens, il lui proposa même un suicide à deux. Elle se moqua de lui. L'idée de vengeance ne se présenta pas d'emblée sous forme d'homicide. Il commença par songer à nuire : dénoncer le colportage frauduleux du patron. Quand on l'arrêta l'on trouva sur lui une carte avertissant la centrale électrique que ses patrons captaient frauduleusement du courant électrique, chose qui fut d'ailleurs trouvée n'être qu'une pure invention.

Certainement on n'avait pas pris ses menaces très au sérieux et quand il remarqua qu'on le laissait partir sans le moindre regret, le caractère cuisant de toute son aventure se fit douloureusement sentir. Alors il revint une dernière fois pour apitoyer « Madame »; il pleura, il supplia. Mais en vain. L'humiliation fut à son comble et comme la femme venait dans sa chambre s'enquérir de ses préparatifs et qu'une scène recommençait, il saisit un tranchet (qu'il avait sinon apporté, du moins repéré) et se mit à en frapper violemment la victime. La servante venue à son secours fut également blessée, mais sans qu'il s'ensuivit de graves conséquences. Enfin il se porta lui-même quelques coups, que l'on décrivit comme des égratignures. L'idée de suicide, s'il l'avait jamais eue sérieusement, s'était évanouie dans la décharge de l'agression.

Cet homicide suivit donc un schéma assez normal, comme on le rencontre chez ceux dont la personnalité morale oppose une résistance sérieuse à l'acte mauvais. Il fallut un paroxysme émotif pour déclencher l'action et, il faut bien l'avouer, une incompréhension rare chez la victime.

Lorsqu'il fut arrêté il prétexta que la victime l'avait menacé et qu'il s'était défendu. Mais il reconnut qu'il avait menti. Le mensonge était d'ailleurs fréquent chez lui, comme chez tous ceux qui vivent retranchés derrière une apparence qui n'est pas leur personnalité réelle et ne se soutiennent qu'en faisant constamment illusion.

La peine grave qu'il encourut termine l'existence active de cet homme. Son crime consacre l'échec définitif de son effort d'adaptation; mais cela, il ne l'a pas encore compris.

De son point de vue, la vie continue à s'acharner contre lui et maintenant il sait que lorsqu'il sera remis en liberté, il lui restera à s'acquitter des 100 000 francs de dommages-intérêts. Pour lui l'injustice perdurera même après les travaux forcés et aucun espoir ne lui est plus permis.

On a voulu le remettre à des travaux plus ou moins artistiques : littérature, peinture, travail du bois. Mais il ne répond que distraitement.

La libération viendra un jour; mais nous ne savons pas s'il se libérera jamais de sa prison de ressentiment.

★ ★ ★

Depuis que ces lignes furent écrites, Lagardère est mort. Il fut le premier détenu à mourir en état d'hypothermie et d'hypoglycémie pendant le terrible hiver 1940-41 à l'établissement où il était en ce moment-là. Il mourut sans avoir attiré l'attention sur lui, placidement, sans avoir rien demandé à personne, ayant conservé jusqu'à la fin son sourire désabusé.

CHAPITRE XI

UN TEMPÉRAMENT PARANOÏAQUE

L'homme dont l'histoire va suivre, n'est pas à proprement parler un cas pathologique. C'est une personnalité dure, autoritaire, orgueilleuse, affectivement pauvre, tyrannique. Son cas illustre assez bien ce que nous avons exposé à propos de la « jalousie de parallaxe », laquelle ne prend généralement d'allure tragique que chez les caractères à prédominance paranoïaque. Un drame célèbre occupa l'opinion publique en 1925. Une grande bourgeoise du Nord de la France tua sa belle-fille, au cours d'une promenade en auto, son fils étant présent, mais nullement complice. Ce fut exactement une histoire à la Mauriac. « Le drame de la Solitude » (du nom du chemin où il se passa) est en rapport avec un amour manifestement incestueux de cette mère pour son fils. Mais cette femme était une « grande » chrétienne et certainement la nature de son affection lui échappait. Le Dʳ Paul Voivenel consacra à cette question un livre qu'il intitula *Les Belles-Mères Tragiques* et qui résume assez bien les conceptions courantes dans ce domaine.

Le crime de Cuycemis n'est pas aussi chargé d'inconscient. Les liens qui tenaient ce père fixé dans une attitude anti-naturelle n'étaient pas difficiles à voir. Et le milieu inférieur où cela se passait appelait les choses par leur nom. Néan-moins le processus criminogène est extrêmement instructif, en même temps qu'il met bien en évidence et la bêtise inouïe des victimes et le comportement d'un petit paranoïaque.

I. LES FAITS

« Il y a 15 ans, l'accusé avait épousé une veuve ayant deux enfants : une fille de trois ans et un petit garçon de deux ans.

Bon travailleur, Cuycemis fut bon père et bon mari jusqu'à 1920.

Vers cette époque, il s'éprit d'un amour malsain pour la petite fille qui avait atteint l'âge de 14 ans. Il se montre d'une jalousie féroce vis-à-vis de tout homme, marié ou non, qui approchait l'enfant.

Il la menace même à plusieurs reprises de mort, la roue de coups, en faisant une réelle martyre. Sa mère fut l'objet de menaces sévères.

Devant cela, l'enfant fut confiée à la grand-mère d'abord ; à l'une de ses tantes ensuite. L'accusé continuait à la pour-suivre de ses assiduités. L'enfant résistait toujours. Quand elle eut atteint l'âge de 18 ans, Cuycemis autorisa les fian-çailles, mais écarta par ses injures et ses brutalités deux jeunes gens qui, l'un après l'autre, avaient été admis à faire leur cour.

La mère, le fils et la fille prirent du travail dans une même usine. Les scènes devinrent d'une violence extrême à partir du 10 avril.

Un jeune homme avait été agréé par la mère; on laisse ignorer son existence au père pour éviter qu'il ne provoque une nouvelle rupture.

L'accusé l'apprend, cesse de travailler, prononce devant le commissaire de police de terribles menaces, achète un revolver, et, le 2 mai, après nouvelles injures et menaces, tire un coup de revolver dans la direction de son beau-fils et le manque; un second coup sur sa belle-fille et la manque; il la suit, la colle contre lui, lui fracasse le crâne et tire un 4e coup dans la poitrine de l'enfant.

Il fit mine de se suicider, puis se plonge dans une citerne dont il sort; puis au moment où la police va l'arrêter, il saute comme un acrobate d'une hauteur de 7 mètres et se brise le bassin. Il est en voie de guérison ».

Crime abominable, qui a comme mobile une passion malsaine qui s'est manifestée pendant 4 ans. Crime longuement prémédité, ajoute le récit du Parquet.

Circonstances atténuantes résultant de toute une vie de travail.

Travaux forcés à perpétuité.

II. L'HOMME

Age au moment du délit : 35 ans.

La naissance et l'enfance de ce coupable furent médicalement normales. Le milieu familial était déplorable. Le père buvait énormément et était considéré comme ivrogne. Le plus grand désordre régnait dans la maison. L'extrême pauvreté était la règle. L'enfant suivait peu ou mal l'école et en sortit à 12 ans complètement illettré. A partir de 12 ans il devient mineur. Il quitte le foyer familial à 15 ans et restera mineur pendant une vingtaine d'années, jusqu'au moment où il fut arrêté.

Il avait travaillé dans plusieurs charbonnages, cherchant toujours à améliorer son salaire et sa situation, et il était devenu finalement chef-mineur.

Pendant la guerre il avait appris à lire avec un voisin, instituteur pensionné.

Il possède une certaine distinction; un visage énergique et fermé. Il est bon de l'étudier dans ses rapports avec ses supérieurs et ses inférieurs.

Les renseignements donnés par ses chefs coïncident presque tous : homme énergique, ouvrier d'élite, sur qui l'on peut compter, à qui l'on peut confier un poste de confiance; correct, à qui on ne trouve rien à reprocher.

Vu par ses inférieurs, c'est différent. Il ne recule devant rien pour faire travailler les ouvriers placés sous ses ordres et recueillir ainsi la bienveillance de ses supérieurs; il les violente même et à tel point qu'un jour les ouvriers se mettront en grève et obtiendront sa révocation.

Certes, tout ceci pourrait encore s'expliquer par son énergie et son désir de bien faire; mais, en approfondissant un peu, on s'aperçoit qu'il s'agit uniquement de satisfaire son besoin de domination, son autocratisme. En effet, sa vie familiale est une reproduction de sa vie sociale. Il commande brutalement, impose ses vues, exige une obéissance d'esclave et dans toute la famille de sa femme et la sienne propre il est considéré comme un vilain individu. Voici du reste un fait qui le décrit assez bien. Quelques années avant son mariage. il avait eu une liaison avec une femme mariée, laquelle avait quitté son mari pour le suivre. Le mari trompé fit quelques timides démarches pour reconquérir sa femme, mais bientôt dut se tenir coi, Cuycemis lui ayant promis « un couteau dans le corps » s'il faisait encore mine de bouger.

Quelqu'un dit de lui que lorsqu'il rentrait quelque part il « jetait un froid ». Ses compagnons de travail se détournaient de lui.

Mais lui n'admet nullement qu'il soit en défaut. C'est parce qu'il est mieux qu'eux, plus honnête, plus travailleur, moins dépensier. Sa menace de mettre un couteau dans le corps n'est rien qu'une manière imagée de menacer et n'est nullement une menace de mort comme on a voulu le comprendre; quant à sa famille elle voudrait vivre terre à terre comme la plupart de ces ménages d'ouvriers qui continuent à vivre dans la crasse tout en ayant l'occasion de s'élever. Lui, il s'était acheté un mobilier de petit bourgeois, il s'était acheté une maison, et naturellement tout cela exigeait certains sacrifices, ce que sa femme et plus tard ses enfants ne supportaient pas.

De là, disait-il, des conflits assez répétés.

« La famille de ma femme ne m'aimait pas; c'est vrai; mais je ne pouvais me mettre à boire avec eux, à dépenser stupidement, à chômer pour aller me promener et j'étais en désaccord parce que j'étais mieux, que je voulais m'élever, qu'on pouvait me reprocher de ne pas être un vrai ouvrier comme les autres, parce que je montais en grade, que j'étais bien vu de mes chefs, que je travaillais quand j'étais au travail, au lieu de fainéanter. Mes conflits avec les ouvriers que je commandais ne venaient pas de moi, mais de leur paresse, de leur mauvais vouloir et de leur mensonge. »

Il est indiscutable que notre Cuycemis n'est pas une brute complète, et qu'il a des idées et des desseins que ne nourrissent pas d'habitude les ouvriers et nous ne serions pas éloignés de croire que son caractère n'est pas si violent ou despotique qu'on ne le dit, si un ingénieur n'avait signalé qu'il s'adressait à son escouade comme s'il s'adressait à des nègres.

Si nous résumons, nous remarquons que vu par le haut, Cuycemis est un sujet d'élite; devant nous-même il apparaît plein d'aspirations et d'ambitions légitimes. Il ne nous le dit pas, mais il n'a jamais eu de tort, ce furent toujours les autres qui se trouvèrent en défaut.

Ce qu'il pense de ses supérieurs ? Un ingénieur est venu le dire : il les méprise. Ainsi son adaptation n'est qu'extérieure.

Et certes, on le voit bien, que la réduction de son moi n'est qu'apparente. Vis-à-vis de ses inférieurs, ce mépris ne traduira pas ce qu'il signifie réellement : orgueil non réduit, despotisme, violence.

Mais tout cela, que nous voyons clairement, Cuycemis l'ignore. Comme nous tous il est prisonnier de sa personnalité ; il ne se voit, ne se juge qu'à travers lui-même, ce lui-même qui s'est lentement élaboré au cours des années et qui approuve son allure parce qu'elle est son œuvre propre. Ses torts ? Si évidents qu'ils soient, il aura beau chercher, il n'en trouvera pas ou si peu. Par contre alors qu'il est, lui, si équitable, combien n'est-on pas injuste envers lui !

Bref, notre criminel, vu de l'intérieur et par ses propres yeux, loin d'être la brute que nous croyons, se juge d'une manière différente : un incompris, une victime même, en tout cas un innocent ; un homme qui non seulement ne fait pas le mal qu'on lui reproche, mais agit comme il le fait parce qu'il peut ou qu'il doit. Il se reprochera même de ne pas faire plus.

Chez notre Cuycemis cette attitude paranoïaque « seul ayant toujours et en tout raison contre tous » est bien marquée. Il faut bien le dire, son ascension sociale, la bonne opinion que ses chefs ont de lui, toutes choses dont il s'aperçoit évidemment, ne font qu'achever de lui démontrer, qu'il est réellement intelligent et qu'il a la plupart du temps une meilleure façon de voir les choses que ceux qui l'entourent.

Ceci contribue à l'écarter de son milieu terre à terre et borné ; l'incompréhension ne peut que s'affirmer davantage et il se réalise ainsi en plein milieu familial une sorte d'isolement moral de cet homme, isolement dont nous avons dit précédemment le danger.

Jusqu'alors — 32 ans — Cuycemis a pu faire plier tout le monde autour de lui; on le craint; il est isolé dans son foyer, mais son autocratisme et sa brutalité le rendent maître de tout; il n'a dû employer que rarement la violence et seuls quelques membres de sa famille le savent. Nul n'oserait se révolter contre lui. Mais on ne l'aime pas.

Sa belle-fille grandit. Petite friponne, précocement pubère et très développée physiquement, elle retient, le sachant ou non, l'attention de son beau-père : il s'amourache d'elle. Jamais il n'ira jusqu'à des actes ou des propositions bien nettes, mais tout le monde sent qu'il l'aime, elle la toute première. Il possède en somme une certaine honnêteté. Il ne peut pas tomber brusquement, mais son tempérament absolu, ses attitudes brutales, son mépris d'autrui le dirigent. Sans lui avoir fait des propositions nettes d'inceste, et peut-être même sans qu'il soit décidé à le faire, il ne va pas lâcher cette chose, dont il lui suffit pour la revendiquer qu'il la désire. Il admettra peut-être de ne pas posséder sa fille, il ne se résignera pas à la donner : dans cette lutte entre cette fille passionnée qui fait courir à ses trousses tous les gars des environs et le père qui la désire et qui peut couvrir son attitude par le prétexte de protéger sa moralité, il va certainement se passer des choses graves. L'autorité totale qu'il avait jusque-là va fléchir : il vient de montrer un défaut à la cuirasse. L'insurrection va se déclencher. Et peut-être sera-t-il encore sincère lorsqu'il prétendra qu'il ne désire pas sa fille; chose d'autant plus grave, alors, car son tempérament pourra soutenir franchement cette lutte dans laquelle il se croira injustement attaqué.

III. LE CRIME

Le casier judiciaire de Cuycemis porte quatre condamnations : la première en 1923 pour coups; la seconde : armes prohibées; puis deux pour menaces. Le tout s'espaçant sur deux ans et, chose intéressante, se rapportant à des scènes familiales relatives aux mobiles qui ont déterminé le crime. L'assassinat apparaît donc comme le couronnement d'un travail psychologique commencé au moins deux années auparavant et qui alors déjà avait déterminé l'intervention de la police.

La première condamnation, pour coups, survint à la suite de disputes à propos du degré de liberté qu'il fallait accorder à la gamine, la famille opinant pour lui laisser sa liberté d'action, le père voulant à tout prix l'élever sévèrement. Des coups furent échangés.

Vers cette époque déjà les proches accusaient Cuycemis de rechercher sa fille et celle-ci le traitait couramment de « verrat » dès que le moindre conflit surgissait. La condamnation pour arme prohibée fut prononcée quelques mois plus tard, lorsque la police, le fouillant après une scène de menaces, le trouva porteur d'un revolver non chargé. Il s'agissait uniquement d'intimider, dit notre assassin.

Nous allons maintenant nous efforcer de suivre les différentes étapes.

L'assentiment inefficace. — Il est difficile de préciser le moment où Cuycemis se mit à désirer sa fille. Là aussi il doit s'être passé des choses très complexes, toute une adaptation préalable et ce serait de l'outrecuidance de notre part de vouloir retrouver ce moment. Mais le dossier nous apprend qu'en 1922, *lors d'une scène, il lui déclara qu'il la tuerait si jamais elle courtisait un jeune homme.* Nous pouvons considérer qu'à partir de cette époque, l'idée plus ou moins précise de la mort de son enfant a pénétré dans l'esprit du père. Cette idée évidemment n'est pas admise par lui, elle n'a été à ce moment-là qu'une tendance dessinée dans son psychisme et qui cependant ne le quittera plus. Si l'on dit à ce criminel, qu'à partir de ce moment-là il a commencé à songer à tuer, il ne l'admettra pas et ce sera exact. Certes l'idée de violence, homicide, de mort possible de la fille plutôt que sa perte est entrée en lui; mais elle ne se présente pas comme devant se réaliser. Tout cela est conditionnel : Si tu prends... C'est sans doute même plus un moyen pour s'efforcer de la tenir qu'une menace véritable. Ce n'est pas la décision de tuer qui est prise, mais l'acceptation de la possibilité d'en arriver à le faire. Et c'est ce geste qui clôt définitivement la période d'assentiment inefficace.

Tout honnête homme peut avoir au cours de son existence des pensées semblables; il peut même en arriver à proférer des phrases du même genre, lors d'un paroxysme passionnel. Mais où la faute commence c'est lorsque l'idée étant devenue suffisamment claire, elle n'est pas chassée et refoulée immédiatement. Pour la plupart des personnes chez lesquelles de telles idées surgiraient, ce serait l'occasion d'un redressement immédiat, d'un recul de l'idée coupable. Ici ce ne fut pas le cas.

Nous ne pourrions pas suivre pas à pas les progrès de cette idée homicide. La période qui succède à cette première menace est faite d'indécisions, de demi-essais, d'attitudes peu nettes où le coupable n'était pas sincère avec lui-même et ne peut que très imparfaitement nous renseigner. Il chasse successivement une série d'amoureux, éloigne la jeune fille, va la rechercher, la menace, s'insurge contre les tolérances de sa mère. Des réconciliations surviennent; des rémissions d'assez longue durée même; puis des rechutes. Du reste il s'est déjà exprimé plus librement, a vaguement proposé à sa fille des choses qu'elle s'empresse de divulguer, si vagues soient-elles.

Dans le quartier tout le monde connaît maintenant la passion de Cuycemis. Ses brutalités répétées, alimentées par sa passion refoulée, sont connues de tous. On plaint la famille de devoir supporter un tel individu; on se détourne de lui.

En Cour d'Assises un peu plus tard on viendra dire que la victime était une enfant vraiment exemplaire...

La période d'*assentiment formulé* s'ouvre trois ans plus tard aux Pâques 1925. Trois semaines avant le crime.

Le conflit a pris une allure aiguë. La jeune fille a maintenant 17 ans. Elle s'est un peu assagie. Elle « courtise de nouveau »; mais il semble que cette fois il s'agisse d'une amourette plus sérieuse et Cuycemis s'est borné à recommander à ce jeune homme de se comporter convenablement avec sa fille. Il met certaines conditions à ces fréquentations. On doit lui demander la permission des visites; elles doivent se faire à la maison et ils ne peuvent sortir qu'étant bien accompagnés.

Les conditions ne sont pas respectées, Cuycemis chasse la jeune fille de chez lui. Elle revient après quelque temps, promettant tout ce qu'on demande et assurant d'avoir rompu avec ce jeune homme.

Mais Cuycemis qui se croyait victorieux, les surprend quelques jours plus tard en ville.

Rage. Maintenant toute la famille se moque de lui, réellement. Depuis si longtemps il menace en vain, qu'on est sûr qu'il ne fera rien. Sa fille le traite de lâche, de verrat, le méprise. Sa femme menace de ne plus lui préparer à manger. Il laisse faire : fatalisme de cette période. *Ce sont les autres qui se mettent en tort;* c'est lui qui est sali, vilipendé, ridiculisé, malmené. Sans doute a-t-il vaguement la notion qu'à un moment donné, sa réaction sera légitime et totalement méritée. En tout cas, il faut que l'un ou l'autre disparaisse. Il se tuera, pense-t-il. A moins que... il devra bien se défendre s'il se trouve en danger. La situation est retournée.

Et cette fois l'acte est formulé.

« Il ne peut plus supporter cette vie davantage; il faut que cela finisse. » Peut-être cette crise qui s'ouvrait ainsi, eut-elle fini sans résultat, par une sorte d'accoutumance à cette idée, sans réalisation, si le milieu avait su avoir peur. Mais, par inconscience, on le provoque véritablement.

Son père à lui tombe malade. C'est grave; il est âgé; la mort est envisagée immédiatement comme prochaine et il se rend journellement à la maison paternelle, veille son vieux père, assiste à ses derniers moments. Sans doute espérait-il à la faveur de ce deuil, un mouvement de tendresse ou de pardon. Mais sa femme et sa fille se désintéressent complètement du malade, ne demandent même pas de ses nouvelles, rient quand elles le voient revenir. Elles sortent maintenant beaucoup et profitent du jour de l'enterrement pour revoir l'amoureux. Elles refusent de prendre le deuil; vont au cinéma avant même que le défunt ne soit enterré.

Ici commence véritablement le stade de « *crise* ».

Puisqu'elles ne se sont pas rendues devant la mort, il ne peut rien en attendre. Elles l'ont laissé ainsi dans son isolement, et peut-être inconsciemment, il en profite pour se comparer à elles, apprécier la gravité de leurs torts, légitimer son propre laisser-aller : leur méchanceté est plus forte que lui. *Il a le droit* de désespérer, de se décourager, de cesser d'être lui-même.

Et quelques jours plus tard, lui, l'ouvrier modèle, il cesse tout travail; il se met à boire, à jouer. Lui, l'avare, joue et perd; s'acharne à perdre et gaspille en quelques jours 1800 francs. C'est un équivalent. Il a parlé de suicide : il commence par une sorte de suicide moral devant lequel les siens vont s'épouvanter, se rendre. Du moins le croit-il. Mais on rit.

Sa femme lui dit : tu dépenses tout ? c'est bien tu n'as plus besoin de rentrer ici; on ne te fera plus à manger.

Son suicide moral est raté; son désespoir, simulé ou réel, n'aboutit qu'à le rendre ridicule vis-à-vis des siens. Ceux-ci ne s'inquiètent pas même de savoir s'il souffre. Dix jours avant les faits il va avertir le commissaire qu'il va se passer quelque chose si sa belle-fille ne cesse ses relations. Il joue et perd toujours; le travail ne l'intéresse plus. Le commissaire voit la surexcitation de cet homme, il en a peur. Il fait convoquer la fille et lui dit qu'elle doit prendre garde, qu'il va lui faire un mauvais coup. Elle rit.

Encore six jours de disputes, de formidable tension. Il accompagne sa femme et sa fille à l'usine pour les ennuyer, dit-il. En réalité pour trouver, en dépistant leur rencontre, de quoi alimenter sa rancœur.

La tension augmente toujours. Non seulement on ne plie pas, mais à mesure que les jours passent ses menaces semblent plus vaines, son rôle plus ridicule, son autorité plus nettement perdue.

Trois jours avant le fait : il s'achète un revolver. C'est pour se tuer, il ne se défendra que si on le frappe. Menaces et disputes nouvelles.

Le revolver est maintenant caché dans sa chambre, chargé de 5 balles. La situation est insoluble, à moins qu'une des parties ne cède.

Les scènes continuent; l'argent a fondu dans ses dépenses; il va falloir qu'il se remette au travail ou qu'il en finisse. Le troisième jour après l'achat du revolver, la surexcitation de Cuycemis est à son comble.

Elle aura frappé dans la rue un passant qui ne le connaissait pas. Lui, maintenant va chaque jour attendre sa femme et sa fille à l'usine, mais ne les accompagne pas en rue. Il rentre avant elles et dès qu'elles arrivent il leur reproche d'avoir tardé trop longtemps. On lui répond qu'on ne lui demande pas ce qu'il a fait, qu'il fasse ce que bon lui semble, qu'il est trop gamin pour se tuer; il n'y aura pas à manger pour lui, à moins qu'il ne paie sa table.

Fureur! Il bondit jusque dans la chambre; il en redescend un peu calmé; il n'a pas encore son arme. Mais la dispute reprend de plus belle.

— « On ne lui demande rien ; qu'il se taise ; il n'a plus rien à dire là ! »

— « Puisque tu ne travailles plus, dit sa femme, c'est la dernière fois que tu manges ici... »

Maintenant, doit lui dire sa conscience, la mesure est comble. Cette femme en a dit assez pour démonter n'importe qui ; tout ce qui arrive, arrive par sa faute à elle. Il remonte et redescend avec son revolver en poche. Il va se suicider devant sa femme et sa fille et elles verront ce qu'elles ont fait...

Il rentre ; elles rient. Il s'agite.

— « Nous allons voir » dit-il Mais... on rit toujours ; on rira qu'il se soit suicidé. Il s'arrête, prend des fèves dans l'armoire et les met sur les genoux de sa fille et de sa femme en disant :

« Nous allons voir qui... (on ne comprit pas la fin).Femme et fille avaient secoué leur robe ; les fèves s'éparpillaient à terre dans un éclat de rire.

Alors Cuycemis sortit son revolver. Le jeune fils présent à la scène lui jette une tasse de café à la figure. C'est le déclenchement : un coup part vers le fils qui n'est pas atteint. On se sauve. Il poursuit sa fille, la rattrape, lui prend la tête sous le bras et la tue.

Il veut se loger une balle dans la tête ; mais le coup ne part pas. Il se jette dans une citerne ; elle est dépourvue d'eau et il en sort. Il court s'enfermer dans sa chambre et ne bouge plus.

Quand la police arrivera, il se précipitera par la fenêtre d'une hauteur de sept mètres. Fracture complète du bassin.

Et le gendarme dira qu'il a sauté comme un acrobate.

Quelques considérations

Le caractère incestueux des sentiments de Cuycemis à l'égard de son enfant d'adoption ne fait pas de doute. Étaient-ils tout à fait conscients au commencement du drame ? C'est une chose bien difficile à dire. Devinrent-ils jamais vraiment conscients ? Nous croyons que, malgré le trouble qu'il ressentait, Cuycemis ne perçut jamais le caractère exact et anormal de ses sentiments. La petite avait été valorisée peu à peu. Sans doute son allure délurée et provoquante, probablement esquissée dès le plus jeune âge, avait-elle attiré son attention. Mais rien ne prouve qu'il consentait. Son attraction a pu se manifester uniquement par un souci de veiller sur elle, de la protéger, attitudes naturelles et symboliques à la fois à la faveur desquelles son sentiment pouvait se développer à l'aise. La valorisation de la petite entraînait celle de son éducation, de son avenir. De telles situations, dans le monde des gens normaux et honnêtes sont bien plus répandues qu'on ne le croit. Elles finissent parfois par des aventures incestueuses, mais le plus souvent elles se terminent d'une manière assez naturelle, par usure, par redressement, par effort moral une fois que les choses deviennent assez nettes pour être conscientes. Ici, il est possible que si la petite n'avait pas été aussi précocement mêlée à des aventures sexuelles les sentiments du père se fussent lentement assagis. Mais, à ce père trop attentif, les petites liaisons de la gamine furent l'occasion de revalorisations intenses d'autant plus violentes qu'on pouvait jusqu' un certain point se faire illusion sur leur sens réel. Ici il ne fallait pas un grand effort de ruminations intérieures pour transformer sa jalousie en devoir.

Ceci permit à sa personnalité de se révéler tout entière et de mettre toute sa violence au service de sa secrète attirance. Son moi ne tarda pas à être complètement engagé dans le conflit si bien qu'au drame de la jalousie croissante vint s'ajouter, comme dans bien des cas se passant entre adultes la question de son autorité paternelle, de sa toute-puissance, de la soumission passive des siens. A un moment donné, comme on l'a vu, la question était devenue insoluble.

Les idées de suicide font leur apparition quand les signes de la défaite apparaissent. Le récit des événements qui se succédèrent montre à quel point sa personnalité profonde était ébranlée et l'impulsion que ces idées et attitudes de suicide apportèrent au processus criminogène.

Que la mère et la fille eussent été moyennement intelligentes et tout s'arrangeait. Signalons une fois de plus l'importance qu'il faut attribuer à l'apparition des idées de suicide, réelles ou simulées, au cours d'un conflit où les instincts les plus puissants sont en jeu.

★ ★ ★

Cuycemis est toujours en prison. A l'occasion de l'envoi de colis par sa famille son caractère tyrannique s'est remontré sous son plus beau jour. Ses frères et sœurs sont obligés d'écrire l'adresse comme il le leur enjoint, coller les timbres comme il l'exige, employer la corde qu'il recommande, composer le colis comme il l'indique, — et s'ils ne l'écoutent pas les explications aigres-douces leur tombent.

— Je dois bien les aider, dit-il, ils sont si bons pour moi...

LA SONATE À KREUTZER

I. MENT

Quand Lydia fut guérie, répétant sans comprendre le compliment ironique du médecin, elle raconta à tout le monde qu'elle avait une artère carotide extraordinaire et une trachée-artère qui n'était pas moins remarquable, sans quoi elle aurait été morte au moins quatre fois. Avec une puérile ostentation elle montrait les longues cicatrices qui lui sillonnaient le cou... « Mais cela ne fait rien, ajoutait-elle, je vais me faire faire un corsage montant... »

C'était une ancienne prostituée qui venait de se réconcilier avec l'homme qui avait voulu l'assassiner.

Lorsqu'elle avait pu à nouveau parler, elle avait raconté la scène.

« Je pense qu'il avait voulu me tuer déjà avant ce jour-là. Mais je n'avais pas compris. Il était venu, quand j'étais assise, me caresser doucement dans le cou. Il voulait se rendre compte, sans doute... Ce jour-là, nous étions allés nous reposer comme d'habitude après le dîner. Il me dit : « Mets-toi plutôt à ma place, au bord du lit... » Je me mis à sa place sans trop me demander pourquoi. Il n'y avait vraiment rien entre nous qui pouvait me faire me défier. Une vingtaine de minutes plus tard je fus réveillée par un formidable coup sur la tête. Avant que j'aie pu me rendre compte que c'était avec une hache qu'il m'avait frappée, voici qu'il m'attaquait avec un rasoir. Je reçus deux grandes entailles au cou. Je parvins à fuir de la chambre, essayai d'appeler au secours; il me poursuivait continuant de taillader.

Finalement je parvins au-dehors et, devant l'intervention des voisins il me lâcha...

Pendant tout ce temps il n'avait pas prononcé un mot. Il était taciturne et de mauvaise humeur depuis tout un temps, mais il n'y avait pas eu la moindre scène entre nous. »

Sitôt après les faits Ment était monté au grenier et, dit-il, avait voulu se pendre. Mais il ne parvint pas à faire basculer la chaise qui devait le laisser dans le vide. De plus on constata que le clou auquel la corde était suspendue se trouvait à une hauteur de 1,60 m seulement. Les traces de pendaison qu'il voulut montrer ne convainquirent personne.

Il fut arrêté chez lui quelques instants plus tard et commença par dire que sa femme lui avait volé ce qu'il lui restait d'argent, soit 26 000 francs. Puis il ne maintint pas cette affirmation. L'instruction fut dans le plus grand embarras pour établir les mobiles du crime.

On eut compris qu'il eut assassiné sa première femme, avec laquelle il n'avait cessé de se battre et de se montrer brutal et inhumain. Mais de sa conduite envers cette seconde épouse il n'y avait rien à dire. Il avait été parfait. Mais on le savait jaloux.

En tout cas, la préméditation fut nettement établie. La hache et le rasoir étaient neufs. Il les avait depuis quelques mois et n'en avait aucunement besoin. Il se rasait depuis 20 ans avec un Gillette. Le rasoir était préparé de telle sorte qu'il ne pouvait se refermer sur la main. Hache et rasoir étaient cachés dans la chambre même des époux.

Lydia, de son côté, s'est rapidement réconciliée avec lui. Elle ne lui en veut pas. C'est une femme bizarre et loquace.

II. L'HOMME

Ment est l'aîné de quatre enfants. Il appartient à une famille de la petite bourgeoisie honorablement connue. Mais un oncle paternel était un débile du type sot. Il vivait en parasite dans le ménage et jouait les orgues de Barbarie dans les kermesses. Le ménage des parents était uni : les enfants reçurent, à la maison, une éducation convenable.

Dès l'école, Ment se comporta d'une manière bizarre. Il suivait mal les leçons et reconnaît lui-même qu'il apprenait difficilement. Son niveau intellectuel d'adulte est d'ailleurs à peine supérieur à celui d'un débile mental.

Il fréquenta l'école jusqu'à 17 ans; son instruction est restée tout à fait rudimentaire.

Son temps d'école se fit remarquer par autre chose : il n'eut jamais de camarade, vivait seul et tous l'évitaient. On le considérait comme hypocrite et « mauvais plaisant ». Il était rapporteur et même calomniait ses compagnons. On ne le considérait pas comme normal. On cite le fait que lorsque les enfants quittaient l'école en groupe, il ne se mêlait pas au groupe, mais courait au trot, sautant comme un cheval.

En passant auprès des autres il jetait casquettes et chapeaux dans les flaques d'eau et réussissait à fuir.

Sa conduite ne fut pas bonne et très tôt il se mit à boire et à s'amuser. Il avait été le préféré de la mère.

A trente ans il épousa une jeune fille convenable (il était alors encore chez ses parents) dont les parents exploitaient une boucherie. En 1914, parti en France avec elle, il y fit le wattman. Après la guerre, il ouvrit un commerce de charbon. Il n'avait aucune aptitude pour le commerce, mais n'avait non plus la moindre notion de son insuffisance mentale. Il défendit à sa femme de se mêler du commerce. Il y perdit son argent. Le père dut venir en aide au ménage. Lui, passait le plus clair de son temps au café. Un peu plus tard la femme ouvrit elle-même une pension. Ment n'avait aucun contrôle sur l'argent, ce qui le rendit plus difficile et plus brutal encore. La femme remboursa les dettes contractées par son mari.

Cette première femme eut une vie malheureuse. Ment était brutal, violent, batailleur, inhumain. Il se montrait, en plus, rusé, dissimulé et fourbe. Après 24 ans de mariage, la femme mourut. Elle avait eu, de lui, un fils et une fille.

Trois ans plus tard, Ment, âgé de 58 ans, épousa Lydia qui en avait 39. Cette Lydia était connue de tous comme une prostituée et il fut manifeste qu'elle épousait Ment pour sa situation financière. Ment ne parlait pas beaucoup. Sa première femme avait mis un peu d'argent de côté; il passait pour riche.

Avant le mariage, les disputes furent fréquentes entre les amoureux. Tout le monde savait qu'après ces disputes Ment faisait quelque cadeau et que tout rentrait dans l'ordre. Une fois mariés, les choses, contre toute attente, s'améliorèrent. Il était aussi prévenant avec elle qu'il avait été brutal avec sa première femme. Il comblait Lydia de cadeaux et, d'après ses propres dires, satisfaisait tous ses désirs.

Ment exploita une pension de famille. Mais la femme ne travaillait pas. Il faisait sale dans la maison; la clientèle devint rare et l'argent fondit peu à peu dans cette entreprise. Néanmoins jamais Ment ne dit mot de ses embarras financiers. La femme imaginait qu'on pouvait continuer de la sorte. Ils sortaient tous deux le soir et visitaient les cafés. Mais il ne la laissait pas sortir seule. Chez lui il enfermait tout à clef.

Bien qu'il ne fît pas de scènes, on le sentait irritable et jaloux. C'est quatre mois avant les faits qu'il acheta la hache et le rasoir. La femme ne sut rien de ces achats qu'il cacha dans la chambre à coucher. Les deux derniers mois il était plus taciturne, plus difficile, mais sans qu'il y eut de quoi s'inquiéter.

Pratiquement nous avons affaire à un insuffisant mental léger mais dont la caractéristique dominante est le déficit affectif. Celui-ci se manifeste à la fois par son isolement moral et son indifférence absolue pour autrui et par son tempérament despotique, cruel, dominateur. L'alcoolisme et le dévergondage qui le caractérisaient rentrent, chez lui, dans le groupe des manifestations auto-érotiques.

On peut le caractériser en disant : légère insuffisance mentale, tendances paranoïaques nettes.

III. LE DRAME

Il connaissait Lydia depuis longtemps. Il ne pouvait avoir aucune illusion à son sujet. Elle dut lui plaire, à la fois par ses aptitudes sexuelles et ses manières gentilles. Tout le monde savait qu'elle guignait son argent et peut-être le savait-il mieux que personne, mais elle fut réellement quelque chose pour lui. Il ne l'aime pas; il lui eut été impossible d'aimer qui que ce soit, mais il tint à se l'approprier. Il était heureux avec elle. Pour lui le monde avait toujours été maussade. Elle, par métier, compensait distraitement la pauvreté affective de Ment.

Il prit soin de laisser croire qu'il était plus riche qu'il ne l'était en fait et Lydia entrevit une fin de carrière honorable, l'aisance assurée dans la paresse et le laisser-aller.

Bien qu'il fut beaucoup plus âgé qu'elle il ne craignait pas de la perdre. Je savais, dit-il, que je ne la perdrais pas. Du reste, il ne se bornait pas à la séquestrer, en échange de la liberté qu'il lui prenait et de la surveillance qu'il exerçait sur elle, il lui offrait de beaux cadeaux et lui achetait tout ce qu'elle désirait. Le soir, il lui donnait, en sa compagnie, l'occasion de se saouler un peu, chose qui lui eut beaucoup manqué si Ment s'y était opposé.

En fait, elle était pour lui un objet. Jamais il ne se posa la question de son bonheur à elle : il n'était pas nécessaire qu'elle fût heureuse pour qu'il aimât de la conserver. Cadeaux, séquestration dorée, alcool; elle pouvait s'en accommoder. Au point de vue sexuel, il est très réticent. Il est probable que là, il se posait une question grave et qu'il savait comment tôt ou tard elle serait résolue.

Mais il avait décidé « que tôt ou tard » n'arriverait pas. Et pendant qu'elle le croyait bien à lui, et sans doute appréciait qu'il vînt de temps en temps, par-derrière, lui caresser le cou à la racine des cheveux, il réfléchissait.

Il fut bien établi que Lydia n'avait pas fait le moindre pas de travers et qu'il n'avait absolument rien à lui reprocher. D'ailleurs il ne lui reprocha rien du point de vue sexuel. Mais Lydia avait été valorisée par les qualités que nous savons. Son attention pour elle n'avait pas baissé. Il était tenu en haleine par sa jalousie constitutionnelle, par le problème sexuel, par la mauvaise tenue de la maison qui occasionnait une baisse rapide de ses fonds et avec eux la possibilité de maintenir Lydia à son usage. Le fait qu'il tenait tout enfermé à clef et ne lui disait absolument rien de ses affaires et de sa situation prouve, entre autres choses, qu'il n'avait pas la moindre confiance en elle.

La fin de « chéri » devait arriver inévitablement.

Ici comme dans tant d'autres cas, la femme elle-même n'intervient pas directement dans le processus qui va armer la jalousie. Mais Ment la voit inéluctablement échapper : elle est jeune encore, elle a encore tellement d'appétit, lui est fini ou va être fini; il reste sur le carreau sans argent, sans possibilité d'en refaire. Elle s'en va par le fait même des choses et, en vertu de la nature des sentiments qui les lient, l'histoire finira avec le dernier franc.

Ce qui occasionne une revalorisation progressive de la femme est ici la baisse continue des fonds, unique lien qui la retient. Avec anxiété et angoisse il la voit s'éloigner. Et son cœur dur, autoritaire, égoïste au-delà des proportions normales, n'admet pas ce décalage, cette libération, cette souffrance. L'argent disparaît, ce sera fini, mais elle n'en profitera pas. Cet argent du reste, il est sous clef, il le surveille.

Brusquement, voici qu'il apprend que l'*amant précédent* de Lydia vient de sortir de prison. Il est en liberté; elle va retourner près de lui. Il devient sombre, irritable, mais se tait toujours.

Lorsqu'il verra que l'argent disparaît, il y trouve *la révélation* qu'elle se prépare à le quitter. Et c'est alors qu'il décide, froidement, de la supprimer.

Le drame lui-même porte la marque paranoïaque : aucun effort de connaissance affective. Aucun échange de mots. Il n'entre pas en communication avec elle; sans doute se rend-il compte de son impuissance dans ce domaine. En tout cas, tout se passe en silence, sans le moindre échange, sans le moindre avertissement. Une allure quasi délirante.

Quant à la technique même du meurtre, rien ne peut révéler davantage le vide affectif et moral de sa conscience. On se rappelle les caresses dans le cou, (pour se rendre compte, nous dit-il, où il fallait frapper). On se rappelle ce conseil « délicat » de se mettre au bord du lit (sinon, dit-il, je ne pouvais l'atteindre). Et il se met à lire son journal... Puis l'exécution, sans la moindre provocation, féroce, implacable.

— Heureusement, dit Lydia, que j'avais des carotides extraordinaires...

On nous dit, elle nous dit qu'elle n'avait rien remarqué auparavant. Il est possible qu'il n'y eut rien à remarquer. Mais tout de même ce n'est pas certain. Car il nous semble, que, même après ce qui vient de se passer, elle n'ait encore rien appris. Que lui faudrait-il donc à cette femme extraordinaire pour qu'elle comprenne qu'elle avait affaire à un monstre ?

Lui, depuis qu'il est en prison, a cessé, dit-il, d'être jaloux. Il est tout heureux que sa femme lui ait pardonné et il est certain que jamais elle ne le trompera...

Une certitude qui fait un peu peur. Car enfin, toute la question est de savoir, devant un homme semblable, si son premier geste, en sortant, ne sera pas de reprendre les armes.

CHAPITRE XIII

HOMICIDE INACHEVÉ

Le crime dont nous relatons brièvement l'histoire est un crime passionnel, mais de nature utilitaire. Les motifs sont évidemment d'ordre sexuel et passionnel, mais le but est la disparition d'un homme, par calcul. Ici les processus affectifs directs sont réduits à leur plus simple expression et l'auteur du crime ne jouit pas des facilités qui sont accordées au criminel passionnel pur par la perturbation de sa vie affective profonde. C'est dire qu'il faut, pour exécuter un tel crime, un degré de perversité beaucoup plus grand. C'est dire aussi que normalement il doit être plus difficile de donner son adhésion complète à un tel projet. S'il arrive à être mis à exécution il peut rater, par la faute du criminel lui-même.

« Georges, âgé de 21 ans, était l'amant de la femme Z. La nuit du 10 au 11 septembre 1922, de concert avec l'épouse Z. Georges attira le mari, son bienfaiteur, dans les champs, sous prétexte de voler des pommes de terre. Là il tira sur lui quelques coups de revolver, mais ne réussit pas à le tuer. Tout avait été combiné entre les amants pour que le cadavre étant découvert, les soupçons se portent sur le propriétaire du champ. Ils devaient ensuite s'épouser. La Cour en condamnant le coupable à 15 ans de travaux forcés a sainement jugé. »

C'est court et net et tellement banal. Mais, dans le dossier anthropologique, on trouve assez souvent une « version » du détenu qui, on le comprend, est différente de la version du parquet. C'est elle qui retint mon attention.

« Le 3, après-midi, huit jours avant la kermesse et les faits, ma maîtresse m'attira dans sa chambre et me fit part du plan qu'elle avait imaginé pour faire disparaître son mari. Je devais accompagner ce mari à un vol de pommes de terre la nuit du 10 au 11. Elle avait apprêté la bêche, les pantoufles de son mari que je devais chausser pour faire croire qu'il était allé seul au vol ; je mettrais en poche des sandales de drap afin de dépister les recherches.

Je partis avec Z. vers deux heures au champ du voisin qui était en froid avec lui et qui ainsi en aurait le nom. Je ramassai des pommes de terre et après quelque temps je voulus revenir ; mais il me dit que ses sacs devaient être remplis. A ce moment je revis devant moi l'image de ma maîtresse, tous nos projets et je ne pouvais plus tenir debout ; je n'avais plus de volonté. Je restai encore là quelques minutes et tout à coup je lui criai : « nous y sommes » et je déchargeai mon browning sur lui. Il fondit sur moi et me lança la bêche qui me frôla la tête en s'enfonçant dans la terre jusqu'au manche. Je lui criai : pardon ! Il quitta le champ et s'enfuit... »

Cet assassin qui manque de se faire tuer par celui qui devait être sa victime, alors que selon toute vraisemblance il a eu toute occasion de l'exécuter froidement, n'est peut-être pas banal.

En somme comment y a-t-il moyen de décharger un revolver sur une personne occupée à bêcher, sans lui causer de mal appréciable?

Le parquet dit « et ne réussit pas à le tuer »; exact, sans doute, mais pourquoi n'a-t-il pas réussi? Aucun élément étranger n'est intervenu pour troubler l'exécution de l'acte, lequel est raté par la faute de l'auteur alors qu'il a dû se trouver dans des conditions idéales.

Nous allons nous efforcer de rétablir ce qui s'est passé dans l'âme de ce coupable à propos de cet homicide inachevé.

Ce jeune criminel était âgé de 21 ans au moment des faits. Il venait d'achever son service militaire (sa maladresse semble encore plus curieuse). C'était un jeune homme plutôt au-dessous de la moyenne au point de vue physique. Mais il n'avait jamais été malade et même à l'heure actuelle, après les chagrins et les épreuves de ses premiers mois en prison, sa santé restait bonne. Fils unique, appartenant à une famille paysanne de bonne réputation, mais délabrée très tôt par la mort de la mère, il avait été élevé par une grand-mère, gâté, dans son enfance, et gâté dans sa vie de jeune homme. Il avait acquis toutefois une bonne instruction primaire et occupait lorsqu'il commit sa faute un poste de trésorier dans une petite entreprise de l'endroit.

A vrai dire il n'avait jamais éprouvé de difficultés sérieuses dans la vie et la guerre l'ayant trouvé âgé de 15 ans lui laissa écouler dans l'oisiveté les quatre années les plus dangereuses de la vie. C'était devenu un égoïste; il vivait sans se rendre compte sans doute du sacrifice qu'il imposait à ses vieux parents, qui s'étaient même donné le luxe de lui faire fréquenter l'école moyenne de la ville voisine. Mais il avait surtout profité de cette aubaine pour s'émanciper et donner quelques satisfactions à ses caprices. Les difficultés du voyage pendant la guerre l'obligèrent de suspendre sa fréquentation scolaire et il resta chez lui, à traînasser.

Il devenait maintenant un jeune homme intéressant, ami des autorités civiles et religieuses de son village et fréquentant assidûment certains cafés. Un soir, il trouva dans sa poche un billet : « Il me semble que vous êtes bien timide ». Il n'était pas du tout innocent dans cette affaire et n'avait pas trouvé ce billet sans avoir provoqué délibérément l'attention de celle qui le lui envoyait, mais il fut néanmoins surpris. La tenancière de ce café, c'était elle qui lui donnait ce papier, était de quinze années plus âgée que lui et mariée. Mais son mari était à la guerre. On n'avait plus de nouvelles de lui depuis longtemps. On en parlait déjà au passé. C'était un rustre, un brutal, elle n'avait jamais été que malheureuse avec lui ; elle ne saurait plus reprendre la vie conjugale, si jamais il revenait.

Il devint l'amant de cette femme. C'était la première femme qu'il aimait. Elle était gentille, aimante ; il était pris.

* * *

Et le mari revint.

Il était resté prisonnier en Allemagne pendant quelques années.

Les relations de l'amant et de la maîtresse persistèrent ; le mari ne se doutait de rien et ne se défiait pas ; il dormait « comme du plomb ».

Parfois même Georges se sentait honteux de profiter ainsi de la naïveté de cet homme ; mais l'amante ranimait ses sentiments.

Le moment vint pour lui d'accomplir son service militaire ; mais leurs relations ne cessèrent pas pour cela. Ils se revoyaient à chaque congé et leur liaison était devenue un fait notoire dans le village. Le curé était même discrètement

intervenu auprès de lui pour le remettre sur la bonne voie :
mais il avait protesté de son innocence et de celle de sa
complice.

Bien plus, on avait averti le mari de ce qui se passait chez
lui. Mais celui-ci avait une telle confiance en Georges et en
sa femme qu'il en avait ri et l'avait même raconté à l'intéressé, qui s'en était d'ailleurs attristé. Son service militaire accompli, il obtint du mari trompé un logement
dans sa demeure (c'est en ce sens qu'on parle de bienfaiteur
en décrivant la victime). A partir de ce moment, naturellement, les relations amoureuses ne firent que s'exaspérer. Et
la femme en vint à déclarer à son amant qu'elle ne pouvait
plus vivre avec son mari. En fait, il semble que c'était un
paysan sans délicatesse et inférieur à tous les points de vue,
vivant d'expédients divers et allant, comme nous l'avons vu,
jusqu'à voler ou mieux rapiner dans le village. Depuis longtemps, une dispute sérieuse séparait le mari et un de ses voisins à propos d'un puits mitoyen; finalement il avait dans
ces derniers temps défendu à ce voisin (celui dont il devait
aller voler des pommes de terre) d'encore puiser de l'eau à
ce puits, d'où une recrudescence de colère, d'injures et, dans
le village, un surcroît d'attention pour cette querelle.

Dans un moment difficile, ils s'étaient déjà proposés de
partir. Georges proposait la fuite en France où ils auraient,
dit-il, facilement trouvé à se faire une nouvelle vie. Mais
l'épouse n'accepta pas cette façon de voir. Elle voulait se
soustraire à son mari, mais pas en fuyant. Elle estimait qu'en
s'en allant ainsi elle attirerait le déshonneur sur son enfant,
sur elle-même et sur sa famille; qu'on la rejetterait à jamais
et qu'elle ne saurait supporter ce chagrin; même elle n'aimait
pas de quitter le pays.

Au début du mois d'août (à cette époque, ils avaient des
relations sexuelles fréquentes et, à certains jours, quatre
fois) elle proposa carrément d'empoisonner son mari. Per-

sonne ne saurait jamais rien; elle conserverait sa maison et l'estime de tous. L'amant se révolta.

Cela lui paraissait une chose inimaginable; il s'effraya. Il eut un mouvement de rupture, mais après quelques jours il revint dans ses bras. Leurs relations reprirent de plus belle; uniquement sexuelles et avec une intensité d'orgie. Il s'énervait, pâlissait, maigrissait. Ils n'avaient plus parlé du mari depuis l'affaire du poison et l'amant croyait qu'elle n'en reparlerait plus. Mais le besoin sexuel de la femme devenait encore plus impérieux; ils ne retrouvaient plus le sens du réel. La femme lui témoignait ainsi une invraisemblable passion et vers le début de septembre lui signifia une fois pour toutes qu'elle ne pourrait plus se donner à son mari, qu'elle ne pouvait pas fuir et qu'il fallait que l'homme disparaisse. Elle proposa à son amant de l'abattre à coups de revolver. On ferait cela dans le champ du voisin avec lequel ils étaient en brouille et ce serait lui qui serait accusé.

Prenons la suite de cet exposé sous forme de conversation avec le coupable et laissons-le exposer son état d'âme.

— Quand la femme vous a parlé du revolver et d'une chose à faire par vous, c'était le moment de rompre, si réellement vous ne vouliez pas tuer cet homme.

— Je n'ai pas essayé de rompre parce que je savais que je n'en aurais pas la force. Mais aussi je pensais que cette seconde proposition n'aurait pas plus de suite que la première. Après un essai on n'avait plus parlé de poison, je croyais que j'éviterais également de tuer. Et il ajouta :

— En « parlant » de tuer, au fond de moi-même je n'envisageais que le moyen de ne pas le faire.

— Et puis en somme, tout le village connaissait vos relations; vous deviez bien savoir que les soupçons allaient se porter sur vous. De plus qu'auriez-vous fait si le voisin en question avait été condamné à votre place ?

— Je n'ai jamais réfléchi à cela ; ma pensée n'allait pas du tout si loin ; je ne songeais pas à tuer.

— C'est incompréhensible, tout cela.

— Oui, c'est incompréhensible si l'on veut. Mais quand on y est les choses sont plus simples. Je ne voulais pas déplaire à cette femme, ni la perdre. Elle voulait que son mari meure. Je ne croyais pas moi-même qu'elle y fut vraiment décidée et en ne réagissant pas, je ne croyais pas du tout que je m'engageais à tuer ; je croyais que j'éviterais très facilement la chose. Maintenant je ne comprends plus que j'aie pu être si peu ferme, que je me sois laissé conduire ainsi. Et puis cette femme était très honnête, très catholique même ; je ne voyais pas cela comme vrai, mais comme un mouvement, une mauvaise pensée qui passerait.

Et je me laissais tout à fait conduire par elle.

D'ailleurs il y avait bien peu de chances que la chose se réalisât, il fallait que le mari se décidât à aller voler des pommes de terre et il fallait aussi que les pommes de terre fussent encore là. Certainement il n'y avait plus que huit jours à tenir, car les pommes de terre sont toujours ramassées pour la kermesse qui arrivait le dimanche suivant.

J'étais certain que les pommes de terre seraient récoltées avant que les choses ne se fissent.

Je remis facilement les trois, quatre premiers jours de la semaine ; mais à la fin elle décida elle-même son mari à aller voler et celui-ci fixa le jour et l'heure : samedi vers onze heures ou minuit.

J'espérais que pour le samedi les pommes de terre seraient enlevées, mais le voisin ne les enlevait pas.

Les jours passaient très vite ; j'essayais de ne pas penser à cette affaire. Le samedi vint. Je ne parvenais pas à réfléchir à ce que j'avais accepté de faire ; cela me paraissait impossible, un cauchemar qui allait se passer.

Le soir arriva. Le mari et moi, nous partîmes comme

d'habitude faire une tournée de cafés, nous rentrâmes vers onze heures. Le souper était prêt et après avoir mangé le mari s'endormit sur la table. La femme était au lit; j'espérais qu'elle dormait; mais elle m'appela pour me dire que la brouette, la bêche et les pantoufles étaient prêtes et que je n'avais plus qu'à prendre le revolver. Je refusai et vint me rasseoir près du mari. Il ronflait. Elle m'appelait toujours près d'elle.

Je refusai; je n'arrivai pas à me décider. J'espérais toujours qu'elle finirait par s'assoupir; ce manège dura jusqu'à deux heures du matin.

L'homme se réveilla; le moment vint de partir. Je sortis avec lui. Elle appela. Je revins près d'elle. Elle me dit :

— Allons courage; je t'attends ici dans ma chambre.

Je montai alors chercher mon browning.

Je rattrapai bientôt le mari. En l'approchant et le voyant ainsi marcher sans aucune défiance, je me disais :

— Est-ce bien vrai ? Ce n'est pas possible que je vais tuer cet homme.

Arrivés au champ du voisin, le mari arracha les pommes de terre et me dit de les ramasser. Je regardais autour de moi.

— Qu'est-ce que tu as ? dit le mari.

— Je ne sais pas, j'ai peur. Si nous retournions !

Mais il se mit à rire :

— Allons, dépêche-toi.

Mais je continuai de regarder. Intérieurement, je souhaitais que quelqu'un vint; il nous aurait sauvés.

Cependant le temps passait toujours; nous allions presque avoir fini.

En ce moment j'étais tellement émotionné que je ne me rendais plus bien compte. La pensée de ma maîtresse, m'attendant, retraversa mon esprit et je criai brusquement :

— Nous y sommes !

Sans doute y avait-il quelque chose dans ma voix.

L'homme se retourna brusquement. J'étais à 4 ou 5 mètres de lui. Avant qu'il se fût complètement retourné je tirais déjà. Il me lança la bêche; elle passa au ras de ma figure. Pendant ce temps j'avais tiré quatre coups. Quand je me vis échappé à la bêche et que j'aperçus le mari, qui se sauvait à toute allure je lui criai :

— Pardon!

Mais il continuait de fuir. Je le suivais. Quand j'arrivai à la maison il s'était déjà barricadé. Je lui dis que c'était moi, qu'il m'ouvre, qu'il n'y avait aucun danger. Il me fallut quelque temps pour faire céder la porte.

La femme qui avait compris tout de suite, faisait semblant de ne rien savoir. Déjà elle me proposait d'arranger l'histoire. La victime n'était quasi pas blessée; on n'en saurait rien. Pendant que je m'occupais à rentrer elle avait déjà arrangé l'histoire avec le mari; elle était quasi certaine qu'il ne se plaindrait pas.

Mais maintenant j'étais redevenu moi-même. J'approchai de la chambre et allai panser les plaies : quasi rien, une blessure à la main et une éraflure au ventre. Je vis combien de peu j'avais failli tuer et vraiment j'étais heureux de ce résultat. C'est curieux à dire; mais plus rien ne comptait plus à côté de cette certitude que j'avais de ne l'avoir pas tué; certitude qui était un bonheur.

Je m'en fus alors moi-même avertir la gendarmerie et j'avouai.

Instantanément j'avais oublié ma maîtresse comme elle m'avait oublié. Ou du moins, nous ne nous inquiétions plus l'un de l'autre. Même maintenant je me demande, si, dans le cas où j'aurais tué le mari et que nous n'eussions pas été connus, nous aurions encore eu le goût de nous marier. Peut-être que je l'eusse fait, parce que les choses étaient ainsi décidées et que je n'aurais pas eu la force de faire autrement, mais il me semble que l'amour ne résiste pas à des choses pareilles. Pourtant, je le dis encore, cette femme n'était pas méchante et elle était honnête; mais elle avait trop souffert.

Si nous reportons ce cas dans notre schéma général, nous sommes forcés de remarquer la très lente évolution de l'idée homicide.

L'assentiment inefficace remonte très loin : lorsqu'on était sans nouvelles du mari et qu'on supposait que jamais il ne reviendrait, on escomptait sa mort. Cette idée a dû être marquée lors de son retour. Cet assentiment inefficace signifie uniquement « c'est dommage qu'il soit revenu » et n'implique encore nullement le dessein de le faire disparaître. Certes, il est brutal, la femme ne veut pas partir, les relations adultérines s'exaspèrent de plus en plus et l'idée de se libérer de lui se cristallise réellement; l'idée de partir en France est déjà un stade d'exécution. Dans cette hypothèse ce serait se libérer de lui sans le faire disparaître, mais en se déplaçant soi-même. Cela demande un certain courage, la femme s'y refuse.

L'idée formulée d'homicide se précise avec la proposition de poison.

A partir de ce moment, cinq semaines avant les faits le jeune criminel sait où il va. Pour lui s'est ouverte ce que nous avons appelé la *crise*. Crise au cours de laquelle doit s'achever sa préparation à l'idée du crime ou si l'on veut son adaptation.

Pendant cette dernière période ou bien l'adaptation s'accomplira ou bien les choses s'éterniseront ou bien même le regret et le recul surviendront et guériront le coupable. On conçoit qu'un cœur ayant quelques sentiments moraux et quelques susceptibilités affectives n'acceptera pas une telle monstruosité en quelques jours. Il faut lui laisser le temps matériel de s'adapter, temps qui variera avec les différents facteurs intervenant, mais parmi lesquels la résistance morale de l'individu ne sera pas un des moindres.

Dans notre cas, nous voyons la femme précipiter les choses. Mais nous voyons aussi que l'adaptation intérieure du coupable est loin de suivre. Son attitude est encore négative, il consent; mais elle n'est pas encore devenue lui-même; son opposition est encore considérable et c'est cette résistance qui le fait se comporter au dernier moment d'une façon si curieuse; se laisser acculer, pour commettre son acte, à une situation où il ne puisse plus renoncer. « Nous y sommes », paroles en elles-mêmes inoffensives mais qui l'obligent à tirer. Plutôt que de tirer à bout portant il tire à 4 ou 5 mètres sur un homme en mouvement et armé d'un redoutable instrument.

Si la femme Z. n'avait pas été aussi pressée, il est probable que Georges eut progressivement assimilé cette idée et qu'il aurait proprement assassiné sa victime. Peut-être aussi s'en fût-il lentement dégoûté.

Ce n'est donc pas sans raison que l'on pourrait proposer de compléter l'étude de la préméditation par l'étude de la résistance que le coupable a apportée à l'acceptation de son acte. En réalité il est bien rare qu'on ne retrouve pas, dans les rétroactes d'un homicide, des traces nettes de tentatives antérieures esquissées, d'homicide inachevé; ce sont là autant d'éléments objectifs qui permettent de reconstituer avec une approximation suffisante toute la genèse de la faute.

CHAPITRE XIV

L'ACTE CRIMINEL

I

En dehors des crimes utilitaires, dans lesquels le meurtre lui-même peut se perpétrer d'une manière calme et raisonnée, la scène de l'homicide est généralement assez dramatique et souvent très violente.

Pourtant, dit le proverbe, la vengeance est un plat qui se mange froid. Comment se fait-il, puisque la voix du peuple s'accorde à faire des drames d'amour des actes de vengeance que tous ces meurtres se passent en pleine tempête motrice ?

Lorsqu'on demande à un criminel passionnel vrai quelle sorte de plaisir il a éprouvé pendant qu'il tuait, la question le surprend toujours fortement. Il s'étonne qu'on puisse lui poser une telle question et dans certains cas même, c'est une pénible révélation qui lui est faite en ce moment : il s'aperçoit de la profonde vanité de son acte et de l'inutilité affective du geste qui a entraîné sa mise au ban de la société.

Pendant la scène du meurtre même, il semble que l'assassin n'éprouve rien que de se livrer à un effort émotif et physique intense, d'agir comme dans une demi-conscience après avoir été enlevé brusquement par une sorte de cataclysme intérieur.

Ce cataclysme intérieur, cette tempête motrice à la faveur desquels se réalise le meurtre ne sont en eux-mêmes ni agréables ni désagréables, mais la plupart des assassins les considèrent comme ayant été pénibles.

Et d'ailleurs un certain nombre d'entre eux insistent sur ce caractère pénible et affirment qu'ils ne voudraient pas revivre ces moments-là.

Alors peut-on se demander, pourquoi le font-ils?

C'est ici qu'éclate le caractère anormal et inhumain de cet acte. Il n'est pas vrai de dire que l'homicide était primitivement une activité régulière et fréquente et que la civilisation l'a transformée. A aucun moment de l'histoire humaine le fait d'enlever la vie à autrui ne s'est passé simplement : l'homme a toujours eu besoin d'excitations artificielles pour se livrer à un tel acte : les chants, les danses, l'ivresse, les cris, les hurlements semblent avoir toujours été nécessaires pour mettre les hommes à même de se massacrer l'un l'autre. Il faut qu'ils soient en une sorte de transe, laquelle n'est rien d'autre en somme qu'une excitation des noyaux inférieurs avec diminution concomitante du contrôle cérébral.

Sans doute, dans certains cas très rares, une émotion brusque peut suffire à elle seule à libérer les centres inférieurs. Mais c'est bien exceptionnel. Dans ces cas-là, on est tenté d'admettre que l'action a été imposée à son auteur, à la faveur de cette émotion et l'on tient sa responsabilité pour bien faible. Il s'est agi, dit-on, d'une sorte de raptus émotif, se réalisant indépendamment de la volonté du sujet [1]. Il est

---

[1] Voir Louis VERVAECK, *L'état mental du criminel homicide*, Revue Droit Pénal et Crim., 1934.

certain que, dans de telles conditions, la poussée à agir est très marquée. Cependant, qu'il s'agisse de personnes saines ayant une impulsion émotive de ce genre ou de malades mentaux présentant des impulsions, tous vous décrivent qu'ils *se sont lâchés* à un certain moment. Auraient-ils pu ne pas le faire? Cela c'est une autre question. Mais tous emportent la conviction que s'ils avaient voulu, ils auraient pu ne pas avoir ce mouvement intérieur de libération de l'impulsion, libération qui déclencha la tempête. Il est clair que devant le juge ces gens affirment que cela a été plus fort qu'eux. Mais en même temps ils promettent de ne plus recommencer. Et si on leur fait remarquer qu'il est impossible de remettre en liberté des êtres qui perdent brusquement le contrôle de leurs actes, ils s'acharnent à démontrer qu'ils ne perdent pas le contrôle d'eux-mêmes et s'étonnent qu'on les croie réellement lorsqu'ils affirment qu'ils ont été les victimes d'un mouvement intérieur à ce point dominateur. Lorsqu'un être humain, du reste, *sent* qu'une action lui est imposée par un mécanisme qui ne lui laisse pas le choix, il en devient anxieux et sait d'ailleurs qu'il est un grand malade mental. Au cours du paroxysme émotif le plus intense le sujet connaît toujours le moment où il s'est « laissé aller ». Nous croyons que ces actes impulsifs, pour les sujets normaux, ne surviennent que chez les individus qui subissent déjà un processus criminogène plus ou moins silencieux. Ils sont déjà sensibilisés. Nous croyons cela même s'il y a de l'alcool et même s'il y a un léger déséquilibre en jeu. Nous considérerons donc cet acte réalisé sous l'influence d'une impulsion émotive comme un acte de même nature que la plupart des actes humains, mais dans lequel la part laissée à la libre détermination du sujet est infiniment réduite. Nous nous obstinons cependant à le considérer comme un acte volontaire, en ce sens qu'il ne peut *se réaliser* si l'intervention des centres volontaires ne *lève* pas l'inhibition qui jusque-là empêchait l'acte. Et nous disons que le sujet s'est très bien rendu compte du moment où il a déchaîné l'acte. Si, devant les tribunaux et les cours d'assises s'est peu à peu créée la théorie du meurtre impulsif subit plus fort que le sujet, la faute en est à l'ignorance des juges en matière psychologique et à la tendance à déformer la réalité en vue d'échapper au châtiment. Les mêmes erreurs se sont passées à propos de la kleptomanie, de l'exhibitionnisme, etc., entités psychologiques qui n'ont jamais existé, en fait, selon le schéma officiel. Sans doute il existe des kleptomanes et des exhibitionnistes et sans doute aussi, la plupart d'entre eux sont-ils irresponsables, mais on doit à la vérité de dire que les auteurs de ces actes, lorsqu'ils s'expriment librement, reconnaissent qu'ils ont, à un moment donné, consenti. Que ce consentement ne soit qu'illusoire en ce sens que l'acte dans bien de ces cas est si profondément déterminé dans l'être qu'il emporte fatalement le consentement, c'est là une chose pratiquement certaine, mais, vu par la conscience du sujet, ce fut un acte libre. Même pour un paranoïaque l'acte criminel apparaît comme librement consenti.

Pour ce qui est de l'acte même de tuer, il s'accomplit avec un minimum d'intervention de la volonté. Un automatisme d'une violence inouïe se déroule et le sujet est vraiment emporté par l'orage moteur qui lui donne la puissance et la violence de l'épileptique. Ce sur quoi il faut en effet insister dans ces cas c'est que l'action, une fois mise en branle, se déroule automatiquement, avec toute la précision et l'énergie requises pour la mener à bonne fin. Le rétrécissement du champ de la conscience, la tempête motrice qui déchaîne l'action créent les conditions idéales pour réaliser des actions dont on ne serait pas capable à froid. Notre expérience individuelle, en dehors de toute notion de psychologie, nous apprend dès le plus jeune âge, l'existence de ces moments où nous fûmes plus forts, plus audacieux, plus capables de mener à bien une action que nous voulions commettre, mais dont l'exécution répugnait à notre volonté. « Se jeter à corps perdu » dans la mêlée est bien plus facile que de s'y avancer prudemment, du moins pour celui qui a peur.

A l'opposé de ces actes impulsifs, avec rétrécissement extrême du champ de la conscience et perte du contrôle des actes une fois l'action déclenchée, nous trouvons l'acte réfléchi, commis à froid systématiquement, avec un maximum de conscience. On peut prendre comme exemple l'empoisonnement par doses répétées, qui exige une volonté criminelle continue pendant des semaines ou des mois, la répétition d'actes individuellement réduits, mais concourant tous au même but, et cela pendant qu'on endort la victime par des signes et des paroles de confiance et d'amitié. La part de volonté et de responsabilité apparaît d'emblée ici comme infiniment grande. On interprète avec assez de raison le comportement d'un tel criminel comme révélant un manque absolu de conscience et le calme et la méthode nécessaires à la réussite de tels actes montrent que l'émotion (toujours perturbatrice) est absente de leur moi à ce moment-là. De là, une tendance à les imputer de la façon la plus grave. Un crime passionnel sur quatre se passe de cette manière. Nous ne nous en occupons guère ici.

En général nous voyons qu'il est nécessaire, pour que les choses en arrivent aux faits graves que le sujet vive en état de crise subaiguë. Cet état de crise, nous en avons parlé, est très complexe, mais dans la pratique, pour ce qui concerne ce que la conscience du sujet en perçoit, elle se réduit à :

un état de souffrance immérité ;

un état de malaise physique, où l'anxiété joue un grand rôle, en tant que phénomène neuro-organique accompagnant les états émotifs durables : énervement, insomnie, impressions désagréables;

un mauvais contact avec la réalité journalière, une perte de l'automatisme des habitudes;

un état de désintérêt pour les valeurs importantes et vitales;

un état d'accusation nette contre la future victime, rendue responsable de cet état et pour qui le seul fait de vivre constitue la cause permanente et coupable de cet état.

Souffrance, mauvais contact avec la réalité [2], désintérêt et accusation constituent un ensemble de raisons qui justifient le « cela ne peut durer ».

A ce moment-là le projet de tuer est évidemment sous-entendu comme solution. Mais il faut un concours de circonstances qui amènent soit des provocations réelles de la part de la victime, soit des réactions interprétables comme provocations. Ces provocations sont considérées comme « la goutte qui fait déborder le vase » et d'ailleurs elles sont souvent cela. Le meurtrier attend l'occasion de pouvoir se dire, devant sa conscience, « non, ceci je ne saurais plus » ou « c'est bien elle qui l'a voulu », etc. Certains cherchent même à être provoqués matériellement de façon à se trouver dans un semblant de légitime défense apte à déclencher les processus homicides.

La plupart des récits spontanés nous montrent presque le souci de n'avoir agi que par la faute de l'autre. C'est pourquoi, du reste, la sottise de la victime joue ici un grand rôle. Un refus grossier, une injure, un signe de mépris, une bravade suscitent un mouvement de colère, au cours duquel le criminel trouve, sous l'influence de la crise où il se débat et

---

[2] MAIRET, *loc. cit.* a souligné le rôle d'une infection ou d'un affaiblissement général dans l'aggravation des phénomènes de jalousie. Cette influence de la maladie peut s'exercer, croyons-nous, en différents sens, et pas toujours en mal.

de ce trouble émotif momentané « que maintenant le sort en est jeté » et il libère alors volontairement le mécanisme qui depuis des heures ou des semaines s'est sommairement élaboré.

Le criminel, lorsqu'il affirme par après qu'il ne sait pas ce qu'il lui a pris, qu'il ne sait pas exactement ce qu'il a fait, qu'il n'était plus maître de ses actes, n'est pas nécessairement à côté de la vérité ; le moment volontaire ne doit pas être cherché pendant l'action, mais avant l'action au moment où celle-ci se déclenche par levage des inhibitions.

C'est ici encore que le rôle néfaste de l'alcool apparaît, lequel réalise, automatiquement, un état hyperémotif, une sensibilité plus grande à l'injure, état qui diminue par lui-même les inhibitions normales et favorise d'autre part les automatismes inférieurs. Nous savons du reste que plus de cinq pour cent, boivent pour se donner du cœur.

La violence parfois si extraordinaire de l'acte criminel n'est pas nécessairement en rapport avec la volonté criminelle. Elle traduit assez souvent l'importance des mécanismes automatiques et peu conscients auxquels le sujet a fait appel. A ce titre les crimes de jeunes sont souvent plus destructeurs que les autres : courage insuffisant et effort considérable pour vaincre la résistance intérieure ou la peur d'agir. On voit, à cet instant, bien des manifestations dramatisantes et hystériformes destinées à s'autosuggestionner, à se mettre en transe.

A ce point de vue les crimes des adolescents ressemblent assez bien à ceux des épileptiques : violence inouïe, acharnement sauvage, nombre considérable de coups ou de blessures. En somme, crimes d'inhibés et qui ne parviennent à vaincre la résistance qu'ils éprouvent qu'en suscitant un véritable raz de marée qui les submerge véritablement.

Nous nous rendons mieux compte, de la sorte, que l'acte en lui-même ne comporte en général rien d'agréable pour le criminel. Il constitue au contraire, un mauvais moment à passer et pour avoir le triste courage de l'exécuter, il a recours soit à l'alcool, soit à une mise en scène propre à amener en lui, par la *faute* (apparemment ou réellement) de la victime un paroxysme émotif à la faveur duquel se met en branle l'agression préalablement imaginée et vécue dans ses grandes lignes.

L'expression « la vengeance est un plat qui se mange froid » a quelque chose d'ironique. Lorsqu'elle veut aller jusqu'à la suppression de l'existence d'autrui, il devient impossible, à la plupart des criminels mêmes, d'agir à froid. Il est nécessaire, pour eux, de se couvrir d'une sorte de transe, au cours de laquelle tout se passe aveuglément sans la moindre trace de plaisir. Lorsqu'ils peuvent regarder souffrir la victime, elle ne souffre déjà plus.

Cependant quelques efforts sont faits en vue de parvenir à goûter la vengeance. Les tentatives ou menaces de suicide comportent déjà un élément de ce genre. Le candidat au suicide suppute l'importance des remords que sa disparition causera à celle qui en est la cause. « Elle verra comme cela, ce qu'elle a fait... »

La déchéance morale qui suit assez souvent les menaces de suicide, constitue aussi, en partie, un moyen de faire souffrir la partenaire.

Mais cela échoue le plus souvent.

Le vitriol, la défiguration, la calomnie, la médisance viennent de temps à autre jouer leur rôle.

Il est une forme de vengeance, assez rare, mais terrible [3]. Le criminel, plutôt que de s'en prendre à la mère, s'en prend à l'enfant qu'elle préfère, la rendant ainsi responsable de la mort de son propre enfant.

[3] Dr Auguste LEY, *Infanticide et Jalousie*. Revue de Droit Pénal et Criminologie (1940).

Nous en connaissons quelques cas. Presque chaque fois la personnalité du coupable comportait un élément de paranoïa (tendance à la revendication-justice et au ressentiment) ou de schizoïdie (auto-érotisme, développement insuffisant de la vie affective et sexuelle). Après les faits, ils tendent à démontrer que leur acte contre un enfant qu'ils aimaient tant prouve qu'ils avaient perdu le contrôle de leurs actes, tant était profond leur désespoir, et écrivent de nombreuses lettres aux autorités ou au Roi pour demander pourquoi on n'emprisonne pas la femme responsable d'un tel désastre. Ce processus à l'égard de leur femme les empêche de regretter leur acte, et même de savourer leur vengeance.

Voici comment les choses se sont passées dans un cas. Le condamné vivait séparé de sa femme. Il lui reprochait sa conduite. Elle lui reprochait ses violences. Il avait été condamné par le tribunal de simple police pour avoir porté des coups à sa femme. L'enfant, le petit Louis, âgé de huit ans, avait été placé de commun accord au couvent de X.

La mère payait tous les frais de la pension.

Le condamné et sa femme visitaient régulièrement l'enfant. La veille du crime, le condamné alla sous les fenêtres de sa femme et l'injuria, ajoutant des menaces. Un soir il lui cria : « S...... vous n'aurez plus le petit ».

Le lendemain, le condamné alla voir son fils à X. A peine fut-il entré dans le parloir, le condamné saisit l'enfant et se mit à lui couper la gorge avec un rasoir. Une religieuse emporta l'enfant cruellement blessé et qui ne guérit que grâce à des soins assidus.

Le condamné nie avoir agi avec préméditation. Il n'a pu expliquer pourquoi, pour aller voir son fils, il s'était muni d'un rasoir. Il dit avoir agi par jalousie parce que sa femme était venue visiter leur fils, accompagnée d'un autre homme.

Parfois le tribunal se laisse attendrir; c'est lorsque le

meurtre de l'enfant s'accompagne d'une tentative de suicide du coupable. On admet alors plus facilement, nous ne savons pourquoi, que le désespoir était à son comble. En fait, il s'agit d'un suicide par agression chez un homme qui pour être sûr de causer des regrets mortels à celle qu'il quitte, lui enlève un bien qu'il s'imagine plus précieux que lui-même, sans tenir le moindre compte que cet enfant est un être vivant, et dont il est le protecteur naturel.

II

L'attitude du criminel, après l'acte, est significative. En effet l'agression elle-même constitue une décharge affective et doit normalement faire tomber le ressentiment et la haine. Il en est ainsi dans un certain nombre de cas et nous constatons même assez souvent qu'une telle décharge survient même après un équivalent [agression symbolique, menaces, coups]. Il faut alors un certain temps pour que le processus reprenne sa vigueur.

Cette décharge émotive inhérente à l'acte même explique aussi, pourquoi un grand nombre de criminels décidés au suicide ou bien ratent leur suicide, ou bien ne l'exécutent que mollement ou même n'essaient pas. Les choses leur réapparaissent alors sous leur jour réel et l'on voit même parfois des criminels, aussitôt libérés par l'acte se mettre à compatir à la victime, à la soigner, à pleurer.

Une réaction de ce genre est magnifiquement décrite par Ovide au Livre II des *Métamorphoses*. Il s'agit de la mort de Coronis, tuée par Apollon à qui le corbeau avait dénoncé son infidélité.

Nous donnons tout le passage caractéristique du type de

réaction humaine la plus normale et la plus révélatrice d'une conscience morale.

Sans quitter sa première route, il court raconter à son maître (Phébus) qu'il a vu Coronis dans les bras d'un jeune Thessalien. A la nouvelle de ce crime, le dieu, qui la chérit, laisse tomber sa couronne de lauriers; en même temps ses traits changent, le luth s'échappe de ses mains, il pâlit; au fond de son cœur fermente un courroux bouillonnant, il saisit ses armes favorites, tend son arc recourbé et d'un trait inévitable frappe le sein qu'il pressa tant de fois sur son sein. Coronis blessée pousse un gémissement et retire le fer de sa blessure; des flots de sang rougissent ses membres d'albâtre... Elle s'écrie : « Puissé-je avoir assouvi ta vengeance, ô Phébus! Mais j'aurais voulu d'abord être mère : maintenant, en me frappant seule, la mort immole deux victimes! ». A ces mots, sa vie s'échappe avec son sang; dans son corps inanimé circule le froid de la mort. Un repentir, hélas, tardif reproche à son amant sa cruelle vengeance; il se maudit lui-même d'avoir prêté l'oreille à une fatale révélation, d'avoir cédé à son brûlant courroux; il maudit l'oiseau qui lui a fait connaître la faute de Coronis et le sujet de son indignation; il maudit la corde de son arc, son arc lui-même, sa main et avec elle les flèches qu'elle a témérairement lancées. Il relève Coronis, la réchauffe contre son sein, et, par des secours tardifs, tente de triompher du destin : il épuise en vain les ressources de l'art dont il est père...
... Alors des gémissements (car les larmes ne peuvent baigner le visage d'un dieu) s'exhalent de son cœur...
... Par son ordre, le corbeau, qui attend une récompense pour son fidèle récit, n'est plus au nombre des oiseaux distingués par la blancheur de leur plumage. (Ovide, *Métamorphoses*. Livre II).

Mais à vrai dire, ceci est exceptionnel. La plupart du temps le ressentiment persiste quelques heures, parfois quelques jours. Il en est chez qui ce ressentiment met des mois à s'éteindre et d'autres pour qui il augmente encore pendant un certain temps; ceux-là vont même jusqu'à rendre la victime responsable de leur incarcération et de leurs malheurs.

Le comportement du criminel après l'acte doit faire l'objet

d'une attention particulière, car il est révélateur des dispositions profondes du coupable. Lorsque des regrets surviennent déjà au cours même de l'acte et se manifestent par des tentatives réelles de réparation on peut considérer que la personnalité du meurtrier n'acquiesçait pas encore entièrement à l'idée criminelle. Dans un tel cas, l'amendement est obtenu avant même l'arrestation.

Cependant il ne faut pas perdre de vue que quelques criminels particulièrement cyniques peuvent préparer méticuleusement une situation dans laquelle ils auront l'air d'avoir cédé à un mouvement de colère, au cours duquel ils auront porté un mauvais coup « sans mauvaise intention », mais qui malheureusement semble avoir des suites mortelles, ainsi qu'ils courent tout transis en avertir la police. Ils espèrent par là voir correctionnaliser leur homicide. Inutile d'ajouter qu'ils y réussissent assez souvent. Lorsqu'on y regarde d'un peu près on s'aperçoit que leur affolement a été à sens unique et a prolongé leur geste criminel : ils ont négligé ou oublié de donner les premiers soins à la victime et ne savent expliquer pourquoi ils n'ont pas songé avant tout à la secourir.

L'affolement n'est pas invoqué seulement pour expliquer l'absence de soins à la victime. Dans certains cas il est invoqué pour expliquer l'aggravation du processus criminel. Par exemple, l'assassin au cours d'une altercation [selon le récit circonstancié soigneusement préparé] donne, sans l'avoir voulu, un coup qui s'avère mortel. Alors il perd la tête et ne sachant comment se soustraire aux conséquences de cet acte qu'il n'a pas délibéré, en arrive à couper le cadavre en morceaux de manière à s'en débarrasser le plus facilement. Il n'est naturellement pas possible d'affirmer que la peur ou l'affolement ne puissent engendrer des réactions qui dépassent les intentions du sujet; de tels cas sont fréquents. Mais en matière de crimes passionnels, nous avons constaté plusieurs fois combien l'affolement invoqué par le criminel contraste avec l'admirable sang-froid qu'il montre par la suite ; d'autre part, dans ces cas, nous avons été frappé également par le fait que ces dépeceurs, quoique épouvantés des conséquences de leur premier coup éprouvent tout de suite la certitude que la mort a fait son œuvre et ne nourrissent pas même un instant l'espoir qu'ils se trompent et que la personne vit peut-être encore.

Quelques-uns, après le meurtre, ressentent une sorte de joie naïve et vont annoncer, tout contents, la bonne nouvelle. Ils s'attendent à des félicitations et en reçoivent parfois. Par la suite, c'est pour eux une amère déception de voir comment le monde prend la chose. Ce sont là, généralement, des infantiles, non parvenus à une autonomie morale suffisante et qui ont été particulièrement sensibles aux suggestions directes ou indirectes du milieu.

D'autres tombent dans une sorte d'hébétude, éprouvent le besoin de boire ou de manger. Certains s'endorment facilement et profondément, sans qu'il soit question d'épilepsie. Ce sommeil n'est pas nécessairement le signe d'une indifférence totale ou d'un cynisme révoltant. Il peut exprimer un état physiologique relevant de l'épuisement dû à l'émotion.

Parfois c'est une certaine excitation qui fait suite an drame.

La plupart du temps une certaine insensibilité physique et morale persiste après l'action, et la conscience, quoique à première vue normale, ne retrouve son équilibre qu'après plusieurs heures. Les souvenirs de la période qui suit immédiatement les faits sont généralement très lacunaires.

Un pourcentage assez faible reste calme, indifférent impassible. C'est assez souvent lorsque des éléments paranoïaques sont en jeu.

Enfin quelques-uns éprouvent un certain soulagement. Ce sont ceux pour lesquels l'idée criminelle se présentait sous une forme particulièrement obsédante et qui vivaient depuis des semaines et parfois des mois dans un certain degré d'anxiété. Ce soulagement n'est d'ailleurs pas de longue durée.

Pour la plupart le crime commis apparaît donc plus ou moins vite comme regrettable. Cependant, on ne peut confondre ces regrets avec un réel sentiment de culpabilité.

Il faut faire une mention spéciale pour ceux qui, la décharge affective ayant eu lieu et l'agression étant terminée, éprouvent le besoin de revenir auprès de la victime et de recommencer un second homicide. Ceci indique une potentialité criminelle très marquée et une puissance de haine qui ne se rencontre pas normalement. Plus rarement c'est un effet de la peur [4].

Dans quelques cas, le crime continue même quand la victime et le meurtrier ont eu le temps d'échanger, après la tentative des paroles qui laissent croire que tout s'est apaisé. Il peut se passer alors des scènes affreuses, tellement empreintes d'inhumanité qu'on peut les considérer comme l'indice d'une perturbation mentale profonde. Les deux plus graves que nous ayons rencontrées ont eu pour auteurs deux malades mentaux qui, à l'époque du crime, ne présentaient rien qu'une insensibilité affective très inquiétante, mais durent être colloqués dans les mois qui suivirent pour troubles psychiques caractérisés.

Le premier, décidé à tuer sa maîtresse, par jalousie, obtient d'elle une dernière nuit. Après un rapport sexuel, au moment où la femme est à peu près endormie, il lui tire une balle dans la poitrine. La femme n'est pas tuée sur le coup. Elle

---

[4] Prince YOUSSOUPOFF, *La Fin de Raspoutine*, Plon, 1927, p. 182.

s'éveille et ne se rend pas compte de la gravité de sa situation :

— Qu'est-ce que tu m'as fait ? dit-elle... Je vais mourir...

Et, après un moment :

— J'ai soif.

Lui, est resté impassible. Il lui répond alors :

— Va boire.

Elle se lève péniblement, va jusqu'au lavabo, avale un peu d'eau et revient se coucher, imaginant sans doute que l'affaire est réglée, que l'orage est passé. Il la laisse se recoucher et comme elle se dispose à s'assoupir, lui retire deux balles de revolver.

Un autre qui reproche depuis longtemps à sa femme de le tromper lui tire un coup de revolver. Elle est touchée, mais parvient à se sauver. Une poursuite s'engage dans la maison. Elle dure quelques minutes. Finalement, il ne trouve plus sa femme. Il cherche alors systématiquement et, dans le silence de la nuit, finit par l'entendre râler sous un lit où elle s'était dissimulée.

— C'est toi, Marie ?

— Oui... je vais mourir...

— Est-ce que tu es sûre que tu vas mourir ?

— Oui... je vais mourir.

— Alors je ne vais pas te laisser souffrir plus longtemps ; je vais t'achever.

Ce qu'il fit.

A l'inverse de cette impassible cruauté dont est totalement incapable un homme affectivement normal, on rencontre parfois des manifestations hystériformes qui s'apparentent à ce que nous venons de décrire par l'insensibilité qu'elles révèlent. Tel déséquilibré, après avoir coupé la gorge à sa maîtresse, lui fait une sorte de catafalque avec cierges et croix, sans oublier le chapelet dans les mains. Tel autre, prêtre défroqué, se souvient, devant la victime frappée à mort, de sa qualité de ministre de Dieu et lui donne calmement l'absolution [5]. Puis il la coupe en morceaux.

La détente assez brusque, survenant chez l'homme normal immédiatement après l'agression et entraînant avec elle le regret, est à rapprocher de ce phénomène général en vertu duquel la satisfaction de tendances affectives ou instinctives impérieuses et qui se sont au préalable exagérément emparées du psychisme, laisse après elle une impression de satiété où s'infiltre facilement le dégoût. C'est connu pour l'acte sexuel posé dans de mauvaises conditions; c'est fréquent pour ce qui concerne l'alimentation; il n'est pour ainsi dire pas désir intense dont la satisfaction n'expose à un mouvement de regret. Ce regret n'est donc pas une réaction morale; celle-ci, si elle doit venir, ne survient que plus tard.

C'est à tort que certains psychiatres s'imaginent que cette détente est le signe du caractère obsessionnel et par conséquent morbide du processus criminel. Elle se rencontre chez tous les normaux. Seuls les paranoïaques et certains déséquilibrés schizoïdes conservent après la décharge affective leur potentialité agressive. Mais ce qui est vrai, c'est que, chez le plus grand nombre des criminels passionnels, l'idée du meurtre revêt, à partir de l'assentiment formulé, une allure nettement obsessionnelle. Ceci est d'ailleurs conforme à la psychologie normale. Même chez des jaloux gravement délirants et indubitablement paranoïaques l'idée criminelle est souvent soumise à des fluctuations obsessionnelles; le profane même peut l'observer [6].

[5] Pierre BOUCHARDON, *L'abbé Delacollonge*, Paris, Lemerre, 1930.

[6] Jérôme et J. THARAUD, *La Tragédie de Ravaillac*. Paris. Le Livre de Demain, 1942.

III

Ce n'est pas le lieu d'envisager comment l'étude de préméditation se présente pour le juriste. Depuis le code pénal de 1810 pour lequel la préméditation consiste dans le dessein, formé avant l'action, d'attenter à la personne d'un individu donné, la chose s'est beaucoup compliquée. Pour autant que nous puissions en juger, cette complication croissante n'a pas éclairci de beaucoup la question. On y a apporté de nombreuses distinctions et spécifications, purement formelles et la plupart en dehors du plan psychologique, si bien qu'on passe assez régulièrement à côté du problème réel.

En fait, lorsqu'on examine la justice, non pas comment on devrait la rendre, mais comment on la rend, et cela d'après l'étude des dossiers mêmes, on constate que, pratiquement, surtout pour un accusé pauvre, on en est toujours à la loi française de 1810, l'antériorité du dessein criminel entraînant ipso facto la préméditation. Sous l'influence de cette conception simpliste on ne fait pas de différence entre un individu qui a soigneusement préparé son crime de manière à échapper aux conséquences de son acte et le désespéré qui, sans avoir rien arrangé de précis, indifférent à la peine qui suivra, abat la victime qu'il a menacée quelques jours auparavant. Ferri qui, avec l'école positiviste italienne, éprouvait pour le criminel passionnel un respect suffisant pour le défendre à outrance, avait cependant observé que le crime passionnel est souvent prémédité, mais très peu préparé. Et c'est très vrai. Il y a naturellement à distinguer le crime utilitaire destiné à assurer la disparition d'un être gênant et le crime passionnel-acte justicier. La préméditation des premiers se rapproche davantage du crime tout court; la préméditation des seconds n'est pas facile à mettre en évidence.

Sans doute, lorsqu'on étudie ces crimes passionnels, on trouve bien, à un moment donné, des paroles ou des indices montrant que l'idée criminelle est présente, formulée, envisagée. Mais, au fond cette idée reste très longtemps conditionnelle, et c'est ce qui explique la férocité de certaines menaces. Le sujet a la certitude qu'il ne les mettra pas à exécution, que les choses vont s'arranger. Le projet de suicide, si fréquent, est lui-même conditionnel et, au début, n'est pas beaucoup plus enraciné en la conscience que l'idée homicide... Il est si peu probable que les choses en arrivent là...

Nous ne reprenons pas ici le processus suicide-homicide sur lequel nous avons suffisamment insisté. Dans l'ensemble, avec ou sans menaces de mort, le criminel passionnel apparaît bien comme un être agi plutôt que délibérément agissant. La seule façon de se rendre compte de la préméditation chez lui serait de reconstituer la genèse et le développement de l'idée criminelle. On verrait ainsi que si l'idée criminelle remonte généralement assez bien en arrière, elle est cependant rarement totalement acceptée. L'interprétation de la préméditation devient alors chaque fois un cas individuel.

En pratique on peut dire que, matériellement parlant, la préméditation existe chaque fois; mais que la peine doit être proportionnée à l'attitude générale de la personnalité du coupable avant, pendant et après le crime, cet ensemble seul pouvant donner une idée suffisante de la situation.

Contrairement aux affirmations de Lombroso et de Ferri le criminel passionnel n'est pas plus normal que la plupart des criminels. Pour le comprendre il faut posséder toute la psychopathologie criminelle.

IV

La rareté de la récidive chez le criminel passionnel est un fait à propos duquel les criminologues sont d'accord avec les juristes et les statistiques. Elle varie entre 2 et 5 %. Ferri en trouvait l'explication dans le fait que d'après lui le criminel passionnel était un honnête homme et que d'autre part il était très difficile de se retrouver plusieurs fois dans le concours de circonstances qui l'avaient amené au crime une première fois.

Cependant les récidivistes — la plupart sont des paranoïaques légers ou de grands déséquilibrés émotifs — nous apprennent que le « concours de circonstances exceptionnelles » se recrée automatiquement autour de certaines personnalités. Ces paranoïaques ne rencontrent jamais que des êtres dont il leur faut absolument se défendre. Cela les étonne bien un peu, mais ils n'en estiment que plus perverse leur nouvelle victime. Ceci nous montre que le concours exceptionnel de circonstances peut se reproduire assez facilement et que l'absence de récidive, au fond, ne peut que faiblement s'expliquer par les circonstances. Nous avons d'ailleurs montré combien la personnalité du futur criminel intervient dans la création de la situation criminogène. Mais ce qui est changé, à la sortie de prison, c'est d'abord l'âge; c'est ensuite l'expérience du criminel. Il a poussé une idée jusqu'au bout. Dans l'acte criminel, il s'était engagé tout entier, indifférent aux conséquences, identifié d'une façon absolue à l'acte posé au moment vécu. En effet, dans ces crimes passionnels, avec ou sans idées de suicide, mais où le sujet ne prend aucune précaution pour échapper à la loi, l'on trouve un signe d'autodestruction manifeste. Le sujet accepte de se sacrifier pourvu *qu'il réalise son idée*. Il n'a recherché aucun avantage positif. Et ce qui compte dans la leçon c'est cette expérience de la vanité de ce coup de tête.

On peut comprendre la dure épreuve d'un criminel qui sacrifia son être et son avenir à l'orgueil et à l'obstination d'un moment. Et combien doivent lui paraître inutiles et risibles les exhortations à ne pas recommencer. Aussi, pour la plupart d'entre eux, après quelques mois, les dispositions intimes sont telles qu'on pourrait les remettre dans la société sans le moindre danger. Ils n'ont pas changé. Leur attitude vis-à-vis de la victime ne s'est guère sublimée. Mais vis-à-vis d'eux-mêmes ils ont pris une résolution. Ils ne se sacrifieront plus à leur idée; ni à celle-là, ni à une autre. Remis en liberté, ils rejoindront le groupe de ceux pour qui des expériences moins dramatiques ont été suffisantes.

Voici une courte observation de récidiviste. Nous commençons par donner la version des faits, se passant à 18 ans d'intervalle. Et, après cette version, un court récit de vie du condamné, écrit par lui-même et où il donne sa vision des choses. C'est un document très caractéristique. On s'étonnera qu'après avoir commis un meurtre sauvage et blessé une autre personne, le détenu avait été libéré après dix années de prison. Cependant ces choses ne doivent pas surprendre : ceux qui doivent devenir des récidivistes des crimes passionnels jouissent généralement pendant leur première incarcération de faveurs spéciales. Leurs processus revendicateurs et justificateurs, leur manque de sentiment de culpabilité laissant intègre leur rôle de justicier, touchent directement les fibres secrètes du personnel [7] de la prison, des fonctionnaires ministériels et des magistrats. On les considère comme ayant été « de vrais hommes ». Ci-après la version du parquet pour les premiers faits.

« Au mois de décembre 1908 Falpi abandonne sa femme pour aller vivre avec une femme D à Lille. La femme Falpi, dans la plus

[7] Il va sans dire que nous avons déjà commis la même erreur.

grande misère fut recueillie vers la fin du mois par le mari de la femme D, dont elle faisait le ménage, sans être la maîtresse cependant. Falpi l'apprit et revint une première fois fin janvier pour rechercher sa part dans les meubles. Des scènes assez vives eurent lieu ce jour-là entre Falpi, d'une part, et le mari de D et la femme Falpi d'autre part. Toutefois on parvint à renvoyer Falpi à Lille. Le 31 janvier cependant il revint et acheta un grand couteau de boucher à pointe affilée. Le 1er février il épia la maison où sa femme se trouvait, mais sans parvenir à y entrer. Le lendemain, dès 5 heures et demie du matin, il se trouvait à son poste d'observation et lorsqu'il fut certain qu'il ne se trouvait plus chez D que ce dernier et sa femme à lui, il pénétra dans la maison, sauta sur D auquel il porta quatre coups de couteau et qu'il tua net, pour ainsi dire. Puis il se jeta sur sa femme qu'il ne parvint qu'à blesser légèrement. Enfin il retourna l'arme contre lui-même et se fit une entaille profonde à la gorge. Après avoir passé 26 jours à l'hôpital, il guérit. »

Voyons maintenant la version pour les faits commis en 1927.

« Le détenu a déjà été condamné pour assassinat d'un soi-disant amant de sa femme (Faisons remarquer ici que D était évidemment l'amant de sa femme). Il avait été mis en liberté conditionnelle en 1919. Après avoir divorcé, il s'était remarié avec sa première femme et devint veuf en 1924. Il se remarie encore mais demande bientôt le divorce. C'est alors qu'il entre en relation avec sa troisième femme avec laquelle il se met en concubinage. Quand il avait bu il était brutal et la frappait souvent. Le 10 septembre 1927 il rentre ivre et injurie la mère de sa maîtresse. Dans l'entre-temps celle-ci rentre et pendant que la mère va chercher la police il essaie de l'éloigner en lui donnant des coups de pied. Une fois seul avec sa femme, fou de colère, il saisit son couteau de cordonnier et lui en donne un coup en pleine figure. Il jette sa femme à terre et se met à genoux sur elle. La femme se défend avec la force du désespoir; malgré cela elle est blessée au bras, à l'épaule. Une grosse veine a été ouverte; un coup a été porté à la bouche où un morceau de métal est resté.

Un homme entrant dans le magasin a interrompu la scène. La femme put s'enfuir, toute ensanglantée et le coupable fut arrêté par la foule. Après quelques jours la femme put quitter l'hôpital ».

Rentré en prison, Falpi fut invité, comme c'est l'habitude, à faire son récit de vie. On pense bien que ce récit est en général un plaidoyer et celui-ci n'échappe pas à la règle. Il n'en est pas moins farci de données bien révélatrices. Le style a été, autant que possible, respecté, à travers la traduction.

Ceci est l'histoire tragique mais réelle de ma vie.

Je me mariai lorsque j'avais 19 ans, tout alla bien jusqu'à ma 24e année, j'eus depuis 2 enfants dont le plus jeune avait 1 an; c'est alors que ma femme commença à refuser ses devoirs de mariée et souvent elle me lançait méchamment que je pouvais aller ailleurs, delà souvent des disputes et des mots durs.

Jeune, volage et plein de vie je fis la connaissance d'une femme d'un café tout près de mon travail, et j'allai habiter avec elle à Lille en France, parce que cela n'allait pas fort bien non plus avec son mari. Lorsque nous arrivâmes là-bas nous parvint la nouvelle que ma femme était aller habiter avec le mari de cette femme de café et ils avaient fait la noce comme s'ils s'étaient mariés, là-dessus je reviens à Gand pour parler à ma femme, pour lui demander si maintenant elle n'avait pas peur d'avoir encore des enfants; donc arrivé à Gand je me rendis au café, où ma femme habitait, et c'était l'homme qui était dans le café quand j'entrais, je lui demandais d'appeler ma femme, que je désirais lui parler, à quoi l'homme me cria que c'était sa femme à lui, et que je n'avais plus rien à voir avec elle, après quoi il voulait me mettre à la porte, et commençons à nous battre, tirait un couteau et faisait un malheur [8]. Hélas un malheur qui devait se terminer par une mort, ce que je regretterai toute ma vie, pris de désespoir je pris le couteau et me coupai la gorge, et après 5 mois de lutte avec la mort, et après beaucoup de souffrances, dans la clinique de la prison secondaire de N. ma constitution robuste prenait le dessus et je guérissais. Et un mois plus tard la Cour d'Assises de Gand me condamnait aux travaux forcés à perpétuité avec circonstances atténuantes, en l'année 1909 le 2 janvier et fus mis en liberté conditionnelle le 6 mai 1919 sans changement de peine.

Comme ma mère habitait chez ma sœur et son mari, j'allai habiter

---

[8] Construction particulièrement mauvaise de cette phase; on n'y voit pas qui a frappé; cette construction est évidemment intentionnelle.

avec ma mère, je mettais une plaque devant la fenêtre et commençais le métier de cordonnier pour mon compte personnel, et j'avais après un court moment tant de besogne que je devais presque travailler jour et nuit, mais cela je l'aimais bien, tout était pour mère, et nous étions heureux ensemble, hélas ce bonheur ne dura que deux années entières, mère devint malade et expira doucement dans le Seigneur. Après un an de ma condamnation ma femme demanda le divorce et elle l'a obtenu, mais elle resta seule, avec mon fils, ma fille est aussi morte pendant que j'étais en prison, et je l'ai visité pendant deux longues heures sur son lit de mort, mon garçon donc vient souvent à la maison chez sa grand-mère et son papa, un temps après la mort de ma mère celle qui avait été ma femme et mon fils sonnèrent, et demandèrent de pouvoir entrer, ce pour quoi je donnai mon autorisation, et on commença à bavarder, et on commença à reconnaître ses torts, on se pardonna l'un l'autre, et après trois semaines je mariai devant la loi ma femme pour la seconde fois après une séparation de 12 ans et demi.

Le frère de ma femme qui faisait dans le lait, le beurre et les œufs me conseilla de cesser mon métier de cordonnier et de commencer le commerce, et il me mit au courant de l'affaire; par hasard il y avait à D., un patelin près de la ville, une tournée de lait à reprendre à cause d'un décès, de 150 litres par jour, bidons, cheval et charette pour la somme de 5 000 fr, ce que j'ai repris, j'ouvrai un magasin et l'affaire tourna bien, de façon qu'au bout d'une année j'avais un tour de 300 l par jour et ma femme portait 100 l à domicile, sans compter le beurre et les œufs, on devait travailler dur, tous les matins à 4 h par bon et mauvais temps, deux heures et demie de marche pour chercher le lait à la campagne, à 7 h à la maison, on mange un peu et c'est la tournée jusque 1 h de l'après-midi, l'après-midi, il faut tout nettoyer, faire du fromage, du lait tourné, travailler le beurre parfois jusque 9 h du soir, tout cela nous le faisions avec bon courage, on s'accordait très bien ensemble et on gagnait beaucoup d'argent.

Hélas! cela ne pouvait pas durer, après avoir vécu et travaillé ainsi pendant 1 an et 6 mois, ma femme devient malade et devait partir en clinique, et dut subir en un an trois opérations, à la dernière elle succomba. Me voilà seul avec un tel commerce et avec un garçon de 15 ans.

« Le bon conseil est cher, et ainsi je mariai le 12 avril 1924 une certaine M. B. qui avait mon âge et qui habitait avec son père et comme elle habitait à côté de chez moi on avait conclu que son père viendrait manger chez nous et qu'il aurait tout son entretien chez nous. Quelques mois après le mariage le père et la fille ne faisaient que se disputer, et aussi de moi il voulait devenir le maître delà aussi des disputes, il renonçait à son travail et partait tous les jours et se vantait dans les cafés que son beau-fils gagnait assez d'argent, qu'il ne devait plus travailler, il avait 60 ans.

Pas une fois j'ai pu sortir seul avec ma femme le dimanche, le père devait toujours nous accompagner, j'en demandais des explications à ma femme, et hélas elle me déclarait la chose épouvantable en disant : N. mon père est jaloux et m'oblige à continuer avec lui les actes contre les mœurs qui duraient depuis de longues années j'avais pensé que ce serait fini en me mariant, mais c'est encore pire, m'avoua-t-elle, sur quoi je lui interdis la maison, mais je savais des voisins qu'il y venait souvent pendant mon absence.

Alors j'averti le Commissaire de Police par lettre et lui demandai un entretien, pendant lequel elle reconnut encore tous les faits en notre présence, aussi de ce qui se passait pendant notre mariage, pour les voisins et pour les clients du magasin cela ne resta pas un secret et ils lui en parlaient et poussée par la honte un Dimanche matin elle a quitté la maison avec tout l'argent disponible et quand j'arrivais à 1 h je me trouvais devant une porte fermée, après avoir déchargé mon auto et l'avoir mise au garage, j'allais chez le Commissaire pour lui demander ce que je devais faire et il me répondit : N. brisez ce contrat de mariage, c'est un contrat pourri, vous avez des raisons légales pour obtenir le divorce; et je devais revenir le lendemain et il me donna une lettre fermée que je devais porter chez un Avoué, et le divorce commença.

Des témoins ont déclaré, entre autres le Commissaire comme premier témoin que les faits contre les mœurs entre la fille et le père étaient vrais et qu'ils existaient encore pendant le mariage et il y a aussi eu des témoins déclarant avoir entendu du père lui-même que cela s'était produit encore souvent pendant le mariage.

Ainsi je me trouvais de nouveau tout seul avec tout le commerce, je devais fermer le magasin le matin et perdais ainsi beaucoup de clients, et comme je ne pouvais pas tirer seul mon plan, il fallait cuisiner, nettoyer et faire les commandes, je pris une femme à journée, une veuve de mon âge, et je dois ajouter, que de femme à journée cela devenait plus, et c'est ainsi que nous étions d'accord, comme elle possédait aussi un peu d'argent, de quitter la maison où j'habitais et d'aller habiter dans une autre rue N. où il y avait un même commerce à reprendre, ce magasin fut mis à son nom et enregistré ainsi, ainsi nous vivions ensemble en bon accord en attendant la fin du divorce pour pouvoir nous marier.

Il était entendu avec l'Avoué que le divorce coûterait 1 000 fr et que cela serait fini en un an; mais oui, il savait que j'avais un commerce et que je gagnais de l'argent, et le divorce durait de 3 ans et cela coûtait déjà plusieurs milliers de francs, sur quoi la femme commençait à être mécontente, qu'on travaillait pour rien, qu'on donnait plus d'argent aux Avocats qu'on en avait nous-mêmes, car il m'avait aussi fait prendre un Avocat, et maintenant il fallait 500 fr pour ceci et 500 fr pour cela etc... ainsi je devais de nouveau porter 500 fr un samedi après-midi, et la femme refusait de donner encore de l'argent pour cela; moi de mon côté je voulais toujours donner pour voir finir le divorce et pour pouvoir me marier, mais elle refusa nettement de gaspiller encore plus d'argent, de là des paroles, une dispute, une femme doit toujours avoir le dernier mot, elle me lança que je pouvais retourner près de l'autre, qu'ici tout était à elle et que je n'avais rien à y redire, ainsi je perdais ma patience et oubliais mon état pour un instant seulement, j'étais dans une petite annexe où se trouvait mon matériel de cordonnier en train de chercher un morceau pour réparer le pneu de mon auto et je préparais le morceau avec un couteau de cordonnier, sur ses derniers mots j'accourais vers la cuisine, je la secouais une bonne fois et la blessais ainsi légèrement à la lèvre supérieure avec le couteau que j'avais en main, et elle s'encourait, pensant qu'elle était allée chez la voisine d'en face où elle allait souvent, j'allais reconduire l'auto, mais quand je voulais retourner à la maison 2 agents de police m'ont arrêté et me demandèrent de les accompagner au bureau de police, elle était notamment courue au bureau pour dire que je l'avais blessée de coups de couteau. Oh! moment fatal; on me conduisait à la prison secondaire le 9 septembre 1927 et en décembre je fus condamné pour coups et blessures sur la personne de F. Y. H. à 2 ans de prison; je ne puis pas vous donner moins disait le juge que le plus grand maximum puisqu'il y a déjà votre première condamnation.

Mon malheur n'étant pas encore assez grave on me redonna ma première peine un mois après. Et ainsi je fais pénitence déjà du 9 septembre 27 jusqu'au 9 septembre 36, ce qui fera 9 ans que je dois faire pénitence pour un tel fait, après avoir été libéré conditionnellement pendant 8 ans 1/2; avoir eu une vie de travail nuit et jour, avoir vécu des maladies et des décès, et pour finir ce devait tout juste être moi qui fit un mariage aussi mal réussi.

Vous voyez donc Messieurs qui lirez mes aventures, que ce n'est pas par méchanceté que je suis revenu en prison, mais bien par la fatalité qui me poursuit, et si mon malheureux sort pourrait finir ici soyez assurés, qu'aucune autre femme n'entrera encore dans ma vie, que ma sœur laquelle est devenue veuve il y a 4 ans, et maladive, elle souhaite aussi vivement mon retour à la maison, pour pouvoir finir ensemble notre vie en paix et bonheur tranquille de pouvoir encore vivre pour ma sœur comme je vivais pour ma mère avant.

Je suis un homme de 52 ans maintenant et je n'aurai pas besoin d'assistance comme tant d'autres, mais je pourrais immédiatement commencer à travailler de mes propres forces, ce que j'ai assez bien démontré.

Et pour finir je dois encore ajouter que ces grippe-sous d'Acocats sont venus me rendre visite en prison; et je devais leur signer qu'ils pouvaient vendre les bidons de lait et l'auto, au reste il ne savait pas toucher, et ainsi ils feraient se terminer le divorce; hélas tout m'était devenu indifférent et je signais et ainsi aussi la dernière chose à laquelle ils pouvaient toucher a été vendue publiquement à N. le ...

Ce pourquoi j'avais travaillé si fort, et le divorce fut proclamé à l'hôtel de ville le ... hélas, quand il était trop tard.

Ainsi je vis ici, avec l'idée que j'ai suffisamment satisfait à la loi et à la société pour pouvoir encore une fois reprendre comme citoyen honnête ma place dans la société.

Ainsi je me nomme :
un prisonnier toujours humble et docile.
W.

Pour les seconds faits Falpi avait été condamné à 2 ans; seulement comme il était toujours condamné à perpétuité l'ancienne peine a automatiquement repris son cours. Il est actuellement toujours en prison.

En général que deviennent en prison les criminels passionnels? Depuis de nombreuses années que nous sommes en contact avec eux nous avons vainement cherché des traces sérieuses de transformation morale profonde.

Beaucoup apprennent à lire; d'autres qui savaient déjà lire se perfectionnent et se cultivent un peu; puis ils apprennent à connaître le personnel et à se créer, sans nécessairement être des hypocrites, une personnalité pour chaque visiteur.

S'il s'agit d'un homme exigeant, à tendances paranoïaques, il trouve bientôt parmi ceux qui le visitent, l'un ou l'autre personnage qui vient regretter avec lui la présence d'Ève sur la terre. Et comme nous l'avons dit, parmi les quelques récidivistes du crime passionnel, nous en trouvons qui furent particulièrement soutenus pendant leur première détention et dont la libération ne se fit que grâce à de puissantes bienveillances.

Les simples brutes ont plus de peine à se faire applaudir, mais le plus grand nombre, dans l'ensemble, parvient à se faire admettre soit comme victime de l'amour, soit comme victime de la femme. Ils sentent en tout cas toujours cette nuance de compréhension et cette admiration discrète de certains membres du personnel; aussi la honte de leur acte est-elle rare.

Mais au fond d'eux-mêmes, ils ont compris. Du moins, ils ont compris l'inutilité de leur acte. Beaucoup pleurent; ils pleurent sur eux-mêmes, sur les misères de leur vie et les injustices qu'ils subirent. Mais, de ces gens qui tuèrent par amour, nous n'en avons jamais vu chez qui le souvenir de la femme aimée illuminât le visage ou le regard.

CHAPITRE XV

ÉTAT DANGEREUX

Il est compréhensible, mais peut-être pas inévitable, que la police et la justice passent à côté de processus criminogènes sans le remarquer ou même en les aggravant. A la lumière de ce qu'on vient de lire, il semble manifeste que l'homme traduit en justice ou amené au bureau de police pour des motifs reliés à une genèse criminelle n'est plus maître de lui-même, malgré les apparences. Le punir est bien; l'aider et le sauver serait beaucoup mieux. Mais pour cela il faut s'immiscer un peu dans sa vie; et ceci n'est possible que si on peut avoir, pour lui un geste de sympathie réelle.

Si désagréable qu'il puisse se montrer, cet homme est avant tout un malheureux. Notre expérience nous a appris que ce qui empêche le magistrat ou le policier de porter secours à ce patient c'est moins l'ignorance qu'une certaine agressivité diffuse, une certaine volonté de le tenir éloigné de soi, abritées sous une notion grossière de « libre arbitre » ou de « mauvaises intentions » selon les convictions philosophiques... Cet homme qu'ils ont devant eux ils l'imaginent libre — tels qu'ils se sentent — et en déduisent, par une considération rapide — qu'il « doit bien savoir ce qu'il a à faire », que « ce sera pour son compte » et autres choses du même genre qui autorisent la plus sereine indifférence. Ce libre arbitre présupposé est d'ailleurs indispensable puisqu'il s'agit de punir... Seule une certaine formation scientifique est à même d'atténuer un peu cette réaction rigide devant autrui, et de la remplacer par la perception des mouvements qui se passent en lui, perception qui est le premier stade indispensable d'une compréhension vécue et sympathique.

Parmi nos criminels passionnels nous constatons que 39 % tuent après une latence de plus de trois heures à 15 jours et 34 % après une latence variant de 15 jours à plusieurs années.

Soixante-quatorze pour cent des criminels passionnels que nous avons étudiés laissent donc entre l'acceptation nettement consciente de l'idée criminelle et la réalisation de l'acte, un espace de temps variant d'un jour à plusieurs années. En tant qu'êtres humains, ils sont jusqu'à un certain point influençables, malgré le caractère tyrannique des processus qui les poussent.

En pratique, plus de 70 % des criminels passionnels avertissent antérieurement aux faits ; les uns par actes, les autres par paroles. Ces choses peuvent être mises à profit pour faire avorter l'idée criminelle [1].

Nous croyons que l'état dangereux commence avec ce que nous appelons la période de crise, c'est-à-dire le moment où

[1] Les vues exprimées dans ce chapitre résument un rapport à la Société de Prophylaxie Criminelle en 1937. — Ce rapport a paru dans la *Revue de Droit Pénal et Criminologie*, mars 1938.

le sujet, ayant accepté silencieusement et secrètement (seul ou à deux) l'idée de la disparition de la victime, constate qu'il devra passer à l'acte.

L'idée du meurtre est devenue dominante et l'individu, bien qu'il lutte et essaie encore d'échapper, sent néanmoins que l'idée homicide est devenue le centre de toute son activité psychique et constitue un problème qui ne peut plus recevoir de réponse simple.

C'est généralement, pendant ces périodes de crise qu'il se passe des faits extrêmement révélateurs, faits que la police, très souvent, connaît et à l'occasion desquels on pourrait intervenir d'une manière beaucoup plus efficace qu'on ne le fait aujourd'hui.

Nous allons voir quels sont ces faits révélateurs.

C'est seulement dans les homicides à longue incubation, chez des individus qui peuvent opposer une barrière morale relativement solide au processus criminogène, que l'on peut ainsi séparer les diverses périodes. Dans de très nombreux cas, crise, assentiment conscient et même, assentiment inefficace, sont étroitement imbriqués. Mais les signes révélateurs de la crise indiqueront, ici, que nous sommes devant un « état dangereux ».

Ces périodes de crise, au cours desquelles le pré-criminel entre en rapport avec la police pour faits généralement légers mais significatifs, ne se terminent évidemment pas toujours par un crime. C'est la raison pour laquelle toute intervention, à cette période, est tellement délicate et doit être empreinte de la plus large humanité. Et malgré tout, l'intervention est concevable parce que, très souvent, à cette période, le pré-criminel, laissé à lui-même, débordé par la situation et le milieu, n'est plus à même de se diriger librement.

Comment se manifeste cette sorte de crise ?

Le pré-criminel s'efforce de poser des équivalents de son crime, de convaincre l'entourage de ce que la chose est dramatique et sérieuse, que le danger est bien réel, que ses menaces ne sont pas des mots en l'air.

Nous constatons, à cette période, des tentatives avortées (esquisse de strangulation, par ex.), des menaces (avec ou sans arme), des coups, des calomnies, des abandons de femme et d'enfants, de la déchéance morale (par ex., oisiveté, ivresse publique, parfois idée de suicide, et même tentatives de suicide, refus de manger, bouderie grave, amaigrissement, insomnies, excitations, etc.).

Cet ensemble ressortit à la délinquance banale mais un juge ou un commissaire de police, ayant des préoccupations prophylactiques, pourrait facilement déblayer le terrain et repérer, parmi cette délinquance banale, celle qui révèle l'existence d'un processus criminogène grave.

Il faut toujours rechercher ce qui s'est passé à propos des délits ; il faut, notamment, savoir s'il y a proportion entre le délit et l'excitation, en connaître les causes et les relations. Moins un délit semble explicable, plus il suppose de processus normaux ou pathologiques dont il n'aurait été qu'une manifestation extemporanée. Moins le délit est expliqué par les contingences banales, plus il faut le raccrocher à des processus invisibles et plus il faut le comprendre, comme signe d'imminence de la perte du self-contrôle du sujet.

S'enquérir de la cause réelle serait déjà un grand point ; cela amènerait à s'enquérir du caractère du coupable, de savoir s'il y a changement dans sa façon de faire depuis un certain temps, s'il y a eu menaces ou tentatives de suicide, s'il y a amaigrissement, insomnies, changement d'humeur, changement d'attitude sociale, s'il y a de petits signes de déséquilibre émotif.

Bref, il est indispensable qu'un homme, en imminence de meurtre, ne puisse pas passer entre les mains de la police ou de la justice sans être remarqué. Chose facile à obtenir si tels membres de la communauté, ayant à statuer sur un cas, étaient particulièrement formés à cette mission.

L'état dangereux serait donc, ici, révélé occasionnellement, à propos d'un contact avec la police. Il est caractérisé, en même temps, et par le délit commis, et par le processus dont le délit est l'expression; il est spécifié par le degré de probabilité plus ou moins grand qu'il a d'évoluer rapidement et par la plus ou moins grande probabilité qu'il y a de voir le sujet se laisser influencer par des avis raisonnables. Ici intervient la notion du plus ou moins grand degré d'influence pathologique.

L'état dangereux est, par définition, applicable à tout homme normal, mais l'expérience nous apprend que l'état dangereux, ainsi défini, est d'autant plus redoutable que le coefficient de pathologie est plus élevé dans la formation de cet état. Ceci n'étant pas une valeur absolue, l'intelligence et la valeur morale du milieu intervenant, également, pour aggraver ou atténuer cet état.

L'état dangereux dont nous parlons est donc limité à une phase précise de la vie d'un homme quelconque, subissant la période de « conflit moral aigu » d'un processus criminogène.

L'état dangereux peut se reconnaître, et pour résumer ce que nous venons de dire, nous dirions que lorsqu'un délit met en jeu, d'une façon même minime, la vie d'autrui, un examen attentif et pertinent s'impose.

Il s'agit notamment de savoir si cet acte délictueux appartient ou non à un processus criminogène et s'il est, ou non, révélateur d'un état dangereux.

Cet état dangereux n'est pas directement donné par le degré habituel d'anomalie d'un sujet quelconque, mais il est lié à une notion double : d'une part, l'existence d'un conflit généralement passionnel jouant le rôle d'événement grave mais occasionnel et, d'autre part, l'état psychique fondamental du sujet influençant ses déterminations et le libre jeu de ses déterminations.

L'état dangereux est donc, même s'il s'agit de déséquilibrés, un état essentiellement passager. Cet état peut devenir chronique lorsque « l'événement occasionnel grave » se répète indéfiniment ou bien, lorsque le déséquilibre est tel (délire de persécution, par ex.) que le conflit moral homicide est permanent.

Dans d'autres cas, l'occasion sera unique, dans d'autres, elle pourra se répéter à plusieurs années ou lustres d'intervalle.

Cet état dangereux étant révélé, il reste à déterminer dans quelle mesure et pour quelles raisons particulières tel cas individuel constitue un état particulièrement dangereux et dans quelle mesure une intervention peut être légitimée.

Un individu quelconque réalise un « état dangereux » non pas du fait qu'il subit un processus criminogène mais lorsqu'il démontre, par une manifestation sociale, bénigne ou grave, que ce processus tend à se traduire en acte sans qu'il soit possible de l'arrêter par le jeu des intimidations banales connues de tous.

L'état dangereux commence là où l'individu présente le premier signe de décompensation à l'égard de son processus criminogène. La gravité de cet état dangereux est d'autant plus prononcée que l'individu qui le présente s'écarte plus des types moyens d'humanité normale et se rapproche des personnalités morbides (tempéraments pathologiques, déséquilibrés divers, voire même aliénation mentale).

Ces états pathologiques ne doivent pas, nécessairement, être extrêmement graves en soi, mais une altération morbide, relativement légère, peut amener des situations nettement pathologiques au cours d'une adaptation à une situation difficile.

Cela dit, aucune prophylaxie n'est concevable si certains

membres de la magistrature et de la police ne sont à même de remarquer cet état, de le comprendre, de le retrouver et surtout de le rechercher à l'occasion des contacts que le pré-criminel a presque fatalement avec eux.

Imaginer qu'une disposition légale quelconque puisse avoir un effet utile, en l'absence d'une éducation particulière du personnel qui aura à l'appliquer, n'est pas possible. Il va de soi qu'il ne suffira pas toujours d'avoir remarqué un processus criminogène pour pouvoir l'empêcher de se réaliser. Mais il nous semble cependant que pour l'empêcher de se réaliser, il faut d'abord l'avoir remarqué. On ne manque pas à l'équité en disant que la formation scientifique de ceux qui ont à s'occuper de ces choses laisse beaucoup à désirer.

I. UN PROCESSUS CRIMINOGÈNE ÉTANT REPÉRÉ, COMMENT CONCEVOIR L'ACTION PROPHYLACTIQUE ?

1. Un premier point. *Ne pas l'aggraver*

A cette période-là, l'homme qui comparaît devant la police ou le juge n'est pas un homme comme les autres. C'est un individu dont la sensibilité affective, dont l'influençabilité sont terriblement exagérées, surtout en ce qui favorisera son idée criminelle. Ses tares mentales éventuelles voient, à ce moment-là, leur importance décuplée.

Or qu'arrive-t-il trop souvent ? On se moque de cet homme. Ces milieux inférieurs de police notamment se comportent avec lui comme avec n'importe quel individu et combien de fois n'y a-t-il pas à déplorer des phrases comme celles-ci :

— Tu n'es pas un homme. Ce n'est pas moi qu'on arrangerait comme ça !

Il ne faut guère être compétent pour juger de l'importance

que de telles réflexions revêtent dans la mentalité du pré-criminel. Elles font faire un pas en avant à l'idée criminelle.

Sans aller aussi loin, on peut encore aggraver le cas en n'ayant pas, pour le prévenu ou le délinquant, le mouvement de sympathie qu'il faut pour comprendre son cas. N'oublions pas que pour ce pré-criminel, police et justice font partie du milieu où il vit, ont une influence comparable à celle du milieu, en bien ou en mal, selon les circonstances. L'atmosphère d'indifférence atroce des bureaux de police et même des cabinets de juge viennent confirmer le pré-criminel dans son idée qu'il est repoussé, renié ou incompris. Nul effort n'est fait pour le conquérir, pour aller droit à son âme, à tout ce qu'il a sur le cœur et qu'il lui suffirait peut-être de pouvoir exprimer pour en guérir.

Cette attitude de sérénité indifférente et méprisante est surtout néfaste pour les déséquilibrés ou pour les infantiles qui, presque consciemment, attendent un vrai secours.

Du moment où l'on admet une attitude prophylactique, on formule l'idée que celui qui représente l'ordre et la défense de la société, doive se dire non pas exclusivement : « quelle peine vais-je appliquer à ce fait » ? mais se pose, en dehors de toute idée de peine cette question : « que puis-je faire de mieux dans ce cas particulier, pour empêcher les choses d'aller au pire » ?

C'est l'attitude depuis longtemps du juge des enfants qui n'arrive aux mesures graves qu'à son corps défendant.

2. *Prévenir est évidemment le but de toute prophylaxie*

Pour plus de clarté, prenons la chose sous deux aspects différents.

a) Ceux qui viennent spontanément se plaindre.

b) Ceux qui sont amenés devant la justice pour un méfait grave ou bénin, en rapport avec un processus criminogène.

II. CEUX QUI VIENNENT SE PLAINDRE

Ce sont : soit la victime éventuelle, soit l'assassin éventuel.

1) L'assassin éventuel vient se plaindre. C'est le cas le plus favorable; dans aucun cas on ne devrait échouer.

Un tel visiteur doit être d'autant plus écouté que l'affaire a l'air plus anodine. *Renvoyer le sujet est condamnable car sa seule présence au bureau de police est en soi le signe qu'un drame se prépare quelque part.* Une demi-heure, une heure, deux heures de conversation seul à seul avec l'homme, apprendront au commissaire ce qui se passe. Pendant cette conversation, le commissaire doit s'efforcer de conquérir l'homme, de capter sa confiance, de devenir son confident, d'obtenir de lui la promesse qu'il reviendra lui demander conseil et lui exposer sa suite des événements. C'est au cours de cet effort que le commissaire pourra se rendre compte, s'il a quelque compétence, du degré de témébilité du sujet, de son aptitude à subir encore l'influence des raisonnements, d'une intimidation. Il va de soi qu'il profitera de cette conversation pour lui donner les meilleurs conseils.

Ce plaignant peut être un fou évident : dans les grandes villes il sera instantanément dirigé vers un centre psychiatrique ordinaire.

Habituellement, les choses ne sont pas aussi simples. L'homme peut être quasi normal, ou déséquilibré à un degré plus ou moins net. L'essentiel est de maintenir le contact avec lui. Si le commissaire le considère comme assez normal, il lui fixera un rendez-vous. Dans l'entre-temps, soit par lui-même, soit par la police, soit — et ce serait l'idéal — par une femme compétente, assistante sociale spécialisée dans ce domaine, il aura fait faire une enquête dans le milieu.

Cette femme se rendra compte du degré de compréhension du milieu, des chances qu'il y a d'arriver à un arrangement, etc.

Si le pré-criminel vient se plaindre, c'est évidemment qu'on a des torts réels ou imaginaires envers lui. Et si le commissaire ou l'assistante sociale, participent, à un moment donné, aux échanges de vues, il y a des chances très sérieuses de voir les processus criminogènes rentrer dans la catégorie de ceux qui n'aboutissent pas.

Dans de telles conditions, seuls les cas pathologiques résisteront. Il arrivera, de temps à autre, que, parce qu'ils n'auront commis aucun délit sérieux, police ou service de prophylaxie verront évoluer l'idée criminelle inéluctablement sans qu'ils puissent rien faire pour l'empêcher.

En effet, ce n'est que s'il a commis quelque chose d'assez grave pour pouvoir être arrêté, qu'il serait possible de soumettre le pré-criminel à la défense sociale.

Dans l'état actuel de la loi un déséquilibré même dangereux, ne peut quasi jamais être momentanément colloqué.

On peut cependant envisager, dans certains cas la possibilité, pour la police, de diriger l'individu vers un service d'hygiène mentale.

2) Lorsque c'est la pré-victime qui vient se plaindre. Le cas est évidemment plus difficile. Ici aussi l'enquête prudente, mais efficace, s'impose.

Il y aura souvent à faire l'éducation de la pré-victime : lui apprendre à ne pas provoquer, etc. Et comme généralement il y a une faute réelle à la base de ces conflits, on pourra quelquefois rétablir l'ordre social et parvenir à la réconciliation indirectement.

Ici aussi tous les cas peuvent se rencontrer. La situation est particulièrement délicate. Les échecs seront plus fréquents.

Dans ce cas-ci, comme dans le premier, il s'agira toujours de mettre à nu devant les pré-criminel et pré-victime, les processus psychiques réels qui se passent en eux et détruire ainsi, partiellement du moins, les constructions inconscientes qui acheminent lentement les sujets vers le dénouement tragique.

3. CEUX QUI COMMETTENT EN PÉRIODE PRÉ-HOMICIDE UN ACTE PUNISSABLE

De telles personnes sont déjà loin sur la voie et leur acte représente, en quelque sorte, une menace solennelle, un équivalent, un essai sur la route de l'acte définitif.

Ici, comme pour les autres cas, il faut que l'instruction puisse reconnaître la valeur signalétique de l'acte commis. Or, lorsque l'individu n'est pas considéré comme anormal, lorsqu'il n'est pas sous la juridiction de la loi de défense sociale, on le traite, lui et son milieu et l'ensemble de la situation, avec une désinvolture et une indifférence coupables.

Quelques remarques avant de parler de mesure.

1) Le fait de dresser procès-verbal à un pré-criminel constitue toujours une chose grave. Généralement il rentre exaspéré, subit les sarcasmes de son milieu et voit la situation s'aggraver. C'est cependant une chose courante.

2) Le fait de laisser sortir de prison, après huit jours et même après deux mois, un individu qui a commis un acte punissable appartenant à un cycle criminogène, sans s'être efforcé d'opérer une réadaptation sûre au milieu, sans avoir préparé l'apaisement, est également très grave. Généralement l'individu sort plus exaspéré qu'à son entrée.

3) Le fait malheureusement trop fréquent de ne pas reconnaître, à l'occasion d'un tel délit, un état de déséquilibre grave et de ne pas songer à faire examiner le coupable, ne devrait jamais exister.

Cela dit, que proposons-nous ?

Lorsqu'un acte punissable a été commis et que cet acte comporte une arrestation, que cette arrestation soit immédiate.

Mais l'arrestation ne saurait avoir pour but exclusif, d'appliquer, le plus adéquatement possible, le code. Il faut profiter de cette arrestation pour connaître exactement le coupable et sa situation, pour savoir où il en est de son processus criminogène, pour avoir une idée de la résistance qu'il est encore à même d'apporter à l'idée criminelle.

Le rôle du juge ici n'est pas d'appliquer aveuglément le code : c'est, avant tout, de sauver une vie humaine d'une part et, d'autre part, d'empêcher le pré-criminel lui-même de se causer, à soi-même, le préjudice le plus important qu'on puisse imaginer.

Le fait commis étant punissable, le prévenu étant arrêté, l'autorité dispose des conditions idéales pour imposer son point de vue.

Ici, avant toute condamnation, il faut une enquête dite « sociale » très sérieuse. Il faut que le magistrat soit exactement renseigné sur le milieu, les réactions du milieu, les modifications survenues du fait de l'arrestation, etc. De son côté, il connaîtra l'évolution du prévenu.

Dans certains cas, presque exclusivement dans les cas nouveaux, il apparaîtra que l'on pourrait tenter une réadaptation très rapidement et il faudra, évidemment, adapter la condamnation à cette situation favorable.

Si l'on accepte un point de vue prophylactique, ce qui compte, évidemment, c'est non pas de conformer la peine à un schéma abstrait, mais d'*obtenir l'effet le plus favorable*.

Dès que le cas est teinté d'anomalie et surtout lorsqu'il y a des éléments nettement pathologiques en question, la situation est beaucoup plus grave.

En effet, la réadaptation est ici beaucoup plus longue, et le processus criminogène demande, pour se dissocier, un laps de temps variant de 8 à 10 mois à plusieurs années [2].

De sorte que si tel prévenu est condamné à une peine de prison de 2 à 5 mois, lorsqu'il sort de cellule, il se trouve encore toujours en pleine période dangereuse.

Lorsqu'il y a le moindre élément de doute, à propos d'un prévenu du genre de ceux qui nous intéressent ici, il faut absolument une expertise mentale et, éventuellement, il faut appliquer à cet homme la loi de défense sociale ; elle seule permettra de le tenir aussi longtemps qu'il est dangereux.

Plus le cas est pathologique, plus il faut longtemps au processus criminogène pour s'éteindre. Seule une méthode souple et individuelle peut avoir ici une certaine efficacité.

Lorsque le fait punissable ne comporte pas d'arrestation, le cas est sûrement plus grave car le procès-verbal tient lieu d'élément irritant et crée, généralement, une sourde poussée vers l'action.

Nous croyons qu'il y a lieu de se comporter, dans ce cas-là, comme dans les cas où il y a simplement plainte de l'un ou de l'autre ; et nous rentrons ainsi dans la première catégorie.

Les grosses difficultés que l'on rencontre à propos de la prophylaxie de l'état dangereux sont de deux ordres.

Juridique d'abord, et nous n'insisterons pas après les diverses propositions qu'on vient de lire.

Technique ensuite. C'est la formation du personnel qu'il faut atteindre et c'est là, très probablement, le véritable écueil. C'est que trop peu de personnes, soit parmi ceux qui entrent en contact avec les hommes, soit parmi ceux qui ont pour mission de sauvegarder la pureté des lois, sont au courant des données scientifiques ou simplement humaines du problème.

---

[2] Dr DE GREEFF, *Menaces de mort chez le Schizoïde et Défense sociale.* — Journal belge de Neurologie et Psychiatrie, novembre 1934.

CHAPITRE XVI

L'INFLUENCE DU CRIME
SUR LA PERSONNALITÉ DU COUPABLE

I

Cette question de l'influence du crime sur la personnalité du criminel est très complexe. Nous pouvons nous demander quelle est l'influence de la genèse criminelle avant le crime même et après le crime. Mais tout de suite la chose se complique parce qu'il existe un grand nombre de genèses criminelles qui n'aboutissent pas au crime et doivent avoir, néanmoins, une grande influence sur la personnalité envisagée.

L'échec de la jalousie qui n'a pas réussi à sauver l'amour malgré la revalorisation brusque de l'être aimé est en même temps un échec personnel. Dans les meilleurs cas, ceux qui surviennent chez quelques êtres d'élite, cet échec est imputé en bonne partie aux insuffisances et défauts personnels et toute la question de l'amour, de la femme, de la tendresse n'est pas nécessairement mise en jeu. Mais, dans la pratique, le meilleur sujet éprouve bien de la peine à croire réellement

que tout a vraiment dépendu de lui, et il tend par le fait même
à opérer en son jugement un réajustement des valeurs. Il
prisait trop haut la femme et l'amour ; il envisageait les choses
d'une manière trop idéalisée ; il dépendait par trop de l'image
« artificielle » et « irréelle » qu'il s'était forgée et qui ne se
trouvèrent pas suffisamment fondées en la réalité. Pendant
la jalousie, l'homme a senti s'agiter en son moi profond les
monstres instinctifs, s'est rapidement rendu compte de la
voie qu'il tendait à prendre et tout en rougissant devant lui-
même de ses secrètes pensées accuse sa naïveté de l'avoir
amené jusque-là, par surestimation de l'infidèle, surestimation de la femme en général. Il en résulte que sa conception
de l'amour descend de plusieurs degrés et que jamais plus
il n'attendra vraiment de l'être féminin tout ce qu'il avait
rêvé de lui. Il en devient plus réaliste, et, sans aucun doute,
ce réalisme l'aide beaucoup dans l'existence. La question est
de savoir si ce réalisme l'enrichit ou non. Il semble manifeste
qu'il eut mieux valu que cet homme n'eut pas eu à faire
cette rectification et qu'il eut pu achever son existence avec
sa vision première des choses. Cela eut mieux valu pour lui-
même, pour les autres, pour le règne de l'amour, de la
compréhension et de l'estime réciproques ici-bas. Un être un
peu fin et délicat, qui, par suite d'une expérience malheureuse a cessé d'envisager les choses sous leur beauté initiale
se rend compte que si cette attitude lui facilite l'adaptation à
l'existence, elle le diminue néanmoins au point de vue
absolu. Et c'est une des raisons pour lesquelles, dans
quelques cas, l'homme sentira qu'il ne peut pardonner
vraiment qu'en restituant à la femme et au prochain tout
ce qu'il lui a retiré d'estime. C'est pourquoi la seule solution
est le pardon complet. Mais d'autres ne pardonneront
jamais, et tout en éprouvant cette diminution d'eux-mêmes,
y prennent un certain plaisir, parce qu'ils en accusent
secrètement l'infidèle ou la femme. Cette attitude profonde

déteint sur toute leur allure, sur toute leur mentalité, sur leur pensée même et peut durer des années et même toujours. De tels hommes sont alors marqués pour leur existence d'une composante, pourrait-on dire, masochiste, ou d'une mysogynie qui n'est pas toujours très loin du premier degré de sadisme. Ils se complaisent à souffrir indéfiniment de leur désillusion première, mais par contrecoup deviennent indifférents et durs pour la femme et le prochain. Ce ne sont pas des sadiques actifs, mais des coupables par omission : ils laisseront désormais souffrir sans s'inquiéter. Cela leur vaut, malgré le plaisir qu'ils peuvent retirer de cet état, une certaine régression morale. Parfois ce sont des vases réellement brisés; souvent ils se complaisent à jouer le vase brisé. Dans un certain nombre de cas, ils deviennent des don juans ou des don juanes et les cas de Byron et de Chateaubriand illustrent à souhait ce que nous venons de dire. On peut considérer en tout cas que de telles expériences portent l'homme à croire qu'il vaut mieux ne pas idéaliser l'amour et à le lui faire accepter plus dans le sens sexuel que dans le sens affectif. Mais toute la psychologie humaine y passerait si nous voulions étudier l'influence des déceptions amoureuses sur le comportement des hommes. Qu'il nous suffise de signaler que, même dans les cas qui évoluent au mieux, il en reste toujours des traces profondes et durables, parfois inaltérables.

Tout le monde sait qu'elles sont parfois le point de départ de certaines vocations religieuses, vocations qui ne sont pas nécessairement des vies ratées. Mais si on y regarde bien, ces vocations ressemblent, d'assez loin il est vrai, à des équivalents de suicide. Sans doute, les choses s'améliorent-elles généralement dans la suite, mais il n'en subsiste pas moins une attitude générale d'où le ressentiment n'est pas suffisamment banni.

Les cas qui évoluent vers le suicide réel ne doivent pas être étudiés séparément des équivalents de suicide. Nous avons vu que l'idée de suicide surgit assez tôt dans la conscience du jaloux vaincu. S'il n'en arrive pas à la réalisation ni même à l'essai de réalisation, il en arrive néanmoins à des attitudes correspondantes. Les plus fréquentes sont la dégradation morale volontaire : toxiques, laisser-aller moral, liaisons et aventures déplorables, engagement à la légion étrangère, engagement dans des situations précaires, mal étudiées ou plus ou moins dégradantes et quelquefois mariages volontairement mal assortis, par indifférence ou désespoir. Ces situations, depuis la crise de toxiques jusqu'au mariage sans amour, engendrent à leur tour des situations désastreuses et, sans qu'il l'eût positivement voulu, toute la vie du sujet s'en trouve grossièrement marquée. Ici, la déception et la trahison ont été la cause initiale de la déchéance. Pas complètement toutefois : il est clair que la grande cause s'en doit rechercher dans la personnalité même du déchu, dont les ressources intérieures n'ont pas été assez importantes pour lui permettre d'éviter le naufrage.

II

Lorsque le processus de révolte et d'agression se développe jusqu'au bout l'influence qu'il a sur la personnalité, on peut l'imaginer, sera plus visiblement marquée. Mais dans le cas du crime, cette influence est masquée par le fait que le coupable passe inévitablement un certain nombre d'années en prison et qu'il est censé n'en sortir qu'après amendement, c'est-à-dire après avoir effacé de sa vie le vieil homme.

Avant l'acte criminel, pendant la crise, l'influence dissociative, désagrégeante du processus sur la personnalité est manifeste. Nous en avons vu suffisamment de cas. Mais cependant il faut insister quelque peu. L'homme n'est pas parvenu en une fois à se mettre dans la peau de l'assassin qu'il *veut* devenir. Il s'y amène progressivement, par un ensemble de gauchissements et de déformations, d'idéologies mêmes, de considérations morales et sociales qu'il prend à son service et tout naturellement son niveau moral baisse fortement dans toutes les directions. La libération des tendances instinctives dans une zone amène, en vertu de l'unité des fonctions psychiques, d'autres libérations et dans un cas que nous étudiâmes jadis nous rencontrâmes ceci : un amoureux évincé, après de longues ruminations homicides, ayant décidé de passer à l'acte, loue un taxi pour atteindre plus facilement l'infidèle. Il passe toute sa journée à la poursuite de la victime, mais en vain. Son exaspération n'a fait que croître et enfin, n'en pouvant plus, il abat le chauffeur. Il avait de l'argent pour le payer, mais explique qu'il l'a tué par rage et impuissance. Cette diffusion des tendances agressives se réalisant sur d'autres objets que ceux prévus, et amorcée par une souffrance considérée comme injuste a été notée par Katherine Mansfield dans *La Mouche*. Cette diffusion se manifeste dans les manières plus brutales de l'homme, dans les changements décelables dans son vocabulaire [1] et ses gestes où on le voit progressivement acquérir le maintien et le langage d'un être plus brutal qu'il ne l'est habituellement. Cette brutalité même suscite des réactions de la part de l'entourage et de l'éventuelle victime et complique la situation en l'amenant vers l'inévitable paroxysme.

Une fois le crime accompli, quelle est son action réelle sur le coupable ?

C'est bien difficile à dire. A notre avis, dans la plupart des

---

[1] Cette Évolution du Langage, a été étudiée finement par P. A. NI-CEFORO, « *Psychologia profunda del gergo popular* » in Giustizia Pénale. 1936. Fasci VIII. (*Le langage trivial*).

cas le regret survient assez vite, comme nous l'avons signalé ; il apparaît en même temps que la dépression ou l'idée de suicide disparaissent ; dans d'autres cas il est tardif. Mais il s'agit toujours ici d'une attitude *apparente* et l'attitude réelle échappe en grande partie et peut-être toujours.

Pendant l'acte même, nous l'avons vu, la satisfaction du coupable est minime puisque la conscience est en partie obnubilée. Et sitôt après l'acte, ou peu de temps après, dès qu'il reprend la direction de son moi le sujet a un grand intérêt à montrer du repentir. Ses regrets peuvent facilement avoir un *accent* de sincérité dès qu'il se voit enfermé dans une cellule pour vingt ans. Officiellement, le coupable présente nécessairement un certain regret et admet qu'il doit expier sa faute. Au point de vue des relations sociales et du reclassement éventuel c'est tout ce qu'on peut lui demander et, en somme, c'est suffisant. Le coupable se crée ainsi peu à peu une physionomie de pénitent qu'il conservera indéfiniment. En réalité, il regrette effectivement son acte ; mais pour des raisons toutes autres que celles d'avoir mal agi : il le regrette parce que l'affaire ne valait pas la peine de venir finir ses jours en prison.

Si l'on ne se contente pas des attitudes apparentes on constate que le crime continue, après les faits, à influencer le criminel. L'action criminelle ayant entraîné une punition, le criminel rend la victime responsable de cette punition et les motifs qu'il avait de la haïr ou de se venger continuent d'exister. Il considère que, maintenant qu'il est en prison, sa victime a encore raison de lui et qu'il subit encore sa néfaste influence. Il continue d'en vouloir à cette victime et si on essaie de connaître fortuitement, par effraction, son opinion réelle nous voyons qu'elle est à peu près celle-ci. « C'est encore moi qui suis le plus mal arrangé des deux. » « Voyez ce qu'elle m'a fait. » « J'espère bien qu'elle est en enfer, sinon, il n'y a plus de justice. »

Le criminel continue à se sentir victime et à se comporter comme tel. Son ressentiment contre la femme et la société se traduit par de longs discours méprisants à l'adresse des filles d'Ève et de désenchantements à l'égard des hommes. Ce ramassis peut passer pour de bonnes résolutions et certains membres visiteurs ne manquent pas d'y voir le résultat de leur moralisation et des progrès de la raison.

En réalité nous n'avons jamais vu qu'un criminel s'améliorât du seul fait de la prison. La dure expérience qu'il fait de la justice humaine le force à des retours sur soi-même : mais c'est pour se dire qu'il n'y a pas de justice, qu'il a été vraiment déraisonnable de « s'en faire » comme il s'en est fait et que la seule règle de vie digne d'être suivie est l'indifférence et l'égoïsme tranquille. Il se rencontre là avec l'opinion de l'homme de la rue et l'on trouve dès lors son reclassement assuré. Un autre élément entre parfois en jeu, c'est l'instruction et l'éducation que l'homme peut recevoir en prison même : des modifications considérables peuvent alors se produire dans sa mentalité; il repense sa vie, réajuste ses idées et son comportement. Il se hausse d'un degré dans la compréhension des choses. Généralement, pourtant, il reste fidèle à sa ligne primitive, et se borne à employer d'autres formules pour exprimer les mêmes choses.

La guérison et l'amendement que lui confère la vie en prison sont donc généralement extérieurs. S'il prend la résolution de ne plus recommencer c'est parce qu'il trouve désormais qu'il a été naïf; ce n'est pas parce qu'il avait réellement péché. Il s'agit bien entendu ici de ceux qui ont mené l'acte jusqu'au bout et dont la personnalité entière participa au meurtre.

Ce que révèle l'étude du meurtrier après le crime et parfois des années après le crime, c'est le caractère sincère et réellement vécu des processus mentaux qui l'ont amené au meurtre. Ces attitudes intérieures qu'au moment des faits l'on peut prendre pour de la mauvaise foi pure ou pour un égarement momentané sont des expressions réelles de la personnalité du coupable et cela explique le crime. Qu'il se soit agi d'un complexe d'infériorité ou d'un indigent affectif, c'est sa conception des choses et sa condition humaine qui furent mises en jeu, c'est avec l'organisation totale de ses forces intellectuelles et affectives qu'il a frappé. Et il est suprêmement puéril d'imaginer qu'il suffira de « donner une leçon » à cet homme pour y changer quelque chose. Mais, évidemment la « leçon » vient s'intégrer dans son expérience d'homme et de cette manière influence son comportement futur et l'influence la plupart du temps en « bien » puisqu'elle le détourne de recommencer. Mais ce jugement est superficiel. A notre avis, et nous en avons vu beaucoup, un grand nombre de ces criminels ne valent rien de plus au moment où on les dit amendés. Le crime les a mis au ban de la société, le geste est irréparable. L'attitude criminelle les poursuit indéfiniment, achève de les déformer, et comme ils doivent continuer de se justifier, ils n'y parviennent qu'en ravalant la réalité sociale ou morale. Leur simulation de repentir constitue souvent un pas de plus vers la dégradation.

Ajoutons à cela le quasi inévitable onanisme amené par l'isolement et toutes les aberrations qu'il amène avec lui et nous comprendrons que le meurtre, même dit passionnel, est un des gestes qui « nous suivent », selon l'expression de Bourget, et ne lâche plus la personnalité qui l'a commis.

Le cas de Quimtot que nous allons succinctement décrire exprime bien le problème tel qu'il se pose. Quimtot est né en 1893 et a tué l'amant de sa concubine en 1940. C'est un homme connu comme taciturne et sans communication avec les autres. Il a toujours régulièrement travaillé. Il est calme et placide. Il fut marié, mais sa femme mourut et, dans la suite, il se mit en concubinage avec une certaine Lisa, séparée de son mari. Après quelques années (Quimtot était de 9 ans plus âgé) elle rencontra un amant de son âge. Elle s'en fut habiter avec lui. Quimtot la menaça, lui envoya des lettres à l'encre rouge l'avertissant de son malheur inévitable, joignit même à la lettre une photo d'elle et dont il avait brûlé les yeux avec un fer rougi au feu... Le jour du meurtre il avait attendu vainement Lisa et, impatienté, s'en prit au concubin qu'il abattit et massacra à coups de revolver.

Nous le voyons huit mois après les faits. Il est condamné à 20 ans. Il est tranquille et parle d'une voix doucereuse et résignée qui tranche avec l'idée qu'on se fait de lui d'après le dossier. Il est condamné à 20 ans « parce qu'on ne peut pas tuer ». « C'est un fait certain qu'on ne peut pas tuer. » Mais, lui, il est en règle. Il s'est laissé aller un moment, mais il a demandé pardon au bon Dieu. Et il ira au ciel. Il est extrêmement croyant et prie beaucoup. Dans la vie, il a toujours été malheureux et il a toujours vu des heureux autour de lui. Mais, dans l'autre vie, tous ces heureux seront dans le petit ciel, dans le coin, et personne ne les regardera. Lui sera au grand ciel. Il est évangéliste et c'est pour cette raison qu'il sait si bien ce qu'il va en advenir. Quant à sa victime, il prie pour elle tous les jours. Oui « il n'aurait pas dû faire cela ». Bref, notre homme se présente comme ayant à un moment donné cédé à ses impulsions, mais comme présentant un certain repentir. Surtout qu'il nous avoue qu'aux derniers temps avant le crime il ne priait plus.

Cependant, il est si calme et si résigné que cela nous intrigue un peu. On peut regretter son acte et malgré tout sentir qu'on est enfermé pour vingt ans... Comme il n'est pas très intelligent, il est possible que nous sachions si sa personnalité réelle regrette vraiment son acte... Nous lui présentons trois carrés; le premier le représente, lui, le second représente Lisa, le troisième représente la victime. Il doit tracer une ligne en regard de chaque carré, la plus

longue ligne pour le plus juste des trois. Il n'hésite pas :
la plus longue ligne (le plus juste) est pour lui-même et la
plus courte pour la victime. Nous lui représentons alors les
carrés et demandons de tracer une nouvelle ligne selon la
place qu'il aura au ciel. La plus longue est pour lui, Lisa a
une petite ligne (elle sera dans le coin) et la victime n'a pratiquement rien. Et voici son explication : la victime, elle
a beau être au ciel, même dans le coin, elle se croit toujours
morte, la face contre terre... C'est ça sa punition pour
toujours... Mais ce n'est pas lui Quimtot qui veut cela.
Lui, il a pardonné. C'est Dieu qui arrange les choses comme
cela : quand quelqu'un est mort parce qu'il avait du mauvais
il se croira toujours mort et se voit toujours comme on l'a
tué... Mais lui, Quimtot le répète : il a pardonné. Il a prié
et il ira au ciel... La victime restera là toujours, mais il
n'y peut rien... C'est la religion comme cela... Il avait du
mauvais...

Dans un tel cas, il n'est pas difficile de voir que la paix
descendue en lui et sa résignation devant la peine de prison
ont leur explication dans le fait qu'il continue, en réalité, à
jouir de sa vengeance. Il est en prison, mais l'amant mauvais,
bien que mort, continue à se savoir mort, dans la rue, la face
contre terre et continuera toujours...

C'est là que se trouve le nœud du problème, et il n'est pas
facile de l'élucider. *C'est que la victime est morte et que le
désir du coupable est accompli.* Les regrets, selon nous, ne
sont souvent pas autre chose que l'amère constatation que
le plaisir de savoir la victime morte n'est pas contrebalancé
par la souffrance d'être en prison. Le regret véritable serait
avant tout constitué par la torturante idée qu'il est impossible de rendre la vie à celle à qui on l'a enlevée. Mais une
telle idée angoissante si elle existait, avec une intensité
moyenne, produirait des équivalents, s'efforcerait notamment de créer une personnalité nouvelle, laquelle si elle

devait revivre le passé, ne *pourrait* plus assassiner[2]. La première chose qu'une telle attitude entraînerait serait une *réhabilitation de la victime*, et c'est ce que nous ne rencontrons jamais. Leur leitmotiv reste : j'ai fait une bêtise...

Au point de vue strictement social, cette attitude intérieure du criminel ne revêt pas une très grande importance, l'essentiel étant que la récidive ne soit pas à craindre. Mais il est bon de la souligner quand même. C'est ainsi que nous basant sur ces observations nous pouvons écarter d'avance la comédie que serait une thérapeutique du crime, basée par exemple sur la psychanalyse[3], et non sanctionnée par une peine. Cette psychanalyse viendrait comme on sait révéler au sujet les motifs profonds qui l'ont fait agir et ont déformé à son insu la réalité; et la connaissance de cette motivation secrète mettrait l'individu à l'abri d'une récidive. Une telle guérison serait absolument incontrôlable et chacun d'ailleurs pourrait la simuler.

Certainement, une telle analyse, dans certains cas, serait utile et souhaitable, mais elle est subordonnée à une condition essentielle : que le sujet ait assez de sens moral pour souhaiter de devenir autre, souhaiter s'améliorer[4], souhaiter ne pas avoir été criminel; et de tels cas ne sont pas fréquents.

C'est cependant une thérapeutique de ce type que nous envisageons dans les prisons d'aujourd'hui. Mais comme on le voit, cette thérapeutique ne saurait, en fait, qu'être adjuvante et ne peut, en aucun cas, se substituer à l'effort de redressement personnel. Ce redressement pourrait porter sur les défauts et déficiences principales du sujet et modifier ainsi peu à peu sa façon de comprendre les choses et la vie.

---

[2] Nous convenons le repentir à la manière de Max SCHELER, *Le sens de la souffrance*, Paris, Aubier, chap. IV.

[3] Dr GENIL-PERRIN, *Psychanalyse et Criminologie*, Paris, Alcan, 1935.

[4] Cette aspiration morale est reconnue indispensable par tous les psychanalystes.

Il est manifeste, par exemple, qu'un homme comme Quimtot que nous venons de voir vit uniquement sous le signe du ressentiment et à un point tel qu'il est parvenu à prendre l'Évangile à son service. Une transformation intéressante de sa personnalité devrait partir de ce ressentiment : voir d'où il est venu, par quelles dispositions il est maintenu et organisé, le rattacher à des dispositions profondes et accessibles du moi. Mais il faut alors que le sujet soit assez intelligent pour collaborer à ce réajustement; ce n'est pas le cas pour Quimtot; ce n'est presque jamais le cas.

III

Si, à la lumière de ce que nous venons de lire, nous observons certains comportements normaux d'honnêtes gens, nous sommes amenés à nous dire que le problème des réactions de suicide et des réactions agressives n'est pas épuisé par son aspect purement criminologique. En effet, nous avions trouvé entre l'honnête homme moyen et le criminel passionnel mis tous deux dans l'occasion de souffrir par amour une parenté de comportement, la distinction se faisant surtout par le fait que l'honnête homme n'arrive guère qu'à commettre des équivalents, qu'il s'agisse de suicide ou d'homicide. Ces équivalents sont généralement anodins, du moins en apparence, et on ne les reconnaît pas facilement. Selon la psychanalyse [et d'ailleurs selon le Décalogue] la criminalité des honnêtes gens, dans ce domaine comme dans les autres, est surtout imaginative ou, plus exactement, imaginée.

On serait tenté de ne voir entre criminels et non-criminels qu'une différence de degré de culpabilité et certains esprits s'en tiennent à de telles conceptions. Il est certain que cette distinction est fondamentale, mais il faut y ajouter des considérations d'une importance souveraine. La plus importante est que le criminel *s'est libéré par son acte,* et que l'honnête homme reste porteur de sa criminalité latente. Le criminel, ayant posé l'irrémédiable, engagé tout son être, subit surtout par la suite un processus de retrait. Celui-ci tend à minimiser la culpabilité, à ramener le cas à ses éléments abstraits, lesquels autorisent presque toutes les conclusions. L'amendement consiste avant tout, chez lui, à concevoir une représentation des choses au regard de laquelle son acte a été moins une faute qu'une erreur. La personnalité est beaucoup moins engagée dans une erreur que dans une faute et une certaine réhabilitation du coupable s'accomplit de la sorte, à ses propres yeux du moins. En réalité, nonobstant ce subterfuge de la conscience, l'acte criminel n'en subit pas moins une certaine dévalorisation et dans les cas favorables, il est pénible au coupable de revivre son geste ou de prendre connaissance d'actes semblables (lectures, conversations, théâtre). Par contre un certain nombre d'honnêtes gens, n'ayant pas dépassé le stade de criminalité imaginée, en sont toujours, d'une manière également imaginée, au stade pré-criminel. Le crime présente pour eux un attrait particulier et l'on n'est pas toujours certain qu'ils ne se sentent pas inférieurs de n'avoir pas osé pousser l'action jusqu'à la réalité. Les équivalents par lesquels ils s'en tirent, laissent insatisfait leur processus et ils conservent, même après un équivalent, une propension à s'avancer davantage dans la même direction. La tendance que le pré-criminel avait, avant son acte, d'ennoblir le geste qu'il se sentait porté à commettre, et qui a disparu avec l'exécution, beaucoup de non-criminels, sous l'influence de leur agression imaginative, la conservent très longtemps; et parfois même elle se systématise et s'idéalise, donnant naissance à une extrême complaisance pour les criminels authentiques. Certains acquittements sont des équivalents criminels.

Goethe, au cours de son chagrin d'amour au sujet de

Maximilienne L. eut des idées de suicide auxquelles il n'échappa que de justesse. Il reprit courage, mais ne put cependant s'empêcher de perpétrer un suicide imaginaire. D'après Ludwig, c'est ainsi que *Werther* fut créé. Cette œuvre fut l'occasion d'un certain nombre de suicides, très vraisemblablement parce qu'un certain nombre d'amoureux désespérés, en proie au processus suicide, trouvèrent dans cette création une formule apte à faire passer leur suicide imaginé dans le domaine des faits, par l'intermédiaire de l'idéalisation.

Dostoïevski qui nourrissait envers son père une haine farouche finit par mettre en scène, dans les *Frères Karamazof*, un parricide authentique commis du reste par le moins bien doué des frères, mais épileptique comme l'était Dostoïevski lui-même. Des faits aussi importants échappent cependant à des observateurs comme Berdiaeff, lequel, dans son livre sur Dostoïevski, étudie cependant la personnalité profonde du grand romancier. Il a fallu un regard psychanalytique pour le remarquer [5].

Ainsi certaines activités qui ne relèvent en apparence que de l'art ou de l'imagination peuvent être porteuses de certaines tendances latentes, mal contenues par leurs auteurs, et avoir en fait une signification d'actes moraux et sociaux. Il ne serait pas difficile d'étudier de la sorte un grand nombre d'artistes, dramaturges ou romanciers et de rechercher les rapports existant entre leur œuvre et leurs complexes fondamentaux. Les sociologues et les philosophes [6] échappent-ils

---

[5] Jolan NEUFELD, DOSTOÏEVSKI, *Psycho-analyse*. Traduit en flamand. De Tijdstroom. Lochem.

[6] Lire par exemple cette singulière phrase de SPINOZA, *Ethique*, Partie III, XXXV : « Celui qui imagine que la femme qu'il aime se prostitue à un autre ne s'attriste pas seulement de l'obstacle que cette infidélité peut dresser contre sa passion, à lui, mais il est forcé d'unir à l'image de ce qu'il aime, l'image du sexe et des excrétions de cet autre. A cette vue il prend cette femme en haine, et c'est la jalousie qui consiste

à ces contingences ? Pour autant que nous connaissions des philosophes vivants nous n'oserions l'affirmer.

Mais nous voulons en venir à ceci : si les maîtres de la pensée sont quelquefois aveuglés, sans qu'ils s'en rendent bien compte, par des processus dangereux, combien le cas ne doit-il pas être fréquent parmi ceux qui écrivent et parlent sans réfléchir jamais. Pour ceux-là une partie de leurs idées sociales, de leurs conceptions sur la vie et les hommes relèvent d'agressions méconnues et à ce titre les législations élaborées par les hommes en ce qui concerne la femme et les droits de la femme semblent l'expression de quelque chose de plus que de l'égoïsme masculin ; elles recèlent une certaine hostilité. L'antiféminisme d'un grand nombre d'hommes paraît bien n'être qu'une généralisation d'une réaction à une situation personnelle et n'exprimer qu'une agression, surgie d'une attitude méconnue ou n'ayant jamais été suffisamment consciente, n'étant jamais parvenue vraiment au stade de l'« assentiment inefficace ».

C'est, croyons-nous, à un processus de ce genre que La Bruyère fait allusion lorsqu'il écrit : « Je voudrais qu'il me fût permis de crier de toute ma force à ces hommes saints qui ont été autrefois blessés des femmes : Fuyez les femmes, ne les dirigez point ; laissez à d'autres le soin de leur salut. »

C'est que La Bruyère estimait que, dans de telles conditions, l'homme qui veut diriger des femmes vers leur salut, n'est plus à même de le faire avec la sérénité indispensable.

Ce problème, fort important, de l'influence dans le comportement de l'homme d'une agressivité méconnue ou refoulée envers la femme, ou même parfois d'une agressivité à laquelle il n'a renoncé qu'en se sentant diminué

dans un trouble de l'âme obligée d'aimer et de haïr à la fois le même objet... ». La pauvreté de cette réflexion est évidemment tributaire de l'expérience affective de son auteur et Spinoza n'a pas remarqué qu'elle n'exprimait que très mal son intelligence...

n'a jamais été traité, sauf par la psychanalyse. Il mériterait certainement de l'être et peut-être le sera-t-il un jour.

Il est bien posé par cette lettre que nous écrivit un médecin qui avait été en proie à un processus criminogène, à propos d'une question d'amour, il y a plusieurs années. C'était un homme encore jeune, cultivé, d'une intelligence très vive, d'une très grande rectitude morale, mais à ce moment-là, fort influencé par quelques complexes affectifs.

Voici le passage de cette lettre.

> Quant à cet acte (criminel) n'est-il pas un de ces actes dont on ne peut se dire capable qu'après l'avoir accompli ? C'est, hélas (ce dernier mot a sa signification) qu'il risque d'engager le bonheur, la tranquillité ou l'honneur des êtres qui nous sont chers — qu'il risque d'apparaître aux yeux de ceux dont l'amitié nous est aussi précieuse que la vie (par suite des malentendus que crée tout acte exceptionnel) comme un échec, alors qu'il constitue, dans certains *cas une nécessité morale.* Ainsi devait être considérée la vengeance privée, mais aussi comme un acte vertueux agréable avant que les lois n'aient sanctionné certaines déloyautés ou injustices de nos semblables.
>
> Je crois, dans ces conditions, qu'après s'être enfermé petit à petit dans un cercle sans issue, on pourrait finir par se retourner contre soi-même, avec le plus de discrétion possible, en simulant un accident par exemple, pour éviter toute justification.
>
> L'issue est infiniment plus banale quand on découvre au dernier moment que tout repose sur un malentendu, quand une « explication » change un désespoir en déception. Il vaut mieux mourir désespéré que déçu, dit-on. Il y a des gens que l'on rencontre dans la rue, le visage pareil à tous les visages humains par leur inexpression et leur médiocrité et qui ont échappé au désespoir ; ces gens, durant toute leur vie, meurent de déception. Car pour l'âme la déception est plus mortelle que le désespoir... »

Si, après cette lettre, on relit cette phrase de La Bruyère : « une femme infidèle, si elle est connue comme telle de la personne intéressée, n'est qu'une femme infidèle ; s'il la croit fidèle, elle est perfide »... Ou encore : « On tire ce bien de la perfidité des femmes qu'elle guérit de la jalousie », l'on comprend à quelles destructions intérieures de telles réflexions répondent. L'on comprend combien il est difficile de se trouver dans l'état de grâces requis pour transmettre un message aux autres hommes et à quel point notre nourriture spirituelle se trouve marquée du sceau de l'animosité, du ressentiment [7], du désengagement et de l'aveuglement dirigé. Certes, cette nourriture ne contient heureusement pas que cela ; mais du fait que, dans certaines de ses manifestations les plus nettes nous trouvions, exprimés sous forme d'art et de sagesse, des processus mentaux à base d'agression, nous devons en prendre notre parti et cesser de distinguer, dans l'humanité, les simples criminels et les hommes honnêtes. Nous ne devons pas nous borner à dire que les uns se sont arrêtés sur une voie et que les autres ont agi jusqu'au bout. C'est là une vue trop optimiste. Nous devons constater que si le criminel est celui qui ne s'est

---

[7] Extrait de « *Voyage de Shakespeare* » de Léon DAUDET. Édit. Plon, page 153.
Quand Shakespeare entretint Fischart de la jalousie, le pamphlétaire lui répliqua :
— Mon cher, il n'y a pas de sentiment inéluctable. Je crois qu'on peut se guérir de tout par un effort moral. C'est pourquoi la satire est bonne. Les passions humaines, je les ai toutes rencontrées comme des adversaires en embuscade, enfourchées, combattues, réduites. J'ai été atrocement jaloux. Je me suis sauvé par l'orgueil. L'exaltation de celui-ci dessèche le cœur à un point tel que toute palpitation devient presque ridicule. J'étais marié et je vitupérais déjà contre les catholiques. Ma femme appartenait à une famille célèbre d'Allemagne, et elle en tirait vanité. Conseillée par un coquin de beau-père, un voleur et un incestueux, qui n'avait consenti au mariage que pour exploiter ma jeunesse, ma verve et la fortune de sa belle-fille, elle essaya de m'empêcher d'écrire. J'étais fort amoureux et jaloux comme Vulcain. Mais dès les premières injures qu'elle m'adressa sur mon talent, et quand je fus bien convaincu de sa bêtise, mon mépris me détacha d'elle à jamais. Par la colère et par l'orgueil j'accouchai du pamphlétaire que vous savez, et je bénis cette éphémère union qui a bandé mes nerfs de satirique et cuirassé mon âme. Mes rayons devenus armes de guerre et ma force au service de la haine et de la justice m'ont libéré des chaînes ardentes.

pas arrêté dans le processus criminogène il existe une foule de gens qui resteront indéfiniment honnêtes, légalement parlant, et qui pourtant ne s'arrêteront jamais, eux non plus, sur la voie de l'agression. Mais la forme qu'elle a prise, chez eux, ne rencontre pas facilement la censure et elle se développe indéfiniment dans l'atmosphère de la condition humaine. L'intellectuel lui-même qui s'imagine planer hors d'atteinte de ce qu'il appelle dédaigneusement les complexes trahit dans ses aphorismes et ses réflexions sa secrète agressivité; et si le criminel passionnel ne s'améliore pas plus en prison c'est, entre autres, parce qu'il n'existe aucun milieu humain où un tel acte soit *intégralement* réprouvé et que la criminalité latente de ses gardiens, de ses avocats [8], de ses juges mêmes l'absout, dans les mystérieuses régions de l'âme où nous comprenons, au-delà des mots directs, les réticences, les hésitations, les lapsus, les intonations, le caractère factice de certaines indignations, la complicité inavouée ou, tout au moins, la complaisance profonde.

IV

Il est un autre aspect sous lequel nous pouvons envisager l'influence du crime sur la personnalité du coupable. C'est la réaction provoquée en cette personnalité même par la défense du sujet contre son éventuel sentiment de culpabilité, réaction qui, laissée à elle-même, tend à le conduire vers des attitudes de plus en plus antisociales et à l'y fixer. Cette réaction constituerait en partie l'explication de l'évolution que nous venons de décrire.

Notre collaborateur et ami, Monsieur Petermans, chargé de l'accueil des détenus à leur arrivée et qui les suit attenti-

---

[8] ALEXANDER und STAUB, *Der Verbucher und seine Richter* (1929). Existe en traduction française : Le Criminel et ses juges (N. R. F.).

vement, jour par jour, heure par heure, pendant six mois, avant de rédiger ses observations que nous pouvons, en toute simplicité, considérer comme les plus fouillées et les mieux étudiées qui se fassent dans les prisons d'Europe, estime que 25 % de ces hommes présentent un pronostic favorable, en ce sens que l'amendement s'est réalisé aussitôt après les faits et qu'ils pourraient être remis en liberté sans le moindre danger.

Ce sont là des hommes pour qui le crime ne paraissait pas inscrit dans la ligne de leur personnalité et dont on peut estimer, malgré leurs tares éventuelles, que le concours de circonstances dans lequel ils se sont trouvés a joué un rôle particulièrement lourd dans la genèse de leur acte. Ce sont des hommes pour lesquels il est impossible de penser qu'ils ne sont pas capables de réaliser en partie la gravité et l'inhumanité de leur crime et pour lesquels il semble qu'une psychothérapie appropriée doive les améliorer sérieusement. Or, cette amélioration réelle est rendue difficile, parce qu'on ne parvient que très imparfaitement à leur faire admettre qu'ils ont mal agi. Selon Monsieur Petermans, le sentiment de culpabilité existerait bien plus souvent qu'on ne le croit, mais le coupable se défend avec acharnement contre lui [9]. L'admettre entraînerait un tel effondrement, une telle impression de déchéance qu'il se crée plutôt, chez ce criminel, un ensemble d'attitudes de nature artificielle, venant justifier l'acte, démontrer le bien-fondé du meurtre, continuant l'aveuglement au sujet de la victime, ensemble qui, cependant, ne serait que l'expression de la lutte contre le sentiment de culpabilité. Dans de tels cas, l'allure de l'homme est bien plus inquiétante et bien plus antisociale qu'elle ne le fut jamais avant le crime.

[9] Voir *La Justice Intérieure* du Dr R. Allendy, Denoël et Steele, Paris 1931.

Cette personnalité artificielle ainsi créée doit être reconnue comme artificielle par l'examinateur et doit être, si possible, réduite par une psychothérapie appropriée, en collaboration morale avec le détenu. C'est ce dernier, naturellement, qui doit être assez riche pour comprendre et pour évoluer; mais il n'en doit pas moins être aidé.

La première chose à obtenir c'est donc, en libérant le détenu de son sentiment de culpabilité, d'en revenir à l'état moral et social où il se trouvait avant le crime. Si on ne parvient pas à cette libération les déviations continuent, ainsi que nous l'avons vu plus haut. Libération signifie ici acceptation de l'idée d'avoir commis une faute grave et du même coup acceptation des conséquences; vis-à-vis de soi-même : nécessité de se transformer dans un sens précis éclairé par cette faute; vis-à-vis de la société : acceptation de la légitimité d'une peine.

Nous ne croyons pas pouvoir généraliser l'existence de ce processus précis. Mais on comprend que le rééducateur le recherche avec attention et sympathie. C'est, en effet, un processus type qui permet à la fois de pénétrer en l'âme du coupable et d'influencer son évolution, de le guider dans la connaissance de soi-même qui doit présider à la réédification d'un nouveau moi. Que le rééducateur ne rencontre que très rarement un de ces cas vraiment favorables cela ne le découragera pas s'il sait que, grâce à sa compréhension, il s'est mis dans les meilleures conditions pour sauver ce qui pouvait être sauvé.

Mocisum, légèrement paranoïaque, mais homme de confiance et honnête, a tué sa femme, par jalousie. Entré en prison, il est d'une hyperexcitabilité inquiétante, entrant en fureur à la moindre allusion à son crime, défendant férocement son acte, chargeant la victime et la société, menaçant d'évoluer à bref délai vers le suicide ou la psychose et en tout cas, se montrant comme un détenu particulièrement agressif et dangereux. Il est littéralement inabordable.

Un jour, Mocisum admet sa culpabilité. Il retrouve du même

coup la paix, le calme, tout son comportement antérieur. Il repense sa vie en fonction de l'aberration où il fut amené; une transformation profonde s'amorce en lui. On ne le reconnaît plus.

L'évolution n'est pas toujours si favorable. Pour beaucoup de détenus, après quelque temps, le sentiment de culpabilité perd de son activité; par le fait même ils se défendent moins contre lui et, l'adaptation les aidant, ils finissent par retrouver plus ou moins leur personnalité antérieure, mais ils sont restés passifs, et n'ont donc pas remis leur vie morale en question; ils n'ont pas eu réellement l'occasion de se modifier. C'est donc au début de l'incarcération qu'il faut agir, au moment où l'homme se trouve en crise, et que ses conceptions des choses sont remises en discussion. Et on le voit, toute une part de l'activité du rééducateur, dans les prisons, consiste avant tout à empêcher les déviations amenées par la conscience d'avoir commis un acte criminel. Ce danger est très difficile à écarter. Ce n'est qu'après avoir évité ces écarts que l'œuvre de redressement peut commencer.

A ce propos, l'expérience nous a montré le rôle immense que peut jouer dans le retour vers la personnalité antérieure l'intervention du milieu familial. Les gens, les bêtes et les choses. Cette intervention s'opère le mieux par des étrangers que par les parents eux-mêmes. Ceux-ci, en effet, ne sont pas autorisés à voir le détenu dans des conditions normales et souvent, d'ailleurs, ne montrent pas au coupable leur véritable affection. Ils doivent le réprimander, etc. Mais lorsque quelqu'un est entré dans son propre milieu familial et, en tête à tête, lui raconte ce qu'il a vu, comment on attend son retour, comment sa mère conserve soigneusement ses objets, comment ses sœurs ont encadré sa photographie et tant d'autres détails, cela constitue un choc auquel les attitudes artificielles ne résistent pas toujours. Mademoiselle Tuerlinckx, à qui ce rôle est souvent dévolu, en sa qualité d'assistante sociale, et à qui nous devons nos belles observations du milieu familial, échoue rarement dans ses efforts pour réintégrer le détenu dans la famille qui l'a renié. Et parfois l'un des premiers résultats de son intervention se perçoit sous la forme d'une modification profonde du comportement du coupable. Il redevient ce qu'il était avant et dès lors paraît déjà sauvé.

CHAPITRE XVII

DÉCHÉANCE DU CRIME PASSIONNEL

I

Depuis la période historique, le crime passionnel ou le meurtre par passion n'a cessé d'être l'objet d'une réprobation croissante. La suppression du duel a joué un rôle important dans cette évolution. Le romantisme remit le crime passionnel à la mode; celui-ci devint même une des expressions de la passion maxima. Et le naturalisme y redécouvrit la véritable, la seule humanité. Le grand criminologiste italien Enrico Ferri [1], positiviste convaincu, fit presque l'éloge du criminel passionnel. A lire ce plaidoyer, aujourd'hui, l'on se rend compte qu'un jury composé uniquement de criminologistes pourrait parfaitement faire de la justice populaire. L'étude qu'on vient de lire montre bien le vrai visage du criminel passionnel. Mais c'est celui du criminel passionnel d'aujourd'hui. Il n'a pas toujours été le même.

[1] *L'Omicidia*, Turin, 1925.

Le rapport entre la criminalité et la pathologie n'est pas un rapport fixe ni stable. Il est lié à l'évolution morale ambiante. Dans une étude « Pathologie et Criminalité[2] » nous avons envisagé cette question et notre conclusion était, grosso modo, celle-ci : Il n'existe aucun acte criminel qui, en soi, doive être considéré comme l'expression d'un état morbide. N'importe quel acte de criminalité courante — nous ne parlons évidemment pas de certaines perversions qui sont, en soi et par définition, pathologiques — peut être commis par l'homme le plus normal, à une époque donnée. Un crime peut être le fait d'un homme parfaitement équilibré et parfaitement normal lorsque ce crime n'est pas réprouvé, n'est en somme qu'à peine considéré comme crime. Mais lorsqu'une certaine réprobation entoure certains actes, ceux-ci, qui se trouvaient primitivement être le fait de tous, tendent de plus en plus à n'être commis que par une certaine catégorie de la population et finissent par n'être plus commis que par les inférieurs psychiques et ceux qui ne dominent pas bien leur équilibre intérieur. A une certaine période de l'histoire, certains actes deviennent donc suspects de pathologie.

Pour ce qui est du crime passionnel, nous vivons actuellement une période telle qu'en fait, ce ne sont plus que des anormaux et des déséquilibrés qui les commettent. Cette situation n'a pas toujours existé et ne doit pas nécessairement durer indéfiniment; il suffit d'un léger relâchement général pour que cette tendance criminelle réenvahisse les zones saines de la population. C'est pourquoi il faut punir.

Ce n'est en somme qu'à regret que l'homme renonce à la vengeance personnelle; il s'efforce de la considérer comme licite aussi longtemps que cela lui est permis et c'est ce qui explique que c'est dans la noblesse et dans les milieux

---

[2] D^r DE GREEFF, *Pathologie et Criminalité*. St-Luc médical, I. 1937.

militaires, milieux relativement indépendants, que la nécessité morale du meurtre par amour ou par honneur s'est conservée le plus longtemps. C'est ce qui explique aussi la revalorisation du crime passionnel avec le romantisme, période essentiellement individualiste.

Au temps où Brantôme (1527-1614) écrivait ses *Dames galantes*, l'opinion publique savait parfaitement à quoi s'en tenir au sujet des meurtres par jalousie, par amour ou par honneur qui étaient encore fréquents dans ce siècle où l'épée purifiait tout. Dans le monde de la Cour, cependant si peu propice aux scrupules exagérés, on remarquait combien ces meurtres étaient cruels et surtout combien souvent ils étaient utiles. Citons deux passages de Brantôme, d'autant plus précieux, que cet auteur ne peut guère être suspecté d'hypocrisie, et qu'on ne peut guère non plus lui supposer des tendances moralisatrices. Il exprime uniquement un avis d'honnête homme dans son milieu. Le fait d'ailleurs qu'il ait osé exprimer son avis, alors qu'il était en froid avec le roi et que par ailleurs il est si prudent avec les grands personnages de son époque, nous laisse croire que ces opinions qu'il exprime devaient être, dès cette époque déjà, partagées par le plus grand nombre.

« Or, pour en parler franchement, ainsi que j'ai ouy dire à un grand personnage, quelle raison y a-t-il, ny qelle puissance a-t-il le mary si grand, qu'il doive et puisse tuer sa femme, veu qu'il ne l'a point de Dieu, ny de sa loy, ny de son Saint Évangile, sinon de la répudier seulement? Il ne s'y parle point de mort, de sang, de meurtre, de tourmens, de prisons ny de crautez. Ah que notre Seigneur nous a bien remontré qu'il y avoit de grands abus en ces façons de faire et en ces meurtres et qu'il ne les approuvoit guieres, lorsqu'on lui amena cette pauvre femme accusée d'adultère pour jeter sa sentence de punition; il leur dit en escrivant en terre de son doigt : « Celui de vous autres qui sera le plus net et le plus simple, qu'il prenne la première pierre et qu'il commence à la lapider » ce que nul n'osa faire se sentans atteints par telle sage et douce repréhension ».

Et plus loin :

J'ay veu de grands personnages blasmer grandement nos rois anciens, comme Louis Hutin et Charles le Bel pour avoir fait mourir leur femmes (......). Comme de frais, le Roy Henry d'Angleterre fit mourir sa femme et la décapiter, Anne de Boulan, pour en espouser une autre, ainsi qu'il étoit fort sujet au sang et au change de nouvelles femmes. Ne vaudroit-il pas mieux qu'ils les répudiassent selon la parole de Dieu, que de les faire ainsi cruellement mourir ? Mais il leur en faut de la viande fraîche à ces messieurs qui veulent tenir table à part sans y convier personne, ou avoir nouvelles et secondes femmes qui leur apportent des biens après qu'ilz ont mangé ceux de leurs premières, ou n'en ont eu assez pour les rassasier...

Le Roy Louis le Jeune n'en fit pas de même à l'endroit de Leonor, duchesse d'Aquitaine qui, soubconnée d'adultère, possible à faux, en son voyage de Syrie, fut répudiée de lui seulement, sans vouloir user de la loy des autres, inventée et pratiquée plus par autorité que par droit et raison : dont sur ce il en acquist plus grande réputation que les autres rois, et tiltre de bon, et les autres de mauvais, cruels et tyrans; aussi que dans son ame il avoit quelque remords de conscience d'ailleurs. Et c'est vivre en chrétien cela. Voire que les payens romains, la pluspart s'en sont acquittés de mesme plus chrestiennement que payennement, principalement aucuns empéreurs, desquels la plus grande part ont été sujets à estre cocus, et leurs femmes très lubriques et fort putains; et, tels cruels qu'ils ont été vous en lirez force qui se sont défaits de leurs femmes plus par répudiation que par tueries de nous autres chrestiens...

L'évolution des idées sera tellement avancée, sous Louis XIV, que l'auditoire des pièces de Racine ira jusqu'à reprocher à cet auteur la dureté de certains de ses héros et nous verrons l'auteur invoquer la réalité historique pour justifier certains de ses rôles [3].

---

[3] Notamment pour Pyrrhus d'*Andromaque* que nous allons voir au cours de ce chapitre. On trouvera la justification de Racine dans la première et la seconde préface d'*Andromaque*.

II

Nous avons cru pendant longtemps que le drame et la littérature ne pouvaient pas nous intéresser dans une étude comme celle-ci. Nous pensions que le poète ou le romancier se bornait inévitablement à décrire, selon son tempérament, une action plus ou moins reliée à la criminalité latente de chacun et que son art visait plus à émouvoir notre être profond, qu'à faire œuvre rattachée aux conceptions scientifiques. Cependant, comme la relégation du crime de plus en plus vers des zones anormales, depuis l'influence chrétienne surtout, nous paraît un fait évident, nous pouvions nous demander si les œuvres des littérateurs de grande classe ne refléteraient pas cette évolution. On ne peut pas s'attendre à nous voir développer ici un tel problème, mais nous croyons cependant utile de signaler comment, dans certaines œuvres, se marque l'empreinte de la pathologie.

C'est à l'occasion de Thérèse Desqueyroux de Mauriac que nous eûmes le bonheur de constater à quel point les résultats de la clinique mentale coïncidaient avec les données utilisées par les maîtres du drame humain. Un étudiant [4] avait résumé le roman de F. Mauriac, en faisant un éloge quasi inquiétant de l'empoisonneuse. Il en faisait une sorte de superfemme vivant sa vie, reprenant sa liberté, et, en tant que personnage supérieur, n'ayant pas à se soumettre aux lois. Cet éloge de l'empoisonneuse vexa une étudiante présente qui, contre l'empoisonneuse, prit la défense de la Femme. Elle analysa l'œuvre de Mauriac, comme nous analysons le cas d'un criminel quelconque et rapporta une feuille clinique étonnante. L'hérédité de Thérèse est sobrement présenté par le romancier mais en termes suffisants pour attirer

---

[4] Cela se passait au Cercle de Criminologie de Louvain (1939-40).

l'attention : milieu de schyzothymes froids dirions-nous en termes psychiatriques. L'éducation de Thérèse ? La mère est morte ; elle est éduquée par une vieille tante revêche, laide, étouffant de ressentiment et de complexes ; son frère est manifestement à la limite du morbide. L'habitation est perdue dans la solitude. Elle grandit ainsi, déjà froide par hérédité, dans les conditions les plus aptes à aggraver son insuffisance affective. Car, c'est bien de cela qu'il s'agit : Thérèse Desqueyroux répond à un type caractérisé d'insuffisance affective, si fréquent dans les familles teintées de schyzoïdie et non seulement cette insuffisance est mise en évidence par des dizaines et des dizaines de touches, mais l'évolution même de Thérèse, acquittée, finissant par le délire de persécution achève de donner leur plein sens aux traits notés au début. Cette empoisonneuse, cette pécheresse, ce monstre, c'est une anormale. L'auteur ne dit pas le mot, mais commence son livre en citant la phrase de Baudelaire : *Seigneur, ayez pitié des fous et des folles...* Ce tableau, on le croirait pris dans une prison devant l'empoisonneur classique.

Mauriac a fait de Thérèse un être humain ; il a voulu, certainement qu'elle soit considérée par tous comme un être humain, mais dans sa conception des choses, ses graves aberrations morales ne sont possibles que si quelques conditions psychopathologiques sont réalisées... S'il a introduit un peu de pathologie dans son personnage principal, ce n'est évidemment pas pour le plaisir de faire de la pathologie, c'est parce que, décrivant un milieu donné, la vérité de ses personnages exigeait ces particularités.

L'état morbide de Thérèse *était nécessaire* à la cohérence de son œuvre. Le romancier réalisait ainsi cette relégation du crime vers les zones morbides, constatées dans l'observation criminelle. Chose plus digne d'intérêt encore, l'appréciation de l'importance des tares signalées dans la formation de la personnalité de Thérèse, n'est nullement celle d'un médecin ordinaire, mais relève de la psychopathologie fine. Le romancier, s'exprimant en termes différents, a vu les mêmes choses que le psychiatre.

Les œuvres littéraires de grande classe non seulement nous dépeignent la vie de leur époque, mais nous donnent une image profonde du monde moral contemporain. Lisez l'Iliade : on s'y tue, on s'y jalouse, avec une conscience parfaitement nette, avec tous les signes de la santé. *Les dieux* [5] *y sont bien plus entiers que les hommes et bien plus méchants, ce qui est déjà un signe que l'homme commence à inhiber ses mouvements violents, mais à regrets. Ils sont dieux parce qu'ils ont encore le pouvoir de suivre tous leurs penchants.* Lisez les métamorphoses d'Ovide : crimes, jalousie, viols, rapts et vols y sont l'expression de la parfaite santé et de la puissance des êtres. Il n'y est pas besoin de facteur morbide : l'acte normal et sain est la vengeance.

Relisez, après cela, un drame type de la jalousie, l'*Othello* de Shakespeare. La jalousie s'y allume encore comme un feu dévorant : Othello, surborné par des apparences et influencé par Iago, s'abandonne sans contrôle aucun à l'exaspération et tue sauvagement la femme qu'il aime, se croyant trompé. Tout se passe comme dans l'Antiquité, sauf que pour rendre son drame viable et vraisemblable, Shakespeare a dû faire de son héros principal, Othello, un Maure. L'introduction de cette mentalité étrangère (vue par l'imagination populaire comme douée de sang vif et emporté, agissant sans réflexion sous la poussée de la passion, aveuglée facilement par la colère, généreuse mais sauvage) rend possible le drame. En

---

[5] On peut se demander si les processus mentaux par lesquels la psychologie sociale contemporaine tend à faire du criminel passionnel et de certains asociaux des surhommes ou des types dignes d'un intérêt spécial ne sont pas apparentés à ceux qui donnaient la couleur morale aux créations mythologiques.

langage médical, nous dirions que Shakespeare a été forcé d'introduire dans son œuvre un *déséquilibré* émotif, susceptible, comme dirait Krestchmer aujourd'hui, d'un processus catathymique intense. Ce subterfuge de l'écrivain nous montre que, dès cette époque, l'homicide explosif par jalousie avait déjà commencé sa translation vers les zones pathologiques. Pour comprendre la signification du choix d'un Maure il faudra attendre plus de 300 ans et lire par exemple l'ouvrage de Ernest Dupré : *Pathologie de l'imagination et de l'Émotivité* [6].

Le cas de Shakespeare n'est pas unique. Si nous comparons l'Andromaque d'Euripide à l'Andromaque de Racine nous ferons des constatations similaires. Dans l'œuvre grecque Andromaque est exposée à la vengeance et à la jalousie des personnages et celles-ci se donnent libre cours, sans résistance intérieure, sans honte, sans traces de conflit. L'auteur y implique cependant un jugement moral puisqu'il fait d'Oreste, le meurtrier, et de Hermione, des représentants de Sparte, ennemie politique. Dans l'œuvre de Racine, malgré que les personnages vivent dans l'antiquité païenne, l'idée chrétienne est apparue et, avec elle, les résistances intérieures. Ici, la santé mentale de meurtrier a disparu. Oreste qui tuera Pyrrhus est un véritable déséquilibré, sans personnalité, sans suite dans les idées, en proie à des processus émotifs sommaires et inconsidérés. La création de ce personnage, dont les contemporains avaient aperçu le caractère incohérent [7], a été rendue nécessaire pour donner à la pièce une atmosphère en rapport avec la mentalité du siècle. Hermione est jalouse, mais ne devient criminelle que par la sottise d'Oreste; elle est déchirée par l'amour et la haine, bouleversée par la jalousie, mais nous apparaît comme parfaitement incapable de

---

[6] Payot. Paris, 1925.
[7] *Andromaque* de RACINE, *Les Classiques*, Larousse, commenté par Félix Guirand.

perpétrer vraiment un meurtre, Pyrrhus est, au fond, presque un type de chrétien. Ce n'est pas par hasard que le meurtrier dans Euripide est un être sain et, chez Racine, un personnage quasi morbide. Certes le milieu populaire auquel s'adressait le tragique grec était infiniment moins évolué que celui qu'atteignait Racine ; mais aussi dans l'entre-temps s'était généralisée l'idée chrétienne, et avec elle l'habitude du conflit moral et de la réflexion morale, chose qui, chez les Grecs, ne se rencontrait que chez une élite peu nombreuse.

Le grand romancier déjà cité, Dostoïevski a décrit un certain nombre de criminels : ou plus exactement, il nous entraîne dans le monde de la passion du crime ; mais ceux qui dans ses œuvres arrivent à la perpétration même de l'acte sont choisis parmi les moins équilibrés, les moins évolués, les plus tarés : un névropathe anxieux dans *Crime et Châtiment* ; un épileptique dégénéré dans *Les frères Karamazof*. L'attitude de Dostoïevski, bien décrite par Berdiaeff[8], correspond exactement à celle du clinicien et du psychopathologiste, prônée par Dumas et Janet, et, en fait, pratiquée par tous. On retrouve l'homme normal à travers la pathologie, mais la pathologie grossit les dispositions normales, permet de les apercevoir, de les étudier ; Dostoïevski adopte pour ainsi dire une attitude clinique ; mais en même temps, il lui est donné comme évident que le crime, dans les milieux qu'il étudie, ne peut être le fait des meilleurs.

Lorsqu'on a l'attention attirée sur cet aspect des choses on est étonné de l'abondance des données psychopathologiques dans la littérature de valeur. Sans doute, peut-on croire, à notre époque, que les romanciers ont étudié la pathologie et c'est certainement le cas quelquefois ; mais leurs observations ont devancé et de très loin les observations scientifiques et, en somme, les conclusions de notre ouvrage se trouvent

[8] BERDIAEFF, *L'Esprit de Dostoïevski*. Paris, 1921.

implicitées depuis plusieurs siècles dans la représentation littéraire des conflits moraux graves.

Il existe donc un accord profond entre les observateurs littéraires et les psychopathologistes : *dans un certain état de civilisation, un certain nombre d'actes graves ne peuvent pas être commis par des êtres vraiment normaux*[9]. Par contre la laideur morale et le crime sont souvent associés au déséquilibre mental.

Nous ne croyons d'ailleurs pas que toute la littérature révèle le même sens clinique. La littérature est en contact avec tout le vivant et ses soucis ne sont pas toujours l'objectivité. Comme le dit Rabinovitz, la femme criminelle peut devenir la sublime meurtrière, l'ange de l'assassinat, l'ange du suicide. Le criminel passionnel passe facilement pour un surhomme, en littérature romantique et naturaliste.

Toute une partie des romans exalte ou du moins décrit avec indulgence ces crimes d'amour tandis que le film et la presse traitent le sujet à l'usage du lecteur et du spectateur moyen. Et de ce spectateur moyen, de ce fervent des cours d'assises, de cet amateur de scandales, de ce friand de crimes et d'empoisonnements, il n'y a rien de plus à dire que ce qu'en disait Katherine Mansfield :

« Des remords ! s'écria-t-elle. Des remords ! N'avez-vous jamais compris cela ? Ils se sentent fascinés [ceux qui suivent les débats d'Assises d'un empoisonnement] comme des malades le sont par n'importe quoi, — n'importe quel détail concernant leur propre cas. L'accusé est peut-être innocent, mais ceux qui l'entourent sont presque tous des empoisonneurs. N'avez-vous jamais réfléchi

---

[9] Ces notions, malheureusement, échappent parfois à ceux qui s'occupent du crime passionnel sans formation scientifique suffisante et placent au même niveau tout ce qui touche à l'amour. Nous avons vu ERNEST CHARLES dans les *Drames de la Possession amoureuse* (Paris, 1907) reprendre avec complaisance les accusations selon lesquelles Racine aurait empoisonné Mlle Du Parc, — et nous voyons RABINOVITZ, *loc. cit.*, reprendre à son tour le passage à Ernest Charles.

au nombre d'empoisonnements qui ont lieu? C'est une exception que de rencontrer des gens mariés qui ne s'empoisonnent pas mutuellement, — des gens mariés, et des amants. Oh! ce nombre de tasses de thé, de verres de vin, de tasses de café qui contiennent à peine une trace de poison! Quelle quantité j'en ai eu moi-même, que j'ai bues, sans le savoir, ou en le sachant, et en en courant le risque! La seule raison, (ajouta-t-elle) pour laquelle tant de couples se *survivent* c'est que l'un des deux a peur de donner à l'autre une dose mortelle [10] »...

III

Et maintenant, refaisons l'histoire du criminel passionnel.

Les pauvres types que nous avons décrits et qui sont pris strictement au hasard des séries de criminels passionnels authentiques appartiennent à une humanité inférieure. Nous avons vu leur hérédité, leur milieu, leur enfance. Nous pourrions dire, avec le romancier, mais dans un tout autre sens : *l'enfant chargé de chaînes*. Il grandit; certaines caractéristiques de sa personnalité le sensibilisent et le guident. Doucement, sûrement, il s'engage dans une certaine direction. Parfois, sa voie particulière se dessine très tôt, il s'est émancipé précocement et sa personnalité s'est affirmée très rapidement à travers l'existence. Parfois, il consent à subir les conseils et la protection des siens. Son être ne se réalise, dans ce cas, qu'à mesure que l'isolement se fait autour de lui et que sa liberté lui permet davantage d'être lui-même. Or, ses tares, ses complexes, ses insuffisances, mais aussi les exigences de sa vie instinctive lui donnent l'habitude de certains choix. De l'ensemble des possibilités que la vie lui offre, un petit nombre seulement sont susceptibles de retenir son attention

[10] *Le Poison...* dans « *La Mouche* ». KATHERINE MANSFIELD (Traduction, Stock 1933).

et parmi celles-là quelques-unes seulement seront voulues. A le prendre, dès son enfance, on le voit ainsi courir directement vers la situation sans issue dont il sortira anéanti. Mais de cette marche à la nuit, il ne sait rien. C'est délibérément qu'il agit; il a l'impression de savoir où il va; les conseils ne sont pas faciles à lui donner.

De l'ensemble de choses et de voies choisies par lui, sa personnalité s'élabore peu à peu. Elle se fait à l'image de ses actions et de ses choix. Il a subi le milieu où il est né. Il s'est choisi plus tard ou bien a accepté un certain milieu. Celui-ci est aussi partiellement son image et aura, à son tour, une influence sur son être intérieur.

C'est ici que la pauvreté intellectuelle, la misère affective viennent conjuguer leurs actions néfastes. Tous les hommes sont à la merci de leurs choix spontanés, sont orientés, sans le savoir, par les obscures préférences et les obscures tendances inscrites en eux par leur hérédité, leur milieu, leur enfance, leur passé. Mais la richesse de leur intelligence, leur souplesse affective, leur curiosité plus vaste, leur puissance d'ascension plus marquée les mettent en contact avec une partie plus grande de l'expérience humaine, leur permettant un contact plus réel et plus intime avec le monde d'autrui. Peu à peu, leur chemin individuel et aveugle, s'intègre, à propos des décisions plus graves, dans le monde où l'expérience de l'humanité, ses meilleures aspirations morales se sont condensées : le monde moral, le monde de la raison. Les situations inextricables où le place le développement imprévu de ses choix aveugles, de ses correspondances secrètes peuvent trouver des solutions toutes préparées dans le patrimoine spirituel de l'humanité et cela, non seulement parce qu'il est parvenu à se mettre en contact avec ce patrimoine, à le comprendre, mais aussi, parce que les relations entre son écorce cérébrale et ses noyaux inférieurs sont dans la ligne prévue par la nature : les noyaux inférieurs doivent être soumis aux structures sus-jacentes; chez eux l'inhibition est possible, et du même coup, sont possibles, la réflexion, l'attente, la décision soustraite à l'impulsion instinctive pure. En fait, chez l'homme normal honnête, les inhibitions ne réussissent *jamais* à vaincre complètement l'impulsion instinctive. Mais, même imparfait, cet homme parvient néanmoins à se tenir au-delà du crime, au-delà de l'égoïsme instinctif absolu; même imparfait cet homme arrive à l'âme d'autrui, créée des œuvres de charité et de miséricorde; même imparfait il comprend le pardon. Et puis, du moins, il connaît son imperfection. Un des résultats de sa complication intellectuelle et morale croissante est l'apparition du regret, du remords, du repentir, la possibilité de se représenter pour l'avenir une certaine ligne de comportement, de se diriger, même imparfaitement, selon le code d'une morale. L'homme moyennement honnête, moyennement évolué, moyennement normal parvenu à ce stade d'harmonie morale suffisante pour mener une vie imparfaite, mais susceptible de le mettre à l'abri de ses aspirations et déviations secrètes qui d'elles-mêmes, le conduiraient à sa perte, considère que son état moral est une chose toute naturelle, que tout le monde sait normalement voir comme il voit, sentir comme il sent, s'inhiber comme il s'inhibe. Il croit à sa volonté et il prend l'usage qu'il en fait pour une fonction absolue, à la portée de tous, pourvu qu' « ils le veuillent ». Il trouve cela tout naturel, comme la marche. Il ne sait pas assez que la marche est une chose infiniment compliquée, nécessitant des centaines de noyaux nerveux, des millions de cellules, une synergie parfaite de tout le système neuromusculaire. La moindre intoxication bouleverse la fonction et rien n'est plus extraordinaire que d'apprendre par expérience directe qu'il ne va pas de soi qu'on puisse mouvoir le bras. Et pourtant l'édification d'un sens moral, d'un équilibre intérieur, l'accès à une certaine autonomie morale par rapport à l'impulsivité instinctive est une œuvre d'une complexité toute autre, lente à s'élaborer, prompte à se disloquer, toujours à la merci de catastrophes intérieures, relevant de causes où la volonté n'a pas même droit de regard. Elle nécessite un organisme sain, une hérédité suffisamment pure, une intelligence moyenne, une affectivité équilibrée entre le monde et le moi. Mais cela n'est rien sans l'effort continu et personnel. L'organisme n'est que la condition, la personnalité est en grande partie le produit d'une self-élaboration. Cette self-élaboration est cependant tributaire des occasions rencontrées, des choix qui furent opérés, du monde moral qui fut inculqué.

Chez l'homme normal et sain, lorsqu'une pensée homicide survient, et dès qu'elle est identifiable, au stade par exemple de l'assentiment inefficace, elle a affaire à toute la structure morale acquise. La plupart du temps, elle est rejetée, censurée, transformée en chose risible, inexistable. C'est une mauvaise pensée dont on ne devient responsable que si on lui donne droit d'asile.

Mais chez celui dont le développement spirituel n'est jamais parvenu à l'autonomie morale; chez celui dont l'émotivité est telle qu'à la moindre excitation le champ de la conscience se rétrécit dangereusement abandonnant l'action aux centres inférieurs; chez celui dont les complexes et les refoulements le tiennent indéfiniment plongé dans l'insécurité et l'angoisse, la drame n'est nullement le même.

Dans les différents cas que nous avons étudiés, jamais le problème mis en jeu dans la conscience du coupable ne s'est haussé jusque dans les sphères de la conscience claire et du domaine moral. Pas une seule fois l'individu ne fut à même de porter sur son cas un regard objectif et pénétrant. L'humanité que nous avons décrite se mouvait en dessous du niveau moyen.

Si l'on veut conclure, il faut considérer le crime passionnel comme consacrant l'échec d'une personnalité devant le problème de l'existence et devant le problème d'autrui. Et pourtant, cet échec n'est pas total. Parmi la population des prisons, ce criminel passionnel détonne par ce qu'il possède de qualités réelles; il est celui en qui l'on se reconnaît le plus facilement; il est le seul en l'âme duquel on peut retrouver toute la trame de fond de la destinée humaine.

(mentionnée selon l'ordre de citation)

ESQUIROL, *Traité des maladies mentales*. Bruxelles 1878.

KRAFFT-EBING, *Psychopathia Sexualis*. Traduct. française R. Lobstein. Payot, Paris 1931.

MAIRET, *La Jalousie*. Paris, Masson 1908.

CAPGRAS, *Crimes et délires passionnels*. An. Médico-psycho. 1927.

HEUYER, *Psychoses et Crimes Passionnels*. Annales Médecine légale. Avril 1931.

LÈVY-VALENSI, *Les Crimes Passionnels*. Annales Méd. légale, avril 1931.

CONSTANCE PASCAL, *Chagrins d'amour et Psychoses*. Paris, Doin, 1935.

ENRICO FERRI, *L'Omicidia*. Turin. Union typographique, 1925.

RABINOWICZ, *Le crime passionnel*. Paris, Rivière 1931.

WULFEN, *Das Sexualverbrechen*. Berlin, Langerscheidt 1923.

ALBERT MOLL, *Handbuch der Sexualwissenschaften* 1897, Berlin.

HAVELOCK ELLIS, *Études de Psychologie sexuelle*, XV volumes. Traduction Van Gennep. Mercure de France, 1925.
— *Précis de Psychologie sexuelle*. Paris, Alcan 1934.

DANIEL LAGACHE, *L'Amour et la Haine*. Nouveau traité de Psychologie de Dumas, 6e volume. Alcan, 1939.

SPENCER, *Principes de Psychologie*. 2 vol. Trad. française, Alcan 1898.

STENDHAL, *De l'Amour*.

MAX SCHELER, *Nature et forme de la Sympathie*. (Trad. Lefebvre, Payot, 1938).

LOUIS LAVELLE, *De l'Acte*. Paris, Aubier, 1932. Notamment : *L'acte d'aimer*, p. 511.

FREUD, *Introduction à la Psychanalyse*. Trad. française, Paris, Payot.

ROLAND DALBIEZ, *La méthode psychanalytique et la doctrine freu-dienne*. Desclée-De Brouwer, Paris 1936. (Le meilleur ouvrage pour prendre connaissance des doctrines freudiennes).

SCHOPENHAUER, *Le monde comme volonté et représentation*. Alcan 1898.

— *Le fondement de la morale*. Flammarion 1934.

MAC DOUGALL, *Introduction to Social Psychology*. (Édition de 1914 et suivantes).

BERGSON, *Les deux sources de la morale et de la religion*. Alcan, Paris.

LA ROCHEFOUCAULD, *Maximes, avec portrait par lui-même*. Édit. Hileum, Paris 1932.

Dr CABANÈS, *Les indiscrétions de l'histoire*. Série 2. Albin Michel, Paris.

D^r VAN DE VELDE, *Le mariage parfait*, Lucerne 1930.

Note : L'impression était en cours quand a paru l'excellent ouvrage du Dr René ALLENDY, *L'Amour*. Denoël, Paris, 1942.

BIBLIOGRAPHIE DU CHAP. IV

DESCARTES, *Traité des Passions*.

DECROLY, *Examen affectif*. Lamertin, 1926.

FREUD, *Introduction à la Psychanalyse*. Traduction, Payot, Paris.

FRIEDMANN, *Uber die Psychologie des Eifersucht*. Wiesbaden, 1911, cité par Schmitz.

LARGUIER DES BANCELS, *Nouveau Traité de Psychologie de Dumas*, vol. 2.

LA ROCHEFOUCAULD, *Maximes*.

LEY, AUGUSTE, *Jalousie et Criminalité*. Volume jubilaire Olof Kindberg 1938.

La vengeance. Revue de Droit Pénal et Criminologie. Janvier 1937.

LOMBROSO, *L'Homme Criminel* (III).

MAIRET, *La Jalousie*. Masson, Paris, 1908.

RIBOT, *Psychologie des Sentiments*. Alcan, Paris.

SPINOZA, *Éthique*.

WALLON, *Les origines du caractère chez l'enfant*. Paris, Boivin, 1930.

Mais la seule étude d'ensemble que nous connaissions est celle de :

SCHMITZ, G., *Étude sur la jalousie*. Archives Belges des Sciences de l'Éducation. Janvier-avril, 1938.

TABLE DES MATIÈRES

MANUELS DE PSYCHOLOGIE ET DE SCIENCES HUMAINES

Georges Thinès

Psychologie des animaux

Jean Paulus

la fonction symbolique et le langage

deuxième édition

Marc Richelle

l'acquisition du langage

deuxième édition

CHEZ LE MÊME ÉDITEUR

DOSSIERS DE PSYCHOLOGIE ET DE SCIENCES HUMAINES

André Rey
les troubles de la mémoire
et leur examen psychométrique

Richard Meili
le développement du caractère chez l'enfant

Dr Claude Kohler et F. Béruard
les états dépressifs chez l'enfant

Gérard Lutte
le moi idéal de l'adolescent

J.-P. De Waele
la méthode des cas programmés
en criminologie

Zena Helman
la poussée sensori-motrice

R. Tissot, G. Mounin et F. Lhermitte
l'agrammatisme

CHEZ LE MÊME ÉDITEUR